KB034050

# 영화 열정

시네마테크의 아버지 앙리 랑글루아

■ 영화의전당 시네마테크총서 1 ■

# 영화 열정

## 시네마테크의 아버지 앙리 랑글루아

리차드 라우드 지음 · 임재철 옮김

산지니

메리 미어슨에게

# 프랑수아 트뤼포의 서문

**알**렉상드르 뒤마가 위대한 영국 배우 에드먼드 킨에게 바치는 희곡처럼 리차드 라우드의 이 책에 '무질서와 천재'라는 부제를 붙여도 좋을 것 같다.

시네마테크 프랑세즈의 창설자가 죽은 후 몇 달 뒤에 샌프란시스코에서 온 어느 시네필이 내게 다음과 같이 말했다. "정말이지 프랑스 사람들은 전기를 쓰는 데 전혀 소질이 없는 것 같군요. 랑글루아가 미국 사람이었다면 지금 서점에는 그의 전기가 적어도 세 권은 나와 있을 겁니다."

그의 이 말은 영화뿐 아니라 문학에도 그대로 적용되는 이야기이다. 우리가 마르셀 프루스트의 삶에 대해 알고 싶다면 우리는 영국의 작가인 조지 D. 페인터가 쓴 전기를 읽어야 한다. 장 콕토가 어떤 인물인지에 대해 알고 싶으면 미국인인 프란시스 스티그뮐러가 쓴 책을 반드시 읽어야 한다.

프랑스의 저술가들은 대학에 몸담고 있는 사람이 너무 많은 반면 저널리즘이 배경인 사람은 너무 적다. 이들은 아카데미에서 자신의 위치를 높여줄 논문 쓰기를 더 선호하며 하나의 삶을 재구성하기 위해 사실을 찾는 것에는 별로 관심을 기울이고 싶어 하지 않는다. 하지만 예술에 대한 이론적인 작업만큼 빠르게 변화하는 것도 없다. 이것들이 그때그때의 지배적인 이데올로기에서 추출된 방법론에 근거하기 때문이며 이 지배적인 이데올로기는 서로 모순되기도 하며 서로를 대체하기도 하기 때문이다―프랑스 사람들이 쓰는 표현을 빌리자면 새 못이 옛 못을 몰아내듯이 말이다. 그리하여 이런 작업들에 대한 관심은 일시적일 수밖에 없으며 거의 계절의 순환과 같은 것이다. 스커트의 길이가 패션의 유행에 따라 변화하듯이 말이다.

바로 이런 이유로 앙리 랑글루아와 가까웠던 모든 사람들은, 그를 사랑했던 사람이나 그와 대립했던 사람들을 다 포함해, 리차드 라우드에 대해 감사의 마음을 품지 않을 수 없다. 그는 이 책에서 기꺼이 '교수'의 역할이 아니라 '탐색자'의 역할을 맡았다. 즉, 지금은 많이 잊혀진 문학이론가인 알베르 티보데의 역할이 아니라 사립탐정 필립 말로의 역할을 했다. 라우드는 마치 디킨스 소설의 인물처럼 곡절이 많고 모순된 인물을 되살려 냈다. 그는 드물게 우정을 주었던 인물이고 그 우정을 변덕, 의심, 혹은 '직관'을 근거로 거두어 가는 사람이었다.

영화 〈아카딘 씨〉에서 오슨 웰즈가 연기하는 주인공은 그가 꾼 꿈을 이야기한다. 그는 공동묘지를 돌아다니는데 그가 본 비석들은 다 하나같이 그리 길지 않은 연대를 표시한다. 1919~1925이거나 1905~1913 같은 식이다. 그는 묘지를 지키는 사람에게 묻는다. "이 지역 사람들은 다들 이렇게 일찍 죽나요?" 묘지기는 말한다. "아니요. 이 연대는 우정이 지속된 시기를 표시하는 것입니다."

확실히, 우정이 계속 지속되었거나 전혀 배신당한 적이 없다고 해도, 우리는 우리 삶에서 잠시 사랑했던 이들이나 잠시 교분을 나누었던 사람들의 삶을 따라가 볼 수는 있다. 전기작 가들은 때로는 그들의 작품의 대상인 그 사람보다 우리 자신에 대해 더 많은 것을 말해주기도 한다. 전기를 읽는 것은, 나이를 먹을수록, 더 매력적인 것으로 느껴진다. 나는 앙드레 바쟁의 최후의 십년간 아주 가까운 사이였지만(그는 40세에 타계했다) 그의 인생의 처음 30년간을 제대로 알기 위해서는 더들리 앤드류의 전기를 기다려야 했다.

리차드 라우드 덕택에—비록 그의 친구인 랑글루아는 고집스럽게 그가 영국인인 것처럼 대했지만 그는 많은 유럽의 영화감독들에게(나에게도) 있어 '미국인 친구'였다—신비의 베일과 두꺼운 커튼이 들어 올려지고 시네마테크 프랑세즈의 창설자의 모습, 젠체하지 않으면서도 기막힌 데가 있었던 사내, 전설적인 사내, 강박관념에 사로잡힌 사내, 고정관념에 들린 사내가 드러난다.

'들린' 사내들이 대개 그렇듯이 랑글루아는 세계, 인간, 사건을 항상 두 개의 진영으로 나누었다. (1) 시네마테크에게 좋은 것. (2) 시네마테크에게 나쁜 것. 그는 10년 이상 된 친구에 대해서도 몸이 어떻느냐 혹은 가족은 어떻느냐 하는 질문을 하면서 시간을 보내는 법이 없었다. 왜냐하면 건강이라거나 가족이라거나 하는 것에 대해서도 시네마테크의 건강이나 시네마테크의 가족에 관계된 것만이 중요했기 때문이다. 이것은 그가 마음이 따뜻한 친구가 될 수 없다는 것을 증명하는 것은 아니다. 단 그러기 위해서는 그의 대화의 흐름에 당신이 기꺼이 뛰어들어 갈 수 있어야 한다는 조건이 필요했다. 그의 대화는 마음속의 음모에 대해 고민하는 모놀로그에 가까운 것이어서 당신이 그 하나하나에 대해 이해하고 있는가 아닌가에 대해 그는 전혀 신경 쓰지 않는다. 예를 들면 다음과 같다. "안녕, 랑글루아, 어떻게 지내요?" "아주 안 좋아. 발르아 가[프랑스 문화부]는 3월 17일 총회를 기명투표를 위해 캔슬하려고 해. 하지만 나는 회계 감사관인 파스케에게 만약 문화부가 7월 23일의 결의안을 고려하지 않는다면 쿠르셀 가의 건물을 폐쇄해버릴 것이며 또 로카르노 선언의 35B 결의안의 결과로 FIAF[국제 필름 아카이브 연맹]가 준비한 노박 보고서를 읽을 소위원회의 멤버들을 소집할 것이라고 이야기했어. 그런 다음에 빅터에게는 바스카페에게 지난해 4월 29일에 했던 것을 3월 11일에는 하지 않았다는 점을 알려두라고 말해두었어."

우리들은 한마디도 이해하지 못하더라도 그의 이야기에 귀를 기울였다. 마치 악보를 읽지 못하는 사람이 악보를 마주했을 때처럼, 아무런 질문도 하지 않았다. 우리는 그의 이러한 편집증적인 유창함과 음모론적인 시선에 대해 그저 약간의 공감을 가진 것이 전부였다. 우리 동료들 사이에서는 이것을 농담의 소재로 삼곤 했다. 그러다가 1968년 2월 어느 순간에 이 모든 것이 현실에 근거가 있다는 것을 알게 되었다.

1968년! 10년간 프랑스는 권위주의적이고 시대착오적인 한 노인에 의해 지배를 받고 있었다. 그의 지배는 마샬 페탱의 체제를 받아들이거나 겪었던 사람들에게 자연스러울 수 있지만 젊은 프랑스인들에게는 견디기 어려운 것이었다. 드골 체제 하의 프랑스에서 당신은 선거를 하려면 21세가 될 때까지 기다려야 했고 반면 나라 전체는 미국화가 진행되어 19세의 가수인 자니 알리데이는 그가 병역의무를 하기도 전에 국가적인 영웅이 되었다.

드골 정부가 앙리 랑글루아를 시네마테크에서 배제하려고 하자 불복종의 바람이 본격적으로 불기 시작했고 파리의 거리는 시위자들로 채워지게 된다. 시간이 지남에 따라 랑글루아를 위한 시위가 1968년 5월의 사건에 대해 갖는 관계는 예고편이 본편에 대해 맺는 관계와 같았다는 것이 명백해졌다.

이건 정말로 맞는 말이어서 1968년 2월 14일 우리가 처음 데모를 했을 때에는 그저 '시네마테크의 아이들'만 모였지만 이어지는 데모에서는 우리가 전혀 모르던 얼굴들이 참여하게 되었다. 마오이스트나 무정부주의자들도 참여하게 되었는데 이들 중 일부는 곧 유명해지게 되었다. 이들의 리더들은 우리와 교분을 가졌고, 우리를 관찰했으며, 이어서 우리의 정치적 아마추어리즘을 비판했다. 나는 다니엘 콩-방디가 쿠르셀 가의 가로등 기둥에 기댄 채로 우리가 너무 일찍 해산했다고 비판하던 것을 기억한다—C.R.S.[경찰 기동대]*에 침을 뱉었다가 그들에게 붙잡힌 후 호송차에 실려 떠났던 동지를 구원하지 못하고 해산한 것을 비난했다.

시네마테크 '사건'은 우리 모두를 투사로 만들었지만 그것은 반드시 정치적 투사를 의미하는 것은 아니었다. 랑글루아의 축출에 대한 항의가 전 세계에서 몰려오는 와중이어서 나는 어느 날 아침 런던에서 걸려온 전화를 받는 것에 전혀 놀라지 않았다. 그것은 바네사 레드그레이브로부터 온 전화로, 그녀는 다음 일요일에 런던 중심가에서 할 커다란 시위에 내가 참여할 수 있으면 좋겠다고 초청하는 것이었다. 나는 바로 동의했다. 이어서 그녀는 시위의 내용에 대해 내게 설명했다. "행진은 오전 11

---

* Compagnies Republicanes des Securités의 약자

시에 하이드 파크에서 시작할 거예요. 우리는 이마에 다들 손수
건을 묶기로 결정했어요." 나는 물어보았다. "좀 특이한 아이디
어군요. 랑글루아가 어떻게 생각할지 모르겠어요." "랑글루아라
니 무슨 이야기예요? 나는 당신을 베트남 반전 데모에 초청하
는 거라고요." 당신도 짐작할 수 있겠지만 난 이것이 런던에 하
루짜리 왕복여행을 갔다 올 정도로 가치가 있다고 생각이 들지
는 않았다. 그녀에게 정중하게 거절의 뜻을 전한 후에 다시 '시
네마테크 옹호위원회'의 활동으로 돌아가기로 했다.

　　랑글루아는 우리들 이상으로 정치적인 인물은 아니었고
'시네마테크의 아이들'이 파리의 거리에서 경찰기동대에게 공격
을 당하고 있을 때 앙리는 가장Gazan 가에 있는 아파트에서 솔리
테어를 하거나 점쟁이를—그에 따르면 시네마테크의 운명을 예
언할 수 있는 유일한 인물이다—만나면서 시간을 보냈다.

　　하지만 랑글루아가 그저 수동적으로 상황을 받아들이고 있
다고 생각하는 것은 착각이다. 그는 메리 미어슨Mary Meerson으로
부터 용기를 얻고 있었으며 자신의 비타협적인 태도에 자신을
가지고 있었다. 메리는 절대 굴복하지 않을 것이라고, 그 이상
으로 강하게 마음을 먹고 있었다. 오랫동안 그녀는 시네마테크
의 머리 위에 어두운 구름이 몰려오고 있다고 예언했다. 랑글루
아에게 질투하고 시네마테크를 탐내던 사람들의 책략을 제일
먼저 간파한 것도 그녀였다. 그녀의 예언은 너무도 잘 들어맞았
다. 그는 악마적인 현명함을 발휘해 사건 내내 신문에 단 한 마
디의 담화도 발표하지 않았고 공식적인 행동에 전혀 나서지도
않았다. 하지만 그는 우리들이 자발적으로 만든 '시네마테크 옹
호위원회'라는 이름의 단체를 통해 그의 의향에 따르고자 하는
신봉자들을 어떻게 조종하고, 어떻게 고무할 것인지를 잘 알고

있었다.

투쟁은 모든 전선에서 수행되었다. 거리에서, 사무실에서, 전화로 연락하면서. 우리는 신문에 우리의 기사나 코뮤니케(공식발표문)가 계속 실리도록 했다. 이들은 처음에 우리의 주장에 호의적이었지만 나중에는 점차 정부의 위협에 흔들리는 것 같았다. 채플린에서 구로사와까지, 사트야지트 레이에서 로셀리니까지, 백 명 이상의 감독들이 이 투쟁에 적극적으로 참여한 《카이에 뒤 시네마》에 전보를 보냈다. 랑글루아가 없는 시네마테크에서는 자신들의 영화를 상영할 수 없을 것이라는 내용이었다. 리차드 라우드가 잘 설명하고 있는 대로 결국 정부는 굴복할 수밖에 없었다. 이는 시네필들의 압력뿐 아니라 배후에 유력자들의 적극적인 움직임이 있었기 때문이다. 이러한 사람들 중 가장 중요한 사람은 장 리부Jean Riboud로 그는 다국적 기업인 슐룸베르거의 중역이자 예술애호가였다. 랑글루아가 자신의 자리를 되찾자 우리는 다시 편히 잘 수 있게 되었고 자신들의 일로 돌아갈 수 있었다.

우리들 모두는 이 시기에 대해 열정적인 기억을 가지고 있다. 이 시기는 대의에 헌신하고 개인을 희생하던 시기로 앙가쥬망에 대해 개인으로서 가지고 있던 회의를 내던질 수 있었던 시기였다. 솔직하게 말하자면 때때로 우리는 지나치게 선제적이었고 혐오스러운 데가 있었으며 약간 테러리스트적인 데가 있었던 것은 아닌가 하는 생각도 든다. 전투적으로 된다는 것은, 의식하든 아니든 간에 상관없이, 상당한 정도의 허위의식을 포함하는 것 같다. 그리하여 나는 한참 시간이 지나서야 당시 랑글루아의 적들이 자신들의 입장을 표명하는 데에는 상당한 용기를 필요했을 것이라는 걸 이해하게 되었다. 내가 말하는 것은 그의 자리를 차지하려고 책략을 꾸민 그런 사람들이 아니라, 랑 글루아의 장점보다는 그의 단점이 더 크며 필름을 보존하는 것 은 이것보다 더 엄격한 어떤 것이 필요하다고 생각한 소수의 영 화감독, 영화사가, 수집가 등이다. 바로 이런 것이, 뛰어난 영화 감독이기도 했던 로제 레엔하르트의 관점이었다.

　이러한 그림자의 부분이 있음에도 불구하고 이 시네마테 크의 투쟁은 10년 전에 예외적이라고 할 수 있는 우정 속에서 누벨바그를 탄생시켰던, 그 열광적인 젊은이들의 최초의 재결 집—그리고 아마도 최후의 재결집—이라는 점에 그 가치가 있 다. 그러나 이에 앞서는 세대의 감독들—장 르누아르와 마르셀 카르네와 앙리 조르주 클루조 같은 사람들—도 누벨바그의 전 열에 참여하고 그들을 화해시키며 그들의 편에 서서 싸웠다. 이 투쟁에서 프랑스 영화계는 적들이라고 할 수 있는 재무부와 문 화부에 대해 공동전선을 폈던 것이다. '시네마테크 사건'이라고 불리는 1968년 초의 3개월간의 위기에 대해서는 충분히 책 한 권을 쓸 만한 것이지만, 리차드 라우드가 이 사건에 대해 할애 한 챕터는 대단히 정확하다.

　1968년 5월의 프랑스는 드골 장군과 아나키스트인 다니엘 콩-방디가 싸우고 있다는 인상을 주었지만, 그보다 세 달 전에 우리는 이 전투가 드골과 랑글루아 사이에서 벌어지고 있다는 인상을 가졌다. 이 두 사람을 비교해서 묘사해보는 것이 전혀 부적절하다고 생각하지는 않는다.

　마치 드골 장군이 자신을 프랑스와 마음속에서 동일시한 것처럼 랑글루아도 시네마테크를 자신과 동일시했다. 그 자신 의 중요성에 대한 드골의 자부심이 처칠, 루즈벨트, 스탈린과 대등하게 맞서도록 한 것처럼 랑글루아도 같은 이유로 세계의 여러 필름 라이브러리의 대표들과 맞섰다. 랑글루아가 국제적인 조직인 FIAF를 탈퇴했을 때에는 드골이 NATO를 떠날 때나 UN을 '놀이도구'처럼 취급했을 때와 유사한 데가 있다. 게다가 랑글루아는 친구나 협력자를 받아들일 때 항상 '무조건적'이기를 원했다. 랑글루아는 반공주의자이고 반사회주의자였지만 드골주의자는 아니었다. 하지만 그는 스타일이라는 면에서는 대단히 드골과 유사했다.

시네마테크의 위기는 어떤 공무원들이 랑글루아에 대해 가진 적의에서 생긴 것이다. 그들이 느끼는 불편함의 배경에는, 겉으로 드러내지는 않았지만 시적인 것에 대한 증오 혹은 더 정확히 말하자면 관리부문이 큰 힘을 갖는 공공기관에서 시적인 행동을 하는 것에 대한 증오가 있었다. 앙리 랑글루아는 필름메이커filmmaker가 아니라 스크리닝 메이커screening-maker였다.* 영화를 구매, 교환, 보존하는 것은 아마도 직업이라기보다는 열정의 행사에 더 가까울 것이다. 랑글루아는 그런 점에서 영화애호가로서 가장 재능이 있는 사람이라고 할 수 있다. 랑글루아가 스스로 영화를 만들지 않았던 것을 후회하고 있는지 아닌지는 모르지만 만약 그가 영화감독이었다면, 재능이 있든 아니든 간에, 시네마테크를 만들고 그것을 지속시키는 일을 제대로 해내지 못할 것이라고 확신한다. 왜냐하면 예술가라는 것은 아무리 개방적이고 호기심이 강하며 관용적인 인물이라고 해도 가까운 동료의 작업을 진심으로 이해할 수 없으며 받아들일 수도 없기 때문이다.

전쟁 이전의 프랑스영화에서 르누아르부터 브뉘엘에 이르

---

● 트뤼포는 원문에서 영어를 사용했다

는 모든 감독들은 아벨 강스의 서정성과 젠체하는 것을 조롱했다. 마르셀 파뇰에 대한 르네 클레르의 경멸은 나중에 로셀리니에 대한 웰스의 경멸에서 다시 반복된다. 히치콕은 무성영화를 만들어보지 않은 그의 동료들을 "사람들이 말하는 것을 그저 찍는" 감독들이라고 말했다. 로베르 브레송은 자신이 〈잔 다르크의 재판〉을 만들었을 때 사람들이 같은 소재를 다룬 드레이어에 대해 물어보자, 자신은 찡그린 얼굴의 향연밖에 본 것이 없다고 대답했다.

이러한 사례들은 예외적이거나 추문이 아니다. 오히려 이것은 논리적이고 정상적이다. 오직 예술애호가만이 예술의 모든 측면에 반응할 수 있고 모든 범위에 걸쳐 즐길 수 있다. 시네필에서 영화감독이 된 경우 해결하지 않으면 안 되는 몇 개의 문제가 발생한다. 그중 하나는 그때까지의 찬미를 잊고 아직 묘사된 적이 없는 개인적인 미학을 창조하기 위해 자신에게 의무를 과하지 않으면 안 된다는 것이다. 이윽고 이것은 그를 구속하는 것이 되어 다른 미학을 만들고 그것을 수행하려는 동료들의 작업을 대면했을 때 그것을 신선하게 받아들이지 못하게 된다.

널리 유포된 생각과는 반대로 감독의 존재가 심사위원이나 선정위원으로 반드시 바람직한 것은 아니며, 더구나 영화제나 아카이브의 책임자로서는 더 어울리지 않는다는 것은 바로 이런 이유 때문이다. 그 변덕스러움에도 불구하고 랑글루아는 시네마테크의 디렉터로서 최고였다. 왜냐하면 그가 수집가로서 출발한 이후 줄곧 선택이나 선별을 거부했기 때문이다. 나아가서 말하면, 시대의 유행에 좌우되는 변덕스러운 판단으로부터 영화를 구하기 위해서는 한 번 현상된 필름은 반드시 보존되어야 한다고 마음을 먹었기 때문이다. 리차드 라우드는 랑글루아가 동시대인들의 냉소에도 불구하고 루이 푀이야드의 영화를 옹호한 것이나, 우리 시대에 보다 가깝게로는, 미국의 지식인들에 의해 무시당했던 하워드 혹스를 옹호한 것 등에서 바로 이러한 태도를 잘 묘사하고 있다. 랑글루아는 영화를 감각적으로 사랑했던 것이다.

랑글루아의 친구나 협력자가 그에 대한 '무조건적인' 지지를 그치면 그는 우정이나 협력의 사소한 잔재도 확인하지 않고 바로 그 사람을 그의 적으로 분류했다. 비록 그가 그 사람에 대해 증오를 드러내지 않고 여전히 이야기를 나누는 사이임에도 그렇게 했다. 그리고 대개의 경우 동일한 설명을 했다. "이 싸움은 절대적으로 정상적인 것이다. X는 나를 아버지로 보고 있었다. 그런데 이제는 그 아버지를 죽여야 할 필요를 느낀 것이다." 1973년에 내가 시네마테크의 집행위원회에서 조용히 떠났을 때 랑글루아는 나에 대해 이런 말을 속으로 했을 것임에 틀림없다. 만약 내가 1968년 이후의 시네마테크의 상태에 실망했다고 해도 그 실망은 나와 랑글루아 사이의 우정에 영향을 미치지는 않는다. 그래서 그의 건강이 악화되었을 때, 우리들의 관계가 냉각된 것에 대해 깨닫고 나는 어떤 슬픔을 느끼지 않을 수 없었다.

따뜻하고 우정에 찬 분위기에서 랑글루아를 마지막으로 만나는 행복한 순간이 나에게 찾아왔다. 1976년 어느 여름날, 로테 아이스너Lotte Eisner의 조카가 누이이Neuilly에서 존경하는 숙모의 80세 생일 파티를 열었던 것이다. 많은 파리 사람들은 이미 바캉스를 떠났고 친한 몇몇 사람들만이 모였다. 날씨는 정말로 좋았으며 창문은 블로뉴 숲의 아름다운 나무를 향해 활짝 열려 있었다. 조카들은 참으로 좋은 사람들이었다. 피에르 프레베르는 유쾌하게 말장난을 했다. 로테 아이스너는 즐거움에 눈을 반짝였다. 우리 모두는 과자를 먹고 샴페인을 마셨다. 랑글루아는 예전보다 숨이 가빠진다고 하면서도 그로서는 드물게 시네마테크의 이야기뿐만이 아니라 자신의 건강에 대해서도 이야기를 했다. 그것은 그 자신에게보다는 그의 친구들에게 더 놀라운 이야기였다. 치과 의사는 그의 이빨을 전부 뽑아야 한다고 이야기했으며, 의사는 그가 온천에 갈 필요가 있다고 했다는 것이다. 외과 의사는 그가 빨리 수술을 받아야 한다고 말했다고 한다. 랑글루아는 이 모든 제안을 거절했으며 마치 회계감사원에 대해 말하는 것처럼 이 의사들에 대해 말했다. 하지만 이런 이야기에도 불구하고 우리들 사이에는 미소와 폭소가 끊이지 않았다. 단 한 번, 시네마테크에 의해 서로 연결되었던 사람들이 이처럼 즐겁고 솔직한 분위기에서 만날 수 있었던 것이다. 음모도, 불신도, 의혹도 없이 한 천사의 탄생을 축하하는 감동적인 모임이었다. 왜냐하면 로테 아이스너야말로 정말로 시네마테크의 천사였기 때문이다. 마치 메리 미어슨이 그것의 베아트리체였던 것처럼.

앙리는 로테 아이스너보다 18살 아래였다. 하지만 그는 6개월 후에 이 세상을 뜨게 된다. 그는 슬픔 때문에 죽었을까 아니면 병 때문에 죽은 것일까? 나는 전자라고 믿는다. 그의 심장은 무력감에 의해 상처를 받았다. 한 사람이 혼자서 창조한 것을 그가 계속 보존한다는 것은 애초에 불가능한 것이기 때문이다.

1982년 10월

(리차드 라우드 번역)

# 감사의 말

다음의 분들에게 감사를 전한다.

마가레타 아커마크, 케네스 앵거, 장-미셸 아놀드, 베르나르도 베르톨루치, 아네스 블라이어-브로디, 마르셀 블룸, 샐리 월렌스키 블루멘탈, 피에르-앙드렐 부탕, 피에르 브롱베르제, 루이즈 브룩스, 프레디 브아슈, 제임스 카드, 카를로스 클라렌스, 슈 크레이그, 조앙 베르나르 다 코스타, 장 디아르, 이본느 도르네, 로테 아이스너, 마리 엡스탱, 엔리코 풀치뇨니, 조르쥬 프랑쥬, 존 길렛, 장-뤽 고다르, 조르쥬 골드파인, 하비 그램, S. 프레데릭 그로닉, 로베르토 게라, 질리안 하트놀, 안느 헤드, 아나벨 에르부, 에일라 허숀, 프랑수아 조베르, 토마스 존스턴, 가와키타 가시코, 에드윈 케느벡, 아서 나이트, 조르쥬 랑글루아, 자크 르두, 루시 리히틱, 르네 리히틱, 조셉 로지, 세르쥬 로직, 톰 루디, 시빌 드 루즈, 베르나르 마르티낭, 코린 맥물런, 데이비드 미커, 해리 미어슨, 메리 미어슨, 도미닉 드 메닐, 시몬 미즈라히, 장-이브 목, 엔노 파탈라스, 피에르 프레베르, 데렉 프루즈, 제르만 푸이그, 카렐 라이즈, 셀던 르낭, 알랭 레네, 장 리부, 자크 리베트, 데이비드 로빈슨, 레이몽 로하우어, 장 루슈, 마르쿠 살미, 헬렌 G. 스코트, 피터 시워드, 미셀 스네이프스, 유진 스타비스, 엘리오트 스타인, 시몬 스완, 앙드레 티리페이, 알렉상드르 트로네, 프랑수아 트뤼포, 피터 윌리츠, 바질 라이트.

# 목차

단 하나의 일이 [안트와네트 시블리를] 조금 슬프게 했다. 최근 그녀는 로얄 발레 스쿨의 학생들에게 강의를 하려고 나가면서 몇 편의 영상들을 같이 가지고 갔다. 어린 학생들은 그녀가 춤 추는 것을 본 적이 없을 것이기 때문이다. 하지만 놀랍게도 초기의 단편들을 빼면 그 테이프에는 아무것도 들어 있지 않았다. BBC는 그녀의 공연을 지워버렸으며 로얄 발레 스쿨도 그녀가 춤추는 것을 비디오 테이프에 담는 수고를 하지 않았던 것이다. 심지어 그녀가 안무한 발레조차도 말이다. 이것은 그녀에게 큰 타격이었다. "나는 나름 대단한 커리어를 가졌다고 생각했다. 그것에 새로 부가할 것은 없지만 예전의 경력은 거기(비디오 테이프)에 있다고 생각했다. 그렇다면 실제로는 아무것도 없었던 것이다. 이것은 정말로 공포스러운 경험으로 춤추는 것을 그만 두는 것보다 더 끔찍한 것이었다. 이건 마치 나란 존재가 이 세상에 없는 것 같았다." ─《옵저버》(런던), 1981년 3월 29일

# 서문

1968년 2월 말에 드골 대통령은 아마도 그의 스태프들에게 다음과 같이 물었을 가능성이 높다. "도대체 이 앙리 랑글루아라는 자는 누구지?" 그가 들은 간단한 대답은 다음과 같은 것이었을 게다. 앙리 랑글루아는 시네마테크 프랑세즈(시네마테크cinémathèque는 영화 라이브러리를 의미한다. 디스코테크가 디스크의 라이브러리를 의미하는 것과 같다)의 공동창립자로서 그는 공식적으로 이 단체의 사무총장이며 실질적으로 운영을 하는 사람이라고.

하지만 이 간단한 대답은 그에게 충분한 것이 아니었을 것이다. 왜냐하면 이것은 문화부 장관 앙드레 말로가 랑글루아를 해임했다고 해서 프랑스 영화계 전체가 거리로 나선 것을 설명해주지는 못하기 때문이다. 세계에서 가장 유명하고 중요한 영화감독들, 배우들, 기술자들이 랑글루아를 지지하는 전보를 보내고 시네마테크의 새로운 책임자에게는 자신들의 영화를 상영할 권리를 거부한다고 통보함으로써 사실상 시네마테크의 운영을 정지시킨 것을 이것은 설명하지 못한다. 어떻게—말하자면 사서나 다름없는—하급직원의 해고가 대중들의 집회, 경찰과의 물리적 충돌, 연일 신문에 게재되는 상황의 보고, 그리고 정부에 대한 거의 전면적인 비난의 소리로 이어질 수 있단 말인가?

물론 드골은 엉뚱한 사람들에게 질문을 던진 것이다. 릴리안 기쉬라면 이렇게 대답할 것이다. "내가 만난 그 모든 사람들 중에서 앙리 랑글루아는 영화의 보존에 있어 가장 헌신적인 사람이다. 그는 돈도 없고 권력도 거의 없으며 그리 대단하다고 할 수 없는 나라에서 온 사람이다. 하지만 그는 운명의 사내로 단 하나의 일을 하기 위해 태어났다. 영화와 영화의 보존을 제외하면 어떤 일도 랑글루아에게는 큰 의미가 없다. 나는 그가 자신이 수집한 필름을 위해 죽을 수 있다고 생각한다."[1]

장 르누아르라면 이렇게 말했을 것이다. "영화에 대한 어떤 확고한 열정의 발전은 랑글루아—그리고 메리 미어슨—덕에 가능했던 것이다.... 현재 젊은 사람들이 나를 알고 내 작품에 대해 다소나마 들을 수 있었던 것도 시네마테크 덕분에 가능했다. 이 시네마테크라는 것은—이 말을 써도 좋다면—영화의 교회라고 해도 좋을 것이다. 이것은 젊은 감독에게 있어 최고의 학교이기도 하다. 누벨 바그의 멋진 감독들은 모두 시네마테크에서 젊은 시절을 보냈고, 다른 영화가 어떻게 연출되는지를 보면서 감독이 되는 법을 배웠던 것이다." 그리고 여기에다 르누아르는 랑글루아가 그 네가필름을 독일 점령기에 구하지 않았다면 그의 걸작 중 하나인 〈시골에서의 하루Une Partie de Campagne〉는 현재 우리에게 전해지지 않았을 것이다, 라고 덧붙일 수도 있을 것이다.

알랭 레네에게 랑글루아는 어떤 인물이었는가. "그는 나의

우상이었다. 그는 어디에서도 볼 수 없는 영화를 내가 발견하도
록 해주었다. 푀이야드뿐 아니라 브뉘엘, 프리츠 랑, 러시아의
고전들, 〈그리드〉, 〈불관용〉 등등." 베르나르도 베르톨루치는
보다 간결하게 표현한다. "영화를 배우는 방법은 극장에 영화
를 보러 가는 것이어야 하고 영화학교에서 이론을 공부하면서
시간을 낭비하는 것이 되어서는 안 된다. 그런 점에서 세계에서
제일 좋은 영화학교는 파리에 있는 시네마테크이다. 최고의 교
수는 물론 앙리 랑글루아다." 빔 벤더스도 시네마테크의 중요
성에 대해 증언해주고 있다. 랑글루아의 동료이자 독일영화의
세계적인 권위자인 로테 아이스너에게 보낸 편지에서 벤더스는
1965~1966년에 자신이 파리에 갔을 때 처음으로 영화를 가르
쳐 준 곳이 시네마테크였다고 쓰고 있다. 그에게 있어 시네마테
크는 그저 영화가 상영되는 장소가 아니라 영화 자체가 존재하
는 장소였다. 그래서 어떤 사람들은 랑글루아를 장 콕토가 그
에 대해 평한 유명한 말 "우리의 보물을 지키는 늙은 용"에 빗대
어 이해하기도 하지만, 전 세계에서 온 젊은 영화감독들에게는
시네마테크에서 한 겨울을 보내는 것은 자신의 '소명'을 자각하
는 것이 되었다(실제로 벤더스와 같은 케이스가 그 발단이 되었다고 할
수 있다).•

　《카이에 뒤 시네마》의 에디토리얼(무기명이지만 당시 편집자로
고다르, 리베트, 트뤼포 등이 있었다)에서는 "랑글루아가 없었다면
《카이에 뒤 시네마》도 없었을 것이며, 누벨 바그도 없었을 것이
다"라는 표현을 볼 수 있다.[2] 랑글루아를 해임한 장본인이라 할

---

　• 랑글루아가 죽은 후 벤더스는 그의 영화 〈미국인 친구〉를 랑글루아에게
바치게 된다.

수 있는 앙드레 말로도 만약 랑글루아가 없었다면 자신의 영화 〈희망〉이 이미 이 세상에 존재하지 않을 것이라고 인정했을 것이다. 프랑스의 위대한 감독들인 르네 클레르, 마르셀 레르비에, (특히) 아벨 강스 등도 비슷한 증언을 할 것이다. 가령 강스의 〈나폴레옹〉은 랑글루아가 없었다면 오늘날 존재하지 않을 것이며 1981년의 그 화려한 복원판 상영도 없었을 것이다.

랑글루아는 후대를 위해 많은 중요한 필름들을 구해냈다. 그리고 그는 걸작을 보여줌으로써 모든 세대의 감독들을 하나로 묶을 수가 있었다. 그는 도저히 흉내 낼 수 없는 그 독특한 억양의 영어로 다음과 같이 말했다. "나는 결코 이 영화는 좋다, 저 영화는 나쁘다 이런 식으로 말한 적이 없어. 사람들이 다 스스로 발견한 것이야. 내가 그들을 도와준 적도 없고 가르쳐준 적도 없어. 내가 테이블에 음식을 올려놓으면 그들이 그냥 먹는 거야. 그러면 계속 먹게 되는 것이지. 내가 한 것이라곤 그냥 음식, 음식, 음식을 내놓은 것뿐이야. 영화를 보여주는 것이 나의 일이야. 필름을 보존하고 상영한다, 바로 그것뿐이야... 앙리 랑글루아는 존재하지 않아. 시네마테크 프랑세즈가 있을 뿐이야."[3]

하지만 랑글루아 해임 반대 시위가 1968년 5월의 '사건'이라는 훨씬 거창한 규모의 시위의 본격적인 리허설 역할을 했다고 말하기에는 이것만으로는 부족하다는 생각이 든다. 무언가 다른 것이 필요할 것 같다.《카이에 뒤 시네마》의 편집장이었던 자크 도니올-발크로즈는 다음과 같이 말했다. "오직 랑글루아의 개성만이 그렇게 강력한 연대감의 형성이라는 것을 가능하게 했다. 시네마테크 프랑세즈의 그 놀랄 만한 무질서에 대해 가능한 유일한 변명은 랑글루아라는 천재의 존재뿐이다. 그는 프랑스 영화의 진정한 창조자 중의 한 사람이다. 바로 그런 이유로, 그 모든 것에도 불구하고, 우리는 그를 맹목적으로 옹호했다."

'그 모든 것에도 불구하고'란 무엇을 의미하는가? 시몬느 시뇨레는 말했다. "그는 약간 미친 사람이었다." 잔느 모로는 보다 요령 있게 다음과 같이 표현한다. "그는 말하자면 '영원한 아이'라고 할 수 있다... 진정 깊은 열정과 환상적인 열의를 가진 사람들이 그렇듯이 그는 아이처럼 행동한다. 트뤼포는 내게 말했다. '랑글루아는 항상 비행기 티켓을 두 개 가지고 여행을 해. 항상 티켓을 잃어버리거든...' 그는 너무도 자신의 일에 사로잡혀 일상적인 삶이란 것에 대해서는 생각하지 않는다. 앙리 랑글루아에게는 영화가 곧 삶이다... 그게 바로 그가 삶을 사는 방식이다."

여기서 잉그리드 버그만의 말을 인용하겠다. "앙리 랑글루아는 예술작품을 창조했다. 화가가 그림을 그리고, 조각가가 조각을 만들 듯이 그는 시네마테크를 창조했다." 사람들이 믿듯이(나도 그렇게 믿는 쪽이다), 그 많은 결점에도 불구하고 누벨바그라고 불리는 영화의 한 시기―1958년에 시작된 일련의 걸작들(그리고 졸작들)의 대두―가 영화의 황금시대였다면(아마도 그 마지막 황금시대였을 것이다) 우리는 누벨 바그의 창조자와 그 관객들이 이구동성으로 자신들이 앙리 랑글루아에게 큰 빚을 졌다고 증언하는 것을 믿어야 할 것이다.

랑글루아는 세계적으로도 드문 괴짜였다. 《리더스 다이제스트》식으로 말하면 "내가 만난 사람들 중에서 가장 잊혀지지 않는 사람들"에 속하는 사람이다. 하지만 이 괴짜다움에도 불구하고, 아니면 바로 그것 때문에, 그는 니콜라스 레이의 말에 따르면 "영화의 역사에서 수행된 가장 중요한 개인적인 노력"
이라고 할 수 있는 것을 달성했다. 다시 장 뤽 고다르의 말을
빌리면 그는 "가장 중요한 프랑스 감독 중의 한 사람으로 감
독이자 시나리오 작가로서 '시네마테크 프랑세즈'라는 계속 이
어지는 한 편의 영화를 만든 사람"이다. 자크 리베트는 시네마
테크는 "영화에 있어 루브르 박물관이면서 동시에 뉴욕 현대
미술관이기도 한 것이다. 이 두 개의 기관이 지향하는 바를 모
두 수행하고 있는 것이다. 갤러리 매흐트<sup>Galerie Maeght</sup>[1946년 파리
에서 에메 매흐트가 시작한 갤러리—옮긴이]이면서 갤러리 소나벤드
<sup>Galerie Sonnabend</sup>[루마니아계 미국인인 일리아나 소나벤드가 1962년에 파
리에 세운 화랑으로 미국의 현대미술을 유럽에 알리는 데 기여를 했다—
옮긴이]이다. 이곳에서는 6시 반에 그리피스의 〈흩어진 꽃잎〉을
보고 이어서 8시 반에 앤디 워홀의 〈첼시 걸즈〉를 볼 수 있다.
그리피스와 워홀을 같은 밤에 함께 볼 수 있다는 것만으로도
이곳은 대단한 곳이다. 바로 거기에서 우리는 두세 종류의 다
른 영화가 있는 것이 아니라 오직 한 가지 영화(시네마)가 있다
는 것을 깨달았다. 영화의 과거와 현재의 끊임없는 상호작용이
우리에게는 너무도 자극적인 것이었다."

　어떤 의미에서 이 책은 드골 대통령의 질문에 대답하려는
시도라고 할 수 있다. 랑글루아의 삶은 너무도 많은 전설을 주
변에 만들어냈기 때문에 이것은 쉬운 일이 아니다. 그의 천재
가 정확히 어디에 있는지를 제대로 알기 위해서는 이 전설들
중 몇 개를 제대로 수정할 필요가 있다. 예를 들어 시네마테크
프랑세즈는, 1968년에 자주 말해지고 그 후에도 그대로 믿어
지는 것에도 불구하고, 세계 최초의 필름 아카이브가 아니다.
이 명예는 스웨덴 아카이브에게 가야 한다. 게다가 시네마테

크 프랑세즈는, 흔히 말해지고 믿어지는 것과 달리, 세계에서 가장 큰 아카이브도 아니다. 랑글루아 자신도 자주 말했지만 세계에서 제일 큰 곳은 동베를린의 아카이브이다. '제일 크다' 는 것은 아카이브의 세계에서는 애매하고 상대적인 개념일 수밖에 없는데 왜냐하면 그것은 당신이 필름들을 어떻게 세느냐에 달려 있기 때문이다. 어떤 아카이브들은 복사한 프린트들도 자신들의 프린트에 포함시키지만 어떤 아카이브들은 그렇게 하지 않는다. 사실 오늘날에도 시네마테크 프랑세즈에 정확히 몇 편의 영화들이 있는지 아무도 모른다. 하지만 이것은 문제가 되지 않는다. 랑글루아가 말한 대로 "시네마테크 프랑세즈의 비밀은 5만 편의 영화에 있는 것이 아니고, 하루에 7편의 영화를 보여준다는 데 있는 것도 아니다. 이것은 마치 사르트르의 대성당이 5만 개의 바위로 이루어져 있기 때문에 아름답다고 하는 것과 같다."

랑글루아는 과거의 영화들을 끊임없이 재발견하고 그것을 사람들과 공유함으로써 미래의 영화들을 만드는 데 기여했다. 그리고 그가 위대하고 지속적인 사랑을 전파했던 것만큼 그는 많은 적들도 만들었다. 이 책은 성인의 언행록은 아니지만 그렇다고 내가 만났던 사람들 중 그가—그 모든 것에도 불구하고—가장 존경할 만하고 사랑스러운 사람이었다는 것을 처음부터 밝히지 않고 시작하는 것도 그리 공평한 것이라 생각되지는 않는다. 그러므로 내가 랑글루아의 결점을 적당히 얼버무리려는 의도는 없지만, 나는 결국에는 그에 대한 긍정적인 초상을 그릴 수밖에 없다. 나는 그를 20년 가까이 알아왔지만 그가 타계한 후에도 내가 알지 못했던 점들을 많이 알게 되었다. 그렇게 내가 알게 된 것들이 항상 그리 우호적인 것은 아니지만 그렇다

고 해서 나의 근본적인 확신을 바꿀 정도의 것은 결코 아니었
다. 그는 위대한 사람이었다.

# 1

## 시작

**앙**리 랑글루아는 1914년 11월 12일 태어났다. 예술형식 및 엔터테인먼트로서의 영화는 이제 20년이 될까 말까 한 시점이었다. 대다수의 사람들은 그것의 시작을 1915년 D. W. 그리피스의 〈국가의 탄생〉으로 보며 그전의 것들을 원시적인 것 혹은 선구적인 것 정도로 치부해버린다. 하지만 랑글루아는 영화의 처음 20년이 그저 역사적이나 혹은 고고학적 관심사에 국한되는 것이 아니라는 것을 나중에 보여주게 된다. 영화를 수집하고 보존함을 통해, 그리고 흥행사로서의 자신의 천재적인 능력을 통해, 그는 프랑스의 멜리에스, 뤼미에르 형제, 루이 푀이야드, 미국의 에드윈 포터와 초기의 D. W. 그리피스, 이탈리아의 마리오 카세리니, 조반니 파스트로네 등이 중요한 영화감독임을 깨닫도록 했다. 그리고 그들의 영화가 영화의 이후의 발전에 영향을 미쳤을 뿐 아니라 그 자체로 우수한 작품이라는 것도 깨닫도록 했다.

최초의 공식적인 영화 상영은 뤼미에르 형제가 1895년 12월 파리에서 한 것이다. 하지만 자신이 영화를 만들었다고 주장하는 다른 유력한 후보들도 있었다. 가령 에디슨은 자신을 열렬히 지지하는 사람들을 가지고 있었다. 하지만 랑글루아는 영화는 오귀스트와 루이 뤼미에르 형제에 의해 시작되었다고 주장했다. 그들은 처음으로 영화를 상자(키네토스토프, 한 번에 한 명만 볼 수 있는 피프 쇼 형식의 기계)에서 꺼내 스크린에 올려서 관객에게 보여주었다는 것이다. 그것은 어떤 의미에서 랑글루아 자신이 영화의 아카이브 세계에서 하게 되는 일이었다—필름을 그것이 든 캔에서 꺼내 사람들이 볼 수 있도록 스크린에 투사하는 것 말이다. 그는 우리에게 뤼미에르 형제는 단순한 촬영자 이상의 존재로 그들의 영화가 영화 언어에 있어 많은 창의적인 요소를 가지고 있다는 것을 가르쳐주었다. 트래킹 숏이나 행위나 장소를 보여주는 데 있어 가장 '적절한' 앵글의 선택 같은 것들처럼 말이다. 영화제작자로서의 조르쥬 멜리에스의 경력은 1914년에는 이미 끝난 것이나 다름없으며 1920년대에 이르면 그는 거의 잊혀진 존재가 된다. 하지만 랑글루아는 자신의 트릭을 보다 다양하게 할 목적으로 필름을 이용했던 이 풍물 장터의 환상주의자가 필름의 스토리텔링의 가능성을 발전시킨 진정한 영화작가라는 것을 알려주었다. 그리고 루이 푀이야드(그의 5부작 연작인 〈팡토마Fantômas〉는 랑글루아가 태어나기 일 년 전에 세상에 등장했다)는 단순한 상업적인 영화감독 이상이라는 것을 보여주었다. 1915년에 〈뱅피르Les Vampires〉를 통해 그는 영화의 역사에서 초기의 위대한 작품 중의 하나를 만들었다.

랑글루아는 국수주의자가 전혀 아니었다. 프랑스 영화가 그의 마음에서 특별한 지위를 차지한다면 그것은 미국 영화와 같이 공유하는 자리였다고 할 수 있다. 그가 생각하기에 미국과 프랑스는 영화 초기부터 지금에 이르기까지 별다른 단절이 없이 꾸준히 좋은 작품을 산출해낸 거의 유일한 나라라는 것이다. (다른 나라들도 위대한 영화를 내놓은 시기가 있었지만 전혀 중요한 것이 없었던 시기를 중간에 겪었다—가령 독일의 1910년대나, 이탈리아의 1920년대와 같은.) 그는 또한 1차 대전 이전의 이탈리아 영화를 높이 평가한 거의 최초의 인물이기도 했다.

물론 그 시대에 국제주의가 되는 것은 훨씬 쉬웠다. 사실상 언어의 장벽이 거의 없었기 때문이다. '외국영화'라는 관념이 등장하기 시작한 것은 유성영화의 등장과 함께이며 그것은 더빙 혹은 자막의 필요성과 함께 등장한 것이다. 랑글루아의 젊은 시절에 영화는 국경을 쉽게 통과했다—고작 필요한 것은 수입국의 언어로 된 중간자막 정도인데 이것도 돈이 많이 드는 것은 아니다.

랑글루아에게 행운인 것은 비록 부모님은 프랑스 사람들이지만 그가 파리에서 한참 먼 터키의 도시 스미르나(지금은 이즈미르)에서 태어났다는 것이다. 그가 태어난 장소와 시대(1914년)는 그를 이해하는 데 있어 중요한 단서가 된다. 우선 자신의 인생의 처음 7년간을 프랑스 바깥에서 살았다는 것은 그가 타고난 국제주의자가 될 소지를 주었다고 할 수 있다. 그의 아버지인 구스타브가 1916년 1차 대전에 참전하기 위해 떠나서 1920년에야 돌아오게 됨에 따라 앙리는 세 여자의 손에 의해 양육된다. 어머니, 외할머니, 그리스인 유모인 파로나.

당시 오트만 제국 치하의 스미르나는 외국인들에게는 아주 대단한 도시였다. 나름 윤택한 생활을 할 수 있는 여러 기회가 있는 곳이었고 구스타브 랑글루아는 저널리스트로서 이곳에 정착했다. 그는 일종의 통신사(L'Agence Nationale Française라는 이름이다)를 만들었을 뿐 아니라 다른 일에도 손을 댔다. 그는 담배도 많이 샀으며 여러 수출입 업무들도 했다.

랑글루아는 자신이 4분의 1 미국인이라고 자랑하곤 했다. 그의 어머니 안니-루이즈 브라지오티Annie-Louise Braggiotti는 1884년 스미르나의 이탈리아계 집안에서 태어났다. 이 집안은 남북전쟁 이전에 미국에 이민을 가서 안니-루이즈의 어머니는 사우스 카롤라이나 찰스턴에서 태어났다. 남북전쟁 후에 이 집은 미국을 떠났는데 랑글루아는 지는 쪽에 속하기 싫었기 때문이라고 짐작했다.

랑글루아가 태어났을 때 스미르나는 터키에 속한 도시였지만 이 도시는 그때나 지금이나 여러 면에서 그리스인들의 도시이며 그리스어가 가장 많이 사용된다. 이 도시는 또 아주 국제적이어서 프랑스, 이탈리아, 독일, 영국, 미국 등의 거주구역이 있었다. 이 지역들은 일종의 치외법권이 인정되는 영역들이었다. 랑글루아의 가족이 사는 집은 프랑스의 영토로 간주되었다.

구스타브는 1920년에 스미르나에 돌아왔고 바로 그해에 둘째인 조르쥬가 태어났다. 한편 앙리는 벌써 영화관에 다니기 시작했다. 그가 이곳에서 어떤 영화를 보았는지에 대한 기록은 없으며 전쟁 중이었던 것을 고려하면 많은 영화들이 스미르나까지 왔을 것 같지는 않다. 그는 〈몽테 크리스토 백작〉과 〈잔 다르크〉를 본 것을 기억하지만 이 두 편의 영화는 그를 혼란스럽게 했다. 둘 다 프랑스를 배경으로 하고 있으며 그의 아버지는 당시 프랑스에 있었다. 그의 어머니는 그에게 이 프랑스들이 같은 프랑스가 아니라고 그에게 설명했다. 그래서 어린 앙리는 세 개의 프랑스가 있음에 틀림없다고 생각했다. 그의 아버지가 있는 프랑스, 잔 다르크의 배경이 되는 프랑스, 몽테 크리스토

백작이 모험을 벌이는 프랑스. 그는 이것이 그의 삶에서 중요한 순간이었다고 말했다. 시간과 공간의 관계를 처음으로 발견한 것으로 사실 이 관계는 내러티브 영화의 근본에 놓여 있는 것이다.

독일과 그 동맹국인 터키가 1918년에 패배하면서 스미르나는 그리스군에 의해 점령되었다. 1920년의 세브르 조약은 공식적으로는 스미르나를 그리스에 주었지만, 랑글루아의 동생인 조르쥬가 말한 대로, 그리스인들이 이곳을 유지하도록 하는 어떤 조치도 취하지 않았다. 그리하여 1922년 터키의 케말 아타투르크 정권은 그리스를 공격하면서 이 도시를 다시 빼앗았다. 이전의 그리스인들의 공격에 대해 이제 터키인들이 복수를 한 것이다. 프랑스, 영국, 미국의 군함들이 항구에 정박해서 자국인들을 먼저 구원했다. 이들은 그리스인들의 학살에 대해서는 어떤 조치도 취하지 않았다. 도시의 5분의 3이 파괴되었다.

이 동안에 랑글루아 가족은 자신들의 집에 안전하게 있었다. 그리스인들과 아르메니아인들이 그의 집 정원에 잠시 피신하기도 했다. 조르쥬 랑글루아는 말한다. "우리는 관대한 가족이어서 가능한 한 많은 사람들을 정원에 받았다."[1] 하지만 폭탄이 계속 터지고 사격이 이어지자 결국, 구스타브는 여길 떠나야겠다고 결심했다. 이들은 커다란 여행가방에 가치있는 것들을 다 담았다. 은접시, 금, 보석 등. "아버지가 가방을 들었고 어머니는 나를 안았다. 8세가 되려던 참이던 앙리는 세일러복을 입고 있었다. 여기에 외할머니, 그리스인 하녀인 파로나까지 해서 우리는 프랑스영사관으로 향했다." 조르쥬 랑글루아는 이 이야기를 개인적인 기억에서(그는 겨우 두 살이었다) 하는 것이 아니라 그의 부모로부터 들은 것을 전하고 있다. 거리에는 군중들로 가득했으며 여기저기에 군인들이 있었다. 프랑스 영사관은 바리케이드가 쳐진 상태로 그리스인들이 들어오는 걸 막고 있었고 해병대원들이 지키고 있었다. 힘들게 군중들을 뚫고 영사관에 들어가려다 어린 조르쥬가 쓰러졌다. 그리스인들을 위협하는 해병대원들 덕에 간신히 들어가는 데 성공했지만 들어간 다음 여행가방을 잊어먹은 걸 알았다. 아버지는 어머니가 가지고 있다고 생각했고 어머니는 아버지가 가지고 있다고 생각했던 것이다. 그것은 밖의 군중들 사이에 있는 게 틀림없지만 나가서 다시 가져올 엄두는 나지 않았다. 다행스럽게 구스타브는 약간의 돈을 가지고 있었다.

이들은 프랑스 전함을 타고 마르세이유에 도착했으며 이후 파리에 왔다. 구스타브는 그의 형제들로부터 어느 정도 도움을 받을 것이라 기대했다. 이 형제들은 구스타브가 모두 프랑스에 보내 공부하도록 도와주었기 때문이다. 하지만 조르쥬 랑글루아에 따르면, 이들은 구스타브가 기대했던 것만큼 관대하지 않았다. 이 가족은 결국 프랑스 정부로부터 작은 보상금을 받았지만 이것은 파리 9구의 라페리에르 가에 임대한 아파트에 가구를 살 수 있을 정도의 돈에 지나지 않았다. 조르쥬의 기억에 따르면 아파트는 괜찮은 편이었지만 바깥의 거리는 그렇지 않았다고 한다.

그리하여 구스타브는 43세의 나이로 새 출발을 해야만 했다. 그는 스미르나가 포위되었을 때 프랑스의 소심한 불간섭주의(다른 동맹국도 마찬가지였다)에 의해 크게 상처를 입은 경험이 있으므로 이에 대해 아주 생생한 보고서를 프랑스 언론에 실을 생각으로 작성했다. 하지만 이것은 결국 게재되지 않았고 그 자신도 언론계로부터 거부를 당했다. 이 불성실에 크게 낙담한 그는 저널리즘을 포기하기로 하고 자신의 가족을 부양하기 위해 무슨 일이든 하기로 했다. 그에게는 항상 발명가적인 데가 있었는데 그 덕에 그는 기차의 부품을 제조하는 퐁데리 스트라스부르조아라는 회사에서 일하기로 했다. 영업사원으로서의 일뿐 아니라 기관차에서 객차에 스팀을 보내는 파이프에서 물을 제거하는 장치를 만들기도 했다. 이러한 발명으로부터 받은 로열티에다가 영업실적에 따른 수당 등으로 가족은 이제 어느 정도 사는 데 문제가 없게 되었다. 하지만 그는 일 때문에 집에서 떠나 있는 시간이 많았다.

앙리는 필름을 수집하기 이전에 이미 쇼맨showman 같은 데가 있었다. 동생 조르쥬는 내게 말했다. "내가 다섯 살이고 그가 열두 살이었을 때 그는 나를 작은 의자에 앉힌 다음 시트를 펼쳐 넣고 그 뒤에 전등을 두어 여러 종류의 마술 같은 것을 해 보이곤 했다. 그런 식으로 나와 어머니가 그의 최초의 관객이 되었다."

이들의 어머니(앙리는 '구스타베트'라 부르곤 했다)는 모든 면에서 대단한 사람이었던 것 같다. 그녀는 교양이 있으며 지적인 여성으로 수채화를 그리고, 피아노를 쳤으며, 앙리에게 영어의 불규칙동사를 가르쳐주기도 했다. 조르쥬에 따르면 그녀가 앙리에게 영화를 좋아하도록 했다고 한다. 그는 부친과의 사이에서는 그리 운이 좋았다고 할 수 없다. 랑글루아의 친구들은 모두 그와 그의 부친이 잘 지내지 못했다고 말하고 있으며 구스타브는 아들의 영화에 대한 열정을 전혀 이해하지 못했다고 말한다. 조르쥬는 부친이 모친만큼 영화에 관심을 가지진 않았지만 이 부자 사이에 심각한 문제가 있었던 것은 아니라고 말한다. 앙리가 드물게 그의 부친에 대해 말하는 것을 들은 적이 있는 나는 조르쥬의 말이 틀린 것이 아닌가 생각하기도 한다. 앙리와 구스타브는 서로 가깝게 지내기에는 너무 다른 사람들이었던 것 같다. 게다가 앙리에게 있어 인생의 처음 7년간 부친이 부재했다는 것은 서로의 골을 더 깊게 했다는 생각이 든다.

프랑스인들은 우리 미국인들보다 항상 영화를 더 진지하게 여겼고 1914년경에 그들은 세계 영화시장의 90퍼센트를 점유했다. (1919년에 이르면 그들의 점유율은 15퍼센트로 떨어진다.) 앙리가 파리에서 성장하던 시기에 프랑스인들의 영화에 대한 열광은 놀라울 정도의 수준에 도달했는데 이것은 다음 세 명의 미국인 영화작가가 준 임팩트가 큰 역할을 했다. 우선 채플린이 있었고 다음으로는 에리히 폰 스트로하임과 세실 B. 데밀이 있었다. 이들에게는 〈국가의 탄생〉을 볼 기회가 주어지지 않았는데(프랑스 정부는 흑인 세네갈 부대가 중요한 역할을 한 1차 대전에서 이 영화가 부정적인 효과를 주지 않을까 하는 우려에서 이 영화의 개봉을 저지했다고 한다) 그리하여 당시 미국영화가 해낸 카메라 워크, 내러티브 테크닉, 연기의 미묘함 등의 발전은 데밀의 1915년 영화인 〈치트The Cheat〉를 통해 알려지게 되었다.

앙리가 파리에 도착할 무렵에는 프랑스인들은 1919년 혁명적인 독일영화인 로베르트 비네의 〈칼리가리 박사의 밀실〉에 의해 압도되었는데 이 영화는 리얼리즘만이 영화를 만드는 데 있어 유일한 양식은 아니라는 것을 입증해주었다. 우리는 앙리가 얼마나 일찍 이 영화를 보았는지 알 수 없지만 그가 이 영화에 대해 말하는 것을 보면—특히 프랑스 개봉을 위해 만든 색을 입힌 프린트에 대해 말했다—아주 이른 시기였던 것 같다. 어쨌든 당시의 분위기는 영화문화가 발전할 만한 데가 있었는데 이것은 다른 나라에서는 60년대 이후에야 등장하게 되는 그런 분위기였다. 시네 클럽이 만들어지기 시작했으며 고급 영화 잡지가 등장했고 비평가이자 감독인 루이 델뤽(그의 이름은 지금도 그해의 최고의 프랑스 영화에 주는 영화상의 이름으로 남아서 기념되고 있다)에 의해 영화이론이 등장했다. 이것은 또한 프랑스 영화에서 최초의 아방가르드가 등장한 시기이기도 하다. 델뤽, 제르멘느 뒬락(시네마테크의 설립에 있어 중요한 역할을 하게 된다), 장 엡스탱(그의 여동생 마리는 나중에 랑글루아가 가장 신뢰하는 동료 중의 한 사람이 된다), 아벨 강스, 마르셀 레르비에 등이 등장했다. 이들의 작품을 랑글루아는 이들이 영화사에서 정당한 자리를 찾을 때까지 열렬하게 지지했었다.

1922년에 이미 파리는 영화관으로 가득 찬 도시가 되었다. 하지만 이 시대에는 아직 상업영화와 아트 필름 사이에 오늘날과 같은 엄격한 구분은 없었다. 〈칼리가리 박사의 밀실〉은 작은 회사가 만든 저예산영화가 아니었으며 아벨 강스의 영화를 동네의 영화관에서 볼 수 있었다. 흔히 랑글루아가 유성영화보다 무성영화를 더 좋아했다고 말하는 사람들이 많고, 이것이 전적으로 옳다고 할 수는 없지만, 그가 자신이 어린 시절에 본 영화에 대해 (우리들 중 많은 사람들이 그렇듯이) 특별한 애정을 가진 것은 사실이다. 그는 정말로 많은 영화를 보았던 것 같다. 그의 아버지가 절망할 정도로 말이다.

우리가 확실히 그가 봤다고 알고 있는 영화에 〈항구의 아가씨A Girl in Every Port〉가 있다. 한참 후에 그는 1928년 파리에서 이 영화가 개봉한 것은 자신에게 이중적인 발견이었다고 쓰게 된다. 감독인 하워드 혹스의 발견임과 동시에 스타인 루이즈 브룩스의 발견이었다. "표현주의를 배척하고 있던 1928년의 파리에서 〈항구의 아가씨〉는 현재 이 시점에서 회임된 영화로서, 과거를 반박하면서 그 자신만의 정체성을 확보하고 있다. 이 영화를 보는 것은 우리 자신을 보는 것이며 미래를 보는 것이다." 그리하여 15세의 랑글루아에게 이미 할리우드 영화와 아방가르드 영화 사이에는 경계선이 없다는 것을 알 수 있다. 이 점에서 그가 특별히 유니크하다고 할 수는 없는 것이 프랑스인들은 할리우드의 생산품을 미국인들이 하는 것보다는 훨씬 높이 평가했기 때문이다.

루이즈 브룩스가 다른 곳에서 거의 잊혀진 존재가 되었을 때도 랑글루아는 그녀가 영화사상 가장 중요한 인물 중의 한 사람으로 꼽았다. 그는 브룩스에 대해 다음과 같이 말했다.

그녀는 현대적 아티스트의 정수와 같은 존재이다... 그녀를 본 사람은 그녀를 잊을 수 없을 것이다... 그녀가 스크린에 등장하면 픽션은 예술과 함께 사라지고 우리는 마치 다큐멘터리를 보는 것 같은 인상을 받는다. 카메라가 마치 그녀를 기습한 것 같으며 그녀만 이 사실을 모르는 것 같다. 그녀는 영화적 과정 전체에 걸쳐 하나의 지성의 역할을 하고 있으며 특히 포토제닉한 면에서 더 그렇다. 그녀는 무성영화가 그 최후의 시기에 재발견한 모든 것을 체현하고 있다. 완전한 자연스러움과 완전한 단순성을 체현하고 있는 것이다. 그녀의 예술은 너무도 순수한 것이어서 보이지 않는 것이 되어버린다.[2]

〈항구의 아가씨〉일 년 후에 사운드가 등장한 것은 랑글루아의 커리어에 있어서 결정적인 계기였음을 우리는 나중에 알게 된다. 이것은 그가 사운드를 배척했기 때문이 아니라(사실 많

은 영화이론가들이나 감독들이 그렇게 했다) 그가 수십 년에 걸친 무
성영화의 걸작들이 생존 위기에 처하게 되었다는 것을 깨닫게
해주었기 때문이다. 그는 다음과 같이 썼다.

> 무성영화라는 예술이 인정받고 있을 때, 〈국가의 탄생〉이나 〈치
> 트〉 같은 걸작들이 연이어 등장하던 그 시대에, 어느 누구도 이
> 영화들을 파괴하거나 사라지게 할 정도로 야만적인 사람들이
> 등장하리라고는 상상하지 못했었다. 20년대 말의 시점에 세계
> 의 주요한 영화제작사의 아카이브는 아직 사람들이 손을 대지
> 않고 있었다.[3]

얼마 지나지 않아 예를 들면 멜리에스의 네가티브 4천 편
을 파괴할 정도로 야만적인 사람들이 있다는 것이 확실해졌다.
물론 이것은 단순한 야만성은 아니다. 필름은 당시 귀중품이었
다. 이것은 녹여서 은염silver salt을 추출할 수 있었고 셀룰로오스
로 재활용할 수 있었다. 사운드의 등장과 함께 많은 제작자들,
배급업자들은 이 옛날 영화들을 다시 보고 싶어하는 사람들은
없을 것이라 생각했다. 보수적인 영화제작자들이나 비평가들의
생각과는 달리 토키영화의 혁명은 박스오피스의 성적으로 인해
이제 저항할 수 없는 것으로 보였다. 영화의 역사에 있어 처음
으로 사람들은 영화의 과거를 중요하게 생각하기 시작했고 그
것을 보존하려고 했다.
　하지만 이들의 선의는 별다른 성과를 올리지는 못했다. 유
성영화가 점점 더 인기를 얻으면서 무성영화를 지키려는 노력
은 더욱더 산발적인 것이 되었다. 심지어 파리에서만이라도 무
성영화만을 상영하는 영화관을 지키려고 했지만 이것도 무위

로 끝나고 말았다. 1932년에 이르면 모든 노력이 수포로 돌아
갔다. 아그리컬튀르 극장은 무성영화의 걸작들을 정기적으로
상영 프로그램에 집어넣었던 극장이었지만 이마저도 프로그
램의 정책을 바꾸고 말았다. 이 극장의 유성영화 초기 상영작
인 하워드 혹스의 〈스카페이스〉는 엄청난 성공을 거두었고 그
리하여 과거로 돌아갈 일은 아예 없어졌다. 토키의 지배는 이
제 완전한 것이 되었다. 무성영화는 이제 그 상업적인 가능성을
완전히 잃어버렸으며 그저 사라지거나 아니면 유원지 혹은 서
커스 등에서 가끔 상영하는 것으로 그치게 되었다. 랑글루아는
다음과 같이 썼다.

> 무성영화의 시대는 그것이 시작했던 것처럼 끝나고 말았다. 그
> 랑 불바르에는 두 개의 잊혀진 극장이 있었는데 이 극장들은
> 티켓 가격이 싼 데다가 손님을 찾지 못한 길거리의 창녀들이 가
> 끔 다리를 쉬게 할 목적으로 들어오기도 해서 겨우 연명하고
> 있었다. 1934년의 파리에서 이 극장들에서만 〈제너럴〉, 〈내비
> 게이터〉, 채플린의 걸작들, 멋진 더글라스 페어뱅크스 영화들,
> 〈성들 사이의 전쟁Battle of the Sexes〉, 〈포도 위의 숙녀〉 같은 그리
> 피스의 후기작들, 거기에다 파브스트의 〈기쁨 없는 거리〉, 폰
> 스턴버그의 〈언더월드〉 등을 볼 수 있었으며 심지어는 도브첸
> 코의 〈대지〉, 푸도브킨의 〈아시아의 폭풍우〉 같은 영화들도 볼
> 수 있었다. 하지만 이 극장들도 결국 음향기재를 마련했고 그
> 에 따라 티켓 가격도 오르게 되었다.
> 그리하여 브리타니와 방데의 이동영화관에 몇 수의 돈을 내고
> 들어온 하녀들, 아이들, 어부들만이 그 딱딱한 벤치 위에서 릴
> 리안 기쉬의 표현주의적 몸짓에 눈물을 흘리게 되었다.[4]

유럽에서 이동영화관은 중요한 것이었다. 유원지나 장터에서 스크린과 프로젝터를 설치하고 영화를 상영하던 이 업자들은 나중에 시네마테크에서 필름을 구하려고 할 때 중요한 소스가 되게 된다. 내가 계속 인용하던 랑글루아의 텍스트(1956년에 영화 탄생 60주년을 기념해 쓴 글이다)는 그리하여 다음과 같이 결론을 내렸다.

'무성영화의 예술'이 너무도 대단한 열정을 만들어냈고, 너무도 대단한 숭배의 대상이 되었으며, 너무도 많은 소명을 만들어냈다는 것을 감안하면 그것은 바로 다음 세대의 비평가들에 의해 바로 잊혀질 수 있는 것은 아니었다. 그리하여 영화예술을 보존하고 상영하는 것을 주 임무로 하는 세 개의 시네마테크가—거의 동시에, 사전에 상호 간의 합의 없이—뉴욕, 런던, 파리에 생겼던 것이다. 이것은 전혀 우연이 아니다. 이 세 개의 시네마테크 각각은 대략 1916년에서 1930년에 이르는 시기의 한 위대한 운동—영화에 대한 우호적인 의견의 등장이라는 그 운동—이 마지막으로 창조해낸 것이다. 몇몇 필름 클럽들은 문을 닫았으며, 영화 비평은 사실상 마비되었고, 모든 것이 산산조각이 나고 말았지만, 이 운동은 그 마지막에 시네마테크라는 것을 만들었던 것이다.*

---

● 시네마테크 프랑세즈와 뉴욕(뉴욕 현대 미술관the Museum of Modern Art)과 런던(브리티쉬 필름 인스티튜트British Film Institute)에 있던 아카이브의 중요한 차이는 시네마테크 프랑세즈는 처음부터 영화를 보존할 뿐 아니라 상영하는 것에도 역점을 두고 시작되었다는 것이다. 브리티쉬 필름 인스티튜트는 1933년에 설립되었고 그것의 아카이브 부문은 1935년에 시작되었지만 아주 예외적인 몇몇 경우를 제외하면 영화의 상영은 2차 대전 이후부

여기서 랑글루아가 초기에 만들어진 아카이브 중의 하나를—1933년 스톡홀름에 설립된 것이다—언급하지 않았다면 그 것은 아마도 거기가 너무 작고 별로 야심이 없는 조직이라고 생각했기 때문일 것이다. 그럼에도 랑글루아의 논점은 여전히 유효하다. 아카이브의 운동이 무성영화의 소멸로 인해 시작되었다는 것 말이다. 만약 많은 사람들이 시네마테크 프랑세즈를 사상 최초의 영화 아카이브로 생각한다면 그것은 아마도 이곳이 최초로 영화를 상영했기 때문일 것이며, 랑글루아 자신이 수 집가일 뿐 아니라 흥행사이기 때문이며, 영화에 대한 관심이 특히 파리가 높았기 때문일 것이다.

터 시작되었다. 뉴욕 현대 미술관도 30년대에는 포괄적인 상영 프로그램은 가지고 있지 않았으며 전쟁 이후에도 일주일 단 한 편의 영화를 그것도 1일 2회 상영만 했을 뿐이다.

# 2

## 욕조

시네마테크가 랑글루아 집안의 욕조에서 시작되었다는 이야기는 랑글루아에 관련된 전설 중에서도 가장 널리 알려진 이야기 중 하나일 것이다. 그리고 전설들이 대개 그렇듯이, 이것도 부분적으로는 맞는 이야기이다. 조르쥬 랑글루아가 내게 말한 것에 따르면 이것은 정확히는 욕조라고 할 수는 없다. 그는 "어쨌든 우리도 때로는 목욕을 하곤 했다"고 내게 말했다. 오래된 프랑스 아파트들이 그렇듯이 랑글루아 집의 욕실은 대단한 큰 편이었다. 가로가 15피트, 세로가 12피트였는데 아마도 집을 만든 후에 나중에 방 하나를 통째로 욕실로 만든 것으로 보인다. 그러므로 필름을 쌓아놓을 만한 충분한 공간이 있었던 것이다.

랑글루아의 소명은 부모님이 그에게 이른바 파테 베이비 프로젝터(9.5밀리 기계로 나중의 수퍼 8의 전신이라고 생각하면 된다)를 사주면서 시작되었다. 그는 말했다. "우리는 부자는 아니었지만 잘 먹는 편이었다. 그래서 알렉산드리아에 사는 나의 숙모들은 내가 원하는 기계가 비싼 것이므로 이집트 파운드화[이

양반들의 중요한 수입원은 이집트 파운드화였다]가 2백 프랑으로 오를 때까지 기다리라고 했다. 조금 있다가 이집트 파운드화가 정말로 올랐고 나는 이 프로젝터를 손에 넣었다. 그리하여 나는 영화관객에서 영화사서로 변신하게 된 것이다."

이 가족은 영화에 전혀 무관심한 사람들은 아니었다. 가족들은 어린 앙리를 매주 목요일과 일요일 오후에 극장에 데리고 가곤 했다. 하지만 이들은 주로 파테 체인의 극장에만 갔으므로 당시 고몽이 배급하고 있던 MGM 영화는 거의 놓치고 말았다.

랑글루아는 1929년에 시네마 데 바티뇰 극장에서 장 그레미용이 만든 무성영화(아마도 〈등대지기Gardiens de Phare〉가 아닌가 한다)를 본 것을 회상하곤 했다. 이 영화에서 기가 막힐 정도로 멋진 이중노출 장면이 나오는 꿈의 시퀀스에 관객들이 열광했던 것을 그는 기억했다. 랑글루아가 아주 이른 나이에 초현실주의를 발견했다는 것을 감안하면 그가 꿈 시퀀스에 강한 영향을 받은 것은 전혀 놀랄 일이 아닐 것이다. 당시 가장 유명했던 초현실주의 서점인 조세 코르티José Corti는 앙리가 다니던 학교인 리세 콩도르세로 가는 길에 있었다. 이것은 그가 동시대의 문학과 처음으로 접촉한 것이지만 그가 가장 강한 인상을 받은 것은 초현실주의의 선구자들이라고 할 수 있는 랭보와 로트레아몽이었다. 그들의 작품은 그에게 바이블이 되었다. 그는 다음과 같이 썼다. "내가 처음 『초현실주의 선언』을 읽었을 때의 흥분을 아직도 기억한다." 하지만 그는 자신이 앙드레 브르통의 지나치게 개인적이고 지나치게 혁명적인 『나쟈』를 처음 읽었을 때의 실망을 회상하기도 했다. "나는 어떻게 『초현실주의 선언』을 썼던 사람이 이런 작품을 쓰게 되었는지를 도저히 이해할 수가 없었다. 반면 〈안달루시아의 개〉를 보았을 때 나는 정말로 흥분했다."[1]

초현실주의의 발견은 그의 지적인 삶에 있어서 터닝 포인트가 되는 것은 아니었다. 그가 어린 시절에 페르디낭 제카Ferdinand Zecca나 에밀 콜Émile Cohl의 영화를 보면서 이미 마음속으로 준비했던 어떤 것을 나중에 단순히 확인했다고 보는 것이 정확할 것이다. 제카나 콜은 나이브한 초창기의 영화작가들이지만 그럼에도 20년대의 초현실주의를 미리 예견케 하는 세계를 보여주었던 것이다. 그는 1965년에 다음과 같이 썼다. "나는 초현실주의가 영화에서 이미 존재했다고 확신한다. 푀이야드의 〈방피르〉는 이미 20세기의 무의식이자 동시에 보편적인 무의식의 표현이었다."[2] 비록 푀이야드가 도둑맞은 문서들, 납치당한 여주인공들, 세계를 지배하고자 하는 악당들에 대한 멜로드라마를 만든 사람으로 간주되고 그래서 동시대의 아방가르드 영화작가들에 의해 경멸을 받았음에도 불구하고 그의 영화들은—초현실주의의 원형적인 이미지를 뽑아내는 그의 시각적 천재성을 통해—자신의 장르를 초월한 것이었다.

우리가 어느 정도 짐작할 수 있듯이 영화관과 조세 코르티 서점에 자주 들르면서 앙리의 학교 공부는 자연히 뒷전으로 처지게 된다. 사실 앙리는 그리 좋은 학생이라 할 수는 없었다. 불어와 역사 단 두 과목만이 그의 관심을 그나마 끄는 것이었다. 그리하여 모든 프랑스의 소년 혹은 소녀가 거쳐야 하는 중요한 관문인 바칼로레아[대학 입학 자격시험, 흔히 '박bac'이라 줄여 말한다]를 치루어야 할 시기가 다가왔을 때 그는 별로 준비가 되어 있지 않았다. 그 시대에는—지금도 어느 정도 그렇지만—대학에 가려고 하는 프랑스인들의 수는 많지 않았다. 리세[중

등교육]를 졸업한 정도면 대부분의 직업에는 충분한 것으로 여겨졌다. 하지만 '박'을 통과했느냐 아니냐는 역시 중요한 문제였다. 결과적으로 앙리는 통과를 하지 못했다. 그의 동생인 조르쥬는 앙리가 프랑스문학에 관한 논문(박의 제1부에 해당한다)을 썼지만 영점을 받았다고 했다. 그가 (논문의 주제인) 몰리에르를 감히 찰리 채플린과 비교했다는 것이다. 그래서 집에 돌아온 앙리는 아버지에게 그가 제일 잘하는 과목(불문학)에서 빵점을 받았으니 속성 코스를 듣는다거나 다시 일 년을 더 공부하거나 하는 것이 아무 의미가 없다고 했다는 것이다. 그는 수학, 화학, 물리는 영 안 되는 과목이었으니 더 공부할 필요가 없다고 말했다. 조르쥬에 따르면 결국 그의 부친도 포기했다는 것이다. 하지만 앙리의 친구이자 동료였던 로테 아이스너에 따르면 그는 아예 시험을 보지도 않았다고 한다. 시험을 보아야 할 날에 그가 2본 동시 상영을 하는 영화관에 갔다는 것이다.

70년대에 랑글루아가 내게 해준 이야기는 조금 다르다. 그는 애초에 박을 통과하길 원하지 않았다는 것이다. 만약에 통과했다면 자신은 아버지의 노예가 될 수밖에 없기 때문이라는 것이 이유였다. 그의 동생이 나중에 한 것처럼 자신도 법학을 공부해야만 했을 것이라는 게 그의 말이다.

어쨌든 그의 아버지는 아들에게 무언가 할 일을 만들어 주어야겠다는 의무감을 느꼈다. 그의 아버지가 생각하기에 그는 질서에 대한 감각이 없는, 무엇이든 엉망으로 만들어버리는 소년이었다. 그래서 아버지 구스타브는 아들을 몽마르트르 거리에 있는 작은 인쇄소로 보냈다. 한 여성이 운영하는 이 인쇄소는 서류의 정리와 분류를 위해 젊은이들을 받아서 일을 시켰다. 여사장은 발이 넓은 사람이라 이 젊은이들 중 일부를 사회복지국에서 일하도록 하기도 했다.

이곳에서 앙리와 일한 사람 중 자크라는 친구가 있었는데 그는 조르쥬 프랑쥬의 쌍둥이 동생이었다. 병역을 마치기 전에 조르쥬 프랑쥬는 1929년에서 1932년까지 보드빌 극장의 세트 담당으로 일했다. 그는 세트를 디자인한 것은 아니고 주로 여기저기서 물건을 구해 왔다. 그리고 병역을 마친 후에는 영화 포스터의 디자인을 시작했다. 1934년에 그는 자크로부터 편지를 받았는데 거기서 자크는 그가 앙리 랑글루아라는 굉장한 친구를 만났다는 이야기를 했다. "그는 정말로 미친 친구인데 영화라면 사족을 못 쓰더라구. 너도 그를 굉장히 좋아하게 될 거야."

프랑쥬가 브리타니에서 자신의 포스터 모형을 가지고 돌아왔을 때 그는 동생이 몽마르트르의 인쇄소를 떠났다는 것을 알게 되고 그 대신으로 인쇄소에 들어갔다. 프랑쥬는 20세인 앙리가 정말로 무엇이든 엉망으로 만드는 인물이라는 걸 알았다. 프랑쥬는 항상 정리정돈에 신경을 쓰는 인물이었다. 의기투합한 두 사람은 그리하여 앙리가 좀 엉망을 만들더라도 프랑쥬가 뒤처리를 잘 해서 보완하는 방향으로 맞추기로 했다. "그렇게 해서 우리는 그곳에서 10개월 정도 일할 수가 있었다." 프랑쥬는 나중에 내게 말했다.

그 당시에 랑글루아는 너무 여윈 편이어서 식당의 여주인들은 그에게 억지로라도 먹으라고 하는가 하면 그를 옆으로 데리고 가서 몸집을 키우는 것이 좋겠다고 충고할 정도였다. 30년대의 그의 사진 중에 남아 있는 것을 보면 우리는 그를 그 큰 눈 때문에 알아볼 수가 있다. 마른 얼굴이라 그 큰 눈이 더 커 보이는 것이다. 엉망을 만든다는 평판에도 불구하고 사진에서의 그는 프랑쥬 만큼이나 단정하고 우아해 보인다. 아마도 랑글루아가 사진을 찍을 때 특히 더 신경을 써서 그런 것인지도 모른다.

이 두 젊은이들은 금방 친한 사이가 되었다. 자신의 동생에게 자신이 쇼맨 행세를 했던 것처럼 앙리는 프랑쥬에게 영화에 대해 가르쳐주기 시작했다. 브리타니의 작은 동네에서 태어나고 자란 프랑쥬는 앙리가 열광적으로 떠들어대는 영화에 대해 전혀 들어본 바가 없었다. 가령 프랑쥬가 처음으로 아방가르드를 접한 것은 스튜디오 28에 가서 브뉴엘의 〈안달루시아의 개〉와 장 엡스탱의 〈어셔 가의 몰락〉의 2본 상영을 본 것이었다.

오늘날에도 있는 스튜디오 28은 파리의 몇 안 되는 중요한 아트 하우스의 하나였다. 몽마르트르의 가파른 길에 있는 이 극장은 찾아오기가 그리 쉬운 곳은 아니지만 〈안달루시아의 개〉와 〈황금시대〉의 첫 상영이 스캔들을 빚게 되면서 유명한 곳이 되었다. 프랑쥬는 이 두 편의 브뉴엘 영화에 깊게 매혹되었는데 이것은 부분적으로 랑글루아가 그로 하여금 이 영화들을 받아들이도록 준비시켰기 때문이다. 랑글루아는 프랑쥬에게 이런 유의 영화를 볼 수 있는 다른 장소들도 알려주었다.

이 두 사람들은 곧 그들만의 시네클럽을 만들어볼 생각을 하게 되었다. 이미 당시 자신의 시네클럽을 가지고 있었던 영화 이론가 장 미트리가 처음에 이들을 도와주었다. 그는 옛날 영화뿐 아니라 새로운 영화들도 잘 알고 있었고 이 두 사람들에게 실질적인 도움도 줄 수 있었다. 비영리의 시네클럽들에게 필름을 대여해주는 배급업자들의 주소 같은 것들도 알려주었던 것이다. 이들은 처음에 약간 주저하기는 했지만 결국 도전해보기로 결심했다. 이들은 샹젤리제에 있는 작은 상영관을 빌리기로

하고 '환상영화Le Cinéma Fantastique'(다시 초현실주의의 영향을 확인할 수 있다)라는 프로그램을 구성했다. 이것이 나중에 '영화의 서클 Cercle du Cinéma'로 알려지게 되는 조직의 첫 활동이었다.

이것은 엡스탱의 〈어셔 가의 몰락〉, 비네의 〈칼리가리 박사의 밀실〉, 폴 레니의 미국 영화 〈최후의 경고The Last Warning〉 세 편으로 이루어진 긴 프로그램이었다. 이들이 어떻게 필름을 대여하고 장소를 빌리는 데 필요한 돈을 구했는지는 명확하지 않다. 프랑쥬는 랑글루아가 부친에게 빌린 돈이 아닐까 생각했다. 구스타브가 영화 쪽이 돈이 될 수 있다고 갑자기 생각했을 수도 있다. 하지만 모친인 마담 랑글루아가 남편을 설득했을 가능성이 더 크다. 어쨌든 사람들이 제법 왔으며, 상영회는 성공적이었고, 이들은 앞으로도 계속 행사를 이어갈 수 있는 돈이 생겼다.

하지만 이들의 야심은 단순히 시네클럽을 운영하는 것 이상이었다. 랑글루아와 프랑쥬는 영구적인 영화도서관 즉 시네마테크를 만들기를 원했다. 이것은 완전히 새로운 아이디어는 아니다. 사람들은 1912년 이후로 이에 대해 말을 해왔으며 시네마테크라는 말 자체는 영화 비평가인 레옹 무씨냑이 1921년 9월 9일자 《시네마가진Cinémagazine》에서 처음 썼던 것이다. 초기에 시네마테크에 대한 이야기들은 그 초점에 있어 영화를 동시대 역사의 기록물로 보는 것이었지 예술 형식으로서 본 것은 아니었다. 하지만 30년대 초반에 이르면 미술의 뮤지엄과 동격으로서의 영화도서관이라는 개념이 확실히 자리 잡게 된다. 랑글루아와 프랑쥬는 영화를 수집하고 보존하는 것뿐 아니라 그것을 보여주기를 원했다. 시네마테크는 보통의 시네클럽들처럼 관객들을 끌어 모으기 위해 '인기 있는' 프로그램을 어느 정도 택할 필요가 없다는 점이 다르다. 게다가 시네클럽들은 영화를 보존하지도 않을 뿐 아니라 그들은 그저 유통 중인 영화 중에서 상영하는 것이 일반적이다.

하지만 어떻게 이 일을 시작할 것인가? 그들은 돈도 필요하고 그리고 다른 사람들의 도움도 필요했다. 그리고 여기에서 흥미롭게도 랑글루아의 부친이 다시금 해답의 단서를 제공해주었다. 구스타브는 영화업계지인《시네마토그라피 프랑세즈》의 발행인 폴 오귀스트 알레Paul Auguste Harlé 씨를 우연히 알게 되었고 앙리를 그에게 소개해주었다. 알레는 영화잡지의 발행 및 인쇄를 할 뿐 아니라 영화 포스터의 인쇄도 하고 있었다. 랑글루아는 그에게 프랑쥬가 디자인한 포스터를 보여주고는 어떻게 생각하느냐고 물어보았다. 그는 그에게 다짜고짜 시네마테크를 위한 도움을 달라고 말하고 싶지는 않았다. 비록 그가 자신의 잡지에서 영화를 보존할 필요성에 대해 역설한 바가 있었음에도 말이다. 결국 랑글루아는 실제로 왜 그를 만나러 왔는지를 설명했고 알레는 도움을 주겠다고 약속했다. 그는 랑글루아와 프랑쥬에게 프린트를 사는 조건으로 만 프랑을 주었다. 만 프랑은 당시로는 아주 큰 금액이었다. 제일 처음으로 산 것이 〈어셔 가의 몰락〉이었고 두 번째로 산 것이 〈국가의 탄생〉이었다. 1935년에 시네마테크 프랑세즈가 탄생했고 랑글루아와 알레의 사인이 들어간 초석이 세워진 것은 1936년 9월 2일이었다.

그리하여 이제 영화를 저장해둘 장소의 문제가 등장했고—랑글루아 집안의 욕조가 아니라면 말이다—다시금 알레가 도움을 주었다. 그는 이전에 이미 20년대 아방가르드 영화를 많이 만들었던 알바트로스 필름의 사장인 알렉상드르 카멘카에게 이야기를 잘 해서 그의 영화들을 시네마테크에 보관하도록 하라고 재촉한 적이 있었다. 카멘카는 결국 이들의 요청을 받아들였지만 어디에 보관할 것인지를 알고 싶어 했다. 하지만 운 좋게도 프랑쥬는 감독인 조르쥬 멜리에스를 잘 알고 있었다. 당시 그는 파리 근교 오를리에 있는 은퇴자를 위한 집에 살고 있었다. 멜리에스는 랑글루아와 프랑쥬에게 자신이 살고 있는 집 근처 공원에 있는 폐건물을 소개해주었다. 이 건물은 시가 소유한 것이었지만 알레는 시에게 이 건물을 사용하는 비용을 지불했고 거기에다 수선비용까지 주었다. 건물의 열쇠는 멜리에스에게 주어졌고 그리하여 영화사상 최초의 감독 중의 한 사람은 시네마테크의 첫 '큐레이터'가 되었다.

카멘카 컬렉션(르네 클레르의 〈이탈리아 밀짚모자〉와 〈두 명의 소심한 남자〉, 자크 페이더의 〈카르멘〉과 〈새로운 사람들〉, 러시아의 망명객들의 영화들을 포함하고 있었다)으로 필름의 수집이 시작되었고 이어서 알레는 랑글루아와 프랑쥬에게 다른 제작자들도 소개해주었다. 하지만 그와 랑글루아는 계속 만나지는 않았고 얼마 지나지 않아 알레는 회장이라는 직위에서 사임하고 말았다. 그는 랑글루아에게 은혜를 베풀면서도 싸움을 벌이기도 했던 최초의 인물—물론 마지막은 아니다—이 되었다. 랑글루아는 그때에도 (상대하기가) '까다로운' 인물로(프랑쥬는 '변덕스럽다'는 표현을 더 좋아했다) 꼽혔고 필요한 경우에는 세상에서 보기 드문 뛰어난 외교가가 되기도 하지만 반면 갑자기 상대의 실제의 혹은 상상적인 약점을 잡아 싸움을 벌이기도 했다. 이 경우에 두 사람은 친구로 남기는 했다. 물론 거리를 둔 상태에서 말이다.

랑글루아의 기질에다 돈과 인력의 부족으로 인해 필름들은 통상적인 의미에서 카탈로그 작업이 전혀 이루어지지 않은 상태웠다. 몽마르트르의 인쇄소에서 했던 문서 작성 및 분류의 훈련은 전혀 쓸모가 없었던 것이다. 랑글루아는 자신만의 방법을 가지고 있었는데 이것은 자신의 뛰어난 기억을 믿는 것이었고, 거기에다 아이들이 가지고 다닐 만한 작은 노트에다 생각날 때마다 적어놓는 식이었다. 이 노트에 적은 것도 다른 사람들이 보아서는 무슨 내용인지 알아내기가 어려운 것이었다.

그는 필름의 상태를 주의깊게 검토하지도 않았으며 이것들을 과학적으로 보존하는 데 필요한 돈도 없었다(당시의 질산염 nitrate 필름을 '과학적으로' 보존할 방법이 있다고 한다면 말이다). 랑글루아는 필름을 보존하는 가장 좋은 방법은 그것들을 보여주는 것이라고 굳게 믿고 있었다. 그는 곧잘 필름은 마치 페르시아의 카페트 같은 것이라고 말했다. 그 위를 자꾸 걸어주어야 더 카페트가 빛이 난다는 것이다. 필름을 영사한다는 것은 그것들로 하여금 공기를 호흡하게 하는 것이고 필름이 들어 있는 캔에 모였던 쓸모없는 가스를 제거한다는 것이다. 어쨌든 랑글루아는 항상 가장 긴급한 일은 이 필름들이 소실되거나 녹아버리기 전에 자신의 손에 들어와야 한다는 것이다. 두 번째로 급한 일은 그것을 보여주는 것이었고 이 기능은 그의 다른 기획인 '영화의 서클'에 의해 수행될 것이다.

한편 그와 프랑쥬는 1935년에 함께 단편 영화를 만들었다. 〈지하철Le Métro〉이라는 이름의 이 영화는 2차 대전 이후 어느 누구도 본 적이 없으며 나도 랑글루아에게 여러 번 보고 싶다는 말을 했지만 항상 그의 대답은 "나중에, 나중에"였다. 나는 프랑쥬에게 이 영화의 제작에 대해 물어보았는데 그는 내게 랑글루아가 카메라에 손대는 것을 거부했다고 말했다. 그는 자신의 손이 너무도 서툴기 때문에 직접 카메라를 들고 무언가를 찍으면 엉망이 될 것이라고 했다는 것이다.

랑글루아는 실패한 감독라고 볼 수 있을까? 그는 부친에게 영화 이외의 어떤 일도 자신은 원하지 않는다고 말했다고 했다. 그런 다음에 덧붙이기를 "거기에서 파생되어 나온 시네마테크를 할 겁니다"라고 했다는 것이다. 이런 점에서 보면 그가 원래 영화 만들기를 원했다고 볼 수도 있다. 오랫동안 랑글루아와 교류하였던 미국의 인디펜던트 작가 케네스 앵거는 그가 실패한 감독이라고 말한다. 랑글루아는 마치 푀이야드를 연상케 하는, 편집광적인 음모로 가득 찬 대본을 많이 썼으면 그것을 자신에게 보여주었다는 것이다. 랑글루아는 내게 유성영화가 등장하면서 자신은 영화를 연출할 생각을 접었다고 말했다. 그는 자신이 쓰지 않는 것으로 영화를 만들 생각이 애초에 없지만 그렇다고 해도 그는 도저히 대사를 쓸 자신이 없다고 했다.

랑글루아가 가진 카메라에 대한 공포라는 프랑쥬의 증언이 이 모든 문제를 해결해주는 것 같지는 않다. 그가 계속 그에 맞서 투쟁을 벌이는 어떤 장벽 같은 것이 있었던 것 같다. 예를 들면 1958년에는 마르크 샤갈에 대한 영화를 만든다는 프로젝트가 있었다. 랑글루아는 수천 피트의 필름을 찍었지만 그는 이것을 가편집본도 결국 만들지 않았다. 그의 친구인 장 리부는 이 작품이 그의 마음에서 점점 쇠퇴하면서 샤갈의 작품에 대해서도 흥미를 잃어버렸다고 말했다. 하지만 아마도 다른 이유가 있을 것 같다. 그는 부정적인 판단에 대해 두려워한 것일까? 그는 자신의 영화 역사에 대한 지식에 의해 억제되었던 것일까— 그가 영화에 대해 너무 많이 알고 있기 때문에 혹시라도 그가 사랑했던 걸작들의 근처에도 갈 수 없는 작품을 만들 수도 있다는 것이 커다란 리스크로 여겨졌던 것일까? 아니면 다른 심리적인 이유가 있을 수 있을까? 그가 법을 공부해서 이 사회의 존경받는 일원이 되기를 바란 그의 아버지의 희망에 대해 거역한 것은 틀림없다. 하지만 아마도 아버지의 금제는 결국 부분적으로만 극복되었다고 할지도 모른다. 그는 필름을 수집하고 보여줄 수는 있었지만 자신이 스스로 영화작가가 되지는 않았다.

*

　랑글루아는 전적으로 여성들의 손에 의해 성장했지만 성장한 후에도 자신의 주변을 그를 위해 헌신하는 여자들로 둘러쌌다. 그 첫 번째 인물이 로테 아이스너이다. 그녀는 1896년 베를린에서 태어났고 고고학과 예술사로 박사 학위를 받은 다음에 1927년부터 영화와 연극을 다루는 일간지인《필름 쿠리에Film Kurier》에 비평을 쓰기 시작했다. 그녀는《필름 쿠리에》에의 집필을 1933년 3월 31일에 중단했는데 이날은 나치에 의해 이 신문이 압수된 날이었다. 그녀의 여동생이 프랑스인과 결혼해 살고 있었기 때문에 그녀는 바로 베를린을 떠나 파리로 갈 결심을 했다. 그녀의 남동생은 말했다. "왜 지금 떠나려고 하는 거야? 미쳤군. 이 모든 소란은 곧 가라앉을 거야." 그녀는 말했다. "어떻게 되는지 보자고. 나는 내 책이랑 물건들 다 챙겨서 떠날 거야. 네가 여길 떠날 때에는 시간이 없어서 아마 가방 하나 들고 떠나야 할 거야." 그녀의 말대로 1938년에 파리에 있는 그녀 집의 문을 남동생이 두들겼다. 그는 겨우 작은 슈트케이스 하나를 들고 있었다.

　로테 아이스너는《시네마토그라피 프랑세즈》에 실린 어느 작은 기사에서 두 젊은이가 무성영화를 보존하려고 애쓴다는 것을 읽었다. 파리에 도착한 지 얼마 후에는 그녀는 랑글루아를

만났다. 1934년의 일이다. "나는 무성영화를 정말 좋아했다. 그
것은 토키가 잃어버린 무언가를 가지고 있다.... 분위기나 무드
는 확실히 다른 것이 있었다. 나는 랑글루아와 프랑쥬와 만날
약속을 잡았다. 클리쉬 거리에 있는 카페 웨플러에서 만나기로
했고 손에 《시네마토그라피 프랑세즈》를 들고 있기로 했다. 우
리는 바로 잘 어울리게 되었고 내가 시간이 있을 때마다(당시 나
는 체코의 영화잡지에 기고하면서 생계를 꾸리고 있었다) 그들이 영화
스틸, 포스터, 프로그램 등을 정리하는 걸 도와주었다. 그는 당
시 이미 나중의 '영화 박물관'의 이미지를 머릿속에 가지고 있
었다."

　랑글루아와 아이스너의 관계는 플라토닉한 것이었다. 물론
그는 25세가 될 때까지 여성들과 진지한 관계를 가져본 적이
없었다. 그가 내게 말한 바에 따르면 그의 최초의 성적 경험은
창녀촌에 간 것이었고 흔히 그렇듯이 혐오감과 무력감을 느끼
면서 끝났다고 했다. 하지만 나중에 누군가가 그에게 나이 많
은 여자를 소개해주었고 이 이해심이 많은 여자를 통해 일이 순
조롭게 풀렸다고 했다. 그의 인생에서 첫사랑은 카트린 에슬링
Catherine Hessling에 대한 사랑이었다. 에슬링 양은 화가인 오귀스트
르누아르의 모델이었고 나중에 장 르누아르의 아내가 되었을
뿐 아니라 그의 초기작 여러 편(〈나나〉, 〈물의 아가씨〉 등등)에 출
연하게 되는 사람이다. 랑글루아가 그녀를 만났을 때에는 그녀
가 이미 르누아르와 헤어진 한참 후이긴 하지만 내게는 랑글루
아가 에슬링 그녀에게뿐 아니라 르누아르의 비전에도 사랑에
빠진 것은 아닐까 하는 생각이 들었다. 그녀도 이것을 느꼈을
것이다. 어쨌든 그녀에게 이미 연인이 있었고 그 연인을 랑글루
아를 위해 포기할 준비가 되어 있지는 않았다.

프랑쥬가 내게 말한 것에 따르면 아이스너의 도덕적인 지원 외에도 시네마테크는 1936년에서 1938년 사이에 세 명의 영향력 있는 여성들로부터 도움을 받았다. 20년대의 가장 중요한 아방가르드 작가 중의 한 명인 제르멘느 뒬락은 메이저 영화회사로부터 도움을 받을 수 있도록 했다. "뒬락은 대단한 권위가 있는 사람이었다. 그녀는 명문가 출신에다 부자였지만 친근감이 있었고 헌신적으로 도와주었다." 두 번째 인물은 뒬락의 친구인 이본느 도르네Yvonne Dornès인데 당시에는 국무위원회의 사무총장인 이브 샤테뇨의 부관으로 마담 바슈빌로 불리는 사람이었다. 세 번째 인물은 수잔 보렐(나중에 조르쥬 비도의 아내가 된다)인데 해외업무국Oeuvres Francaises à l'Étranger의 수장으로 이 단체는 외무성의 산하기관이며 해외에서 프랑스 문화를 대표하는 일을 하고 있었다. 언론, 방송, 영화 등에 주로 관여하였는데, 그녀의 도움으로 시네마테크는 외교행낭을 통해 필름을 받거나 보낼 수 있었고 이것은 이들에게 큰 도움이었다.

'영화의 서클'과 시네마테크는 수집과 상영 프로그램에 있어 독자적인 정책을 가지고 있었다. 프랑쥬가 말한 대로 랑글루아는 초현실주의와 실험적인 영화에 대해 큰 흥미를 가지고 있었지만 일을 본격적으로 시작함에 있어, 처음부터(거의) 모든 영화들을 수집하고 상영하려고 시도했다. 중요한 점은 그가 과거의 영화들에 대해 비평가들이나 역사가들의 판단을 받아들이기를 거부했다는 것이다. 오늘날 이상해 보이긴 하지만 랑글루아는 1936년까지 르누아르의 첫 중요한 작품인 〈나나〉를 보지 못한 상태였다. 이 영화는 프랑스에서 평판이 아주 나쁜 작품이었다. 하지만 이 영화의 스틸 몇 개를 본 다음에 랑글루아는 전혀 흥미를 끌 수 없는 영화는 아닐 것이라고 생각했으며 결국

〈나나〉를 직접 영사해서 보고 난 뒤 이 영화가 대단히 중요한 영화라고 판단했다.

〈나나〉는 르누아르의 이전 작품인 〈물의 아가씨〉와 함께 시네마테크가 처음에 구입한 영화들 중 하나이다. 조르쥬 사둘은 당시에 〈나나〉를 처음으로 보았고 몇몇 장면에서 기술적인 면이나 연기에서 낡은 느낌을 주지만 전체적으로 이 영화는 대단히 강력한 작품이라고 보고했다. "이 작품을 상실한 경우 그 피해는 회복 불능의 것이 될 것이다."[3]

랑글루아의 정책이 세계의 다른 아카이브들과 크게 다른 점은 그가 결코 선택이라는 것을 믿지 않았다는 점이다. 랑글루아의 절친한 친구인 뉴욕 현대미술관의 아이리스 배리가 버스터 키튼의 전 작품을 제공하겠다는 제안을 받고 '최고의 작품'만을 받겠다고 하자 랑글루아는 이에 개입해야겠다고 느낄 정도였다. 뤼이야드의 〈바라바〉 같은 영화들이 오랫동안 별로 흥미를 끌 수 없는 영화로 간주되었다는 것을 생각하면 어떻게 선택할 수가 있다는 것인가 하는 것이 랑글루아의 입장이었다. 물론 선택을 강요하는 요인들이 어느 정도 있는 것도 사실이다. 예를 들면 시네마테크의 한정된 예산 같은 것들 말이다. 하지만 수집의 초기부터 랑글루아는 어느 정도 흥미롭다고 판단되는 감독의 작품이라면 그것이 어떤 작품이든 간에 보존할 가치가 있다고 생각했다. 이런 의미에서 보면 그는 최초의 '작가주의자'라고 할 수도 있을 것이다.

르누아르는 랑글루아가 대단히 존경하던 감독이었다. 물론 〈밑바닥〉이 개봉했을 때 랑글루아가 이 영화에 대한 약간 비판적인 리뷰를 쓰기도 했지만 말이다.* 이 두 사람은 30년대 후반에 아주 친한 사이가 되었지만 그럼에도 문제가 없었던 것은 아니다. 랑글루아가 내게 얘기해준 것에 따르면 〈게임의 규칙〉의 러시를 보고 난 후에 르누아르의 차를 얻어타고 돌아올 때 이런 일이 있었다고 한다. 랑글루아는 차 안에서 귀족 출신의 여주인공으로 못생긴 노라 그레고를 택한 것은 아주 교묘한 책략이었다고 칭찬했다. 위대한 귀족들 중에는 못생긴 사람들이 많기 때문이라고 랑글루아는 말했다. 르누아르는 아무 말도 하지 않고 그저 우울한 표정이었다고 한다. 나중에야 랑글루아는 르누아르가 당시 노라 그레고를 사랑하고 있었으며 그는 그녀를 전혀 못생겼다고 생각하지 않았다는 것도 알게 되었다.

초기작이 랑글루아의 주의를 끌었던 다른 감독으로는 마르세 레르비에가 있다. 조르쥬 사둘은 다음과 같이 썼다. "르누아르의 경우 혹시 〈나나〉를 소실했다고 해도 그 이후의 영화들이 어느 정도 우리들을 위안해줄 수 있었을 것이다. 하지만 레르비에의 경우는 전혀 그런 케이스가 아니다. 오늘날의 젊은이들은 그가 예전에 대단한 영화들을 만들었다는 것을 전혀 믿으려하지 않을 것이다."[4] 20년대 레르비에의 대단한 작품들 중 하나는 〈엘도라도〉로 이 영화는 그의 다른 영화들과 함께 랑글루아에 의해 구원을 받았다. 사둘은 다음과 같이 기쁨을 표시했다. "델뤽의 모든 작품이 시네마테크에 있다. 우리는 〈열병〉과 〈어느 곳에서 온지 알 수 없는 여자〉, 거기다가 영화사상 최고의 작품 중 하나인 엡스탱의 〈충실한 마음〉을 다시 볼 수 있다. 페이더의 모든 작품이 있으며 〈이마쥬〉는 그것이 유랑극단의 리본으

● 《시네마토그라피》, 1936년 3월

로 팔려나가기 직전에 4백 프랑으로 구매했다. 이 영화는 〈그리 비슈〉, 〈카르멘〉, 〈아이들의 얼굴〉 등과 함께 페이더가 〈미모사 별장〉이나 〈플랑드르의 카니발〉에 어떻게 이르게 되었는지를 보여준다. 〈안달루시아의 개〉, 〈황금 시대〉 등 브뉘엘의 아방가 르드 시대의 걸작들을 시네마테크가 보존하게 됨에 따라 우리 는 이것들을 그의 나중의 영화인 〈빵 없는 땅〉 같은 영화들과 비교할 수 있는 것이다. 르네 클레르의 작품도 그 절반 이상이 시네마테크에 보존되어 있다."

사둘이 지적한 대로 시네마테크는 프랑스의 영화 유산만 을 보존하는 곳이 아니다. 약간의 운 좋은 구매와 교환을 통해 시네마테크는 중요한 해외의 작품들을 수집하게 되었다. 그리 피스의 〈불관용〉과 〈동쪽으로 내려가는 길〉, 윌리엄 S. 하트와 렉스 잉그램의 작품들, 스트로하임의 〈그리드〉, 여기에다가 스 웨덴과 독일의 무성영화 시기의 걸작들(〈써 아르네의 보물Sir Arne's Treasure〉, 〈유령 마차〉, 〈칼리가리의 밀실〉, 〈노스페라투〉, 파브스트와 드레 이어의 영화들)도 수집했다. 사둘은 여기에다 다음과 같이 덧붙 인다. "에밀 콜과 멜리에스의 1차 대전 이전의 이상한 작품들" 도 잊어서는 안 된다고 말이다.

랑글루아는 〈이마쥬〉의 경우처럼 거의 '사망 직전'의 영화 들을 여러 편 구해냈다. 이 영화들의 제작자들이 현상소에 이 영화들의 네거티브를 아예 폐기해버리라고 요청한 상태의 영화 들이었다. 며칠 후면 이 영화들은 영원히 사라지고 녹여서 셀룰 로오스를 추출하게 될 처지였다. "당신이 아침에 사용한 빗은 〈흩어진 꽃잎〉, 〈치트〉, 〈성실한 마음〉의 일부에서 만든 것인지 도 모른다."[5]

할리우드 영화에 대한 랑글루아의 관심의 최초이자 최고의 사례가 되는 것은 그가 하워드 혹스의 영화에게 부여한 높은 평가이다. 그 결과로 40년대에서 50년대에 걸쳐 파리는 혹스의 주요한 영화들을 다 볼 수 있는 유일한 곳이었다. 하지만 이 시대에 '영화의 서클'의 금요일 상영에서는 이런 영화들을 상영하지 않았다. 이런 영화들은 일반 영화관에서 볼 수가 있었기 때문이다. 시네마 베리테의 '창설자'이자 민속지 영화의 감독이기도 했던 장 루슈는 친구들과 함께 샹젤리제에 있는 로드 바이론 극장에서 〈이혼협주곡Gay Divorcée〉(1934)를 보았다고 회고한다. 몽마르트르의 스튜디오 28은 마르크스 형제들과 W. C. 필즈의 영화를 전문적으로 상영했다. 스튜디오 베르트랑은 보다 '어려운' 미국 영화들을 주로 상영했으며 파고드 극장은 〈불한당Scoundrel〉(1935) 같은 영화를 상영했다. '영화의 서클'은 다른 곳에서 볼 수가 없는 영화들만 상영했던 것이다.

루슈는 '영화의 서클'을 세느 강 좌안에 있는 카트르 슈맹이라는 갤러리에 로트레아몽의 〈말도로르의 비가〉를 소재로 한 달리의 그림들을 전시한다고 해서 갔다가 거기에 있는 행사 소개판에서 알게 되었다고 했다. 이 행사에 참가하기 위해서는 회원이 되어야 하지만 연회비는 3프랑에 지나지 않았다. 상영회 자체는 영화별로 입장료를 받았지만 이것도 8프랑에다 학생이면 6프랑으로 할인되었다. 회원들에게는 매달 프로그램이 발송되었는데 이 프로그램의 맨위에는 '질의응답 없음Sans Débats'이라고 크게 써 있었다. 랑글루아는 대개 상영 직전에 영화를 간단히 소개하기는 했지만 시네클럽들이 가진 교육적 전통에 대해 냉담한 편이었다.

랑글루아의 어머니는 자신의 아파트를 '영화의 서클'의 영업용 주소로 삼는 것에 동의해주었다. 평생 직업을 가진 적이 없었던 그녀는 상영회 때 입장권을 팔았으며 동생 조르쥬는 티켓을 수거하는 일을 했다. 극장의 백 개에 이르는 좌석은 대개의 극장에서 볼 수 있는 그런 좌석이 아니었다. 자리에 고정된 것이 아니었고 접이식 의자였다. 극장은 항상 만석이 되는 것은 아니었지만 매주 같은 사람들이 꾸준히 온다는 것은 금방 알 수 있었다. 루슈의 회고에 따르면 일단 여기에서 영화를 보기 시작하면 금요일에 다른 일은 한다는 것을 상상하기 어려웠다는 것이다. 프로그램은 상당히 야심적인 것이었다. 예를 들어 1937년 4월을 보면 금요일인 8일에 '세 편의 예외적인 작품'이라는 제목으로 브뉘엘의 〈안달루시아의 개〉, 르누아르의 〈나나〉, 스트로하임의 〈퀸 켈리〉를 상영했다. 다음 주에는 '루이 델뤽에의 오마쥬'라는 제목으로 델뤽의 〈열병〉, 제르멘느 뒬락의 〈스페인의 축제〉, 파브스트의 〈기쁨 없는 거리〉를 상영했다. 그 다음 주에는 두 편의 영화로 독일 영화 한 편, 러시아 영화 한 편이었다. 독일 영화의 제목은 '반소비에트의 히틀러 영화—〈스파르타쿠스 분트〉'였고 러시아 영화는 '반히틀러의 소비에트 영화—푸도브킨의 〈탈영자〉'였다. 4월의 마지막 주는 '스크린 위의 유머'라는 제목인데 채플린의 〈어깨 총Shoulder Arms〉, 르네 클레르의 〈이탈리아 밀짚모자〉, 프로타소프의 〈성 조르지온의 기적The Miracle of St. Georgion〉을 상영했다. 하지만 루슈의 회고에 따르면 상영작이 원래 공지되었던 작품이 아닌 경우가 종종 있었다고 한다. 어느 날 밤, 아마도 4월 마지막 주가 아닌가 싶은데, 랑글루아는 〈어깨 총〉의 프린트가 제때 도착하지 못했다고 하면서 대신 지가 베르토프의 〈열정〉을 상영했다는 것이다. 원래 상영하려던 영화와는 완전히 다른 영화였던 것이다. "하지만 어느 누구도 이에 대해 항의하는 사람은 없었다. 이 모임은 개인적인 파티나 회식 같은 느낌의 행사여서 우리는 주어진 것을 먹는다는 입장이었다. 메뉴의 선택에 대해 호스트에게 불평을 늘어놓는다는 것은 감히 상상할 수도 없는 일이었다. 랑글루아는 당시 젊고 아주 마른 사람으로, 바지 멜빵으로 전기용 구리줄을 사용한 모습이었는데 영화를 소개할 때에는 아주 숫기가 없는 사람이었다. 그는 다리를 이리저리 꼬기도 하면서 겁먹은 듯한 태도로 사람들 앞에서 말을 했다."

루슈는 이후에도 이 모임에 나가 전쟁이 일어날 때까지 꾸준히 갔지만 개인적으로 랑글루아를 만나지는 않았다고 한다. 그는 이 모임에 자주 오는 다른 회원들도 별로 아는 사람이 없었다고 했다. 하지만 이들은 다 서로 잘 아는 것처럼 보였고 생각해보면 이들은 그가 카페 플로르에서 보던 그 사람들이었다는 것이다. 전설이 전하는 대로 제임스 조이스도 자주 오던 사람 중의 한 사람이었을까? 루슈는 잘 모르겠다고 말하며 그걸 기억하는 사람도 없다. 반면 앙드레 브르통에 대해서는, 다른 초현실주의자와 마찬가지로, 그는 잘 기억하고 있었다. 자크와 피에르의 프레베르 형제는 자주 오는 편이었고 로버트 플래허티도 가끔 오곤 했다. 그리고 여러 지적 엘리트들이 왔다. 이들은 나중에 루이 암스트롱을 듣기 위해 살 플레엘Salle Pleyel[파리 8구에 있는 유명한 콘서트 홀―옮긴이]에 가거나 휴 파나시에Hughes Panassié[프랑스의 재즈 비평가이자 레코드 프로듀서로 특히 딕시랜드 재즈에 대해 열광한 인물이다. 핫 클럽은 그가 파리에 설립한 클럽이다―옮긴이]의 핫 클럽에 가기도 했던 사람들이다.

# 3

## 타고난 국제주의자

1938년에 이르자 랑글루아 집안의 경제적인 사정은 상당히 호전되었다. 아버지인 구스타브의 발명품에 대한 로열티 수입이 제법 들어왔던 것이다. 이들은 라페리에르 가에 있던 아파트에서 보다 인기가 높고 샹젤리제와 개선문에서 가까운 트로양 가로 이사를 했다.

바로 그해에 국제 필름 아카이브 연맹(FIAF: the Federations Internationale des Archives du Film, 이하 FIAF로 칭함)이 설립되었다. 다시금 여성들이 중요한 역할을 했다. 이 연맹을 만든다는 것은, 프랑쥬의 회고에 따르면 처음에 제르멘느 뒬락이 제안했다는 것이다. 그녀는 시네마테크가 해외에 만들어진 유사한 기관과 관계를 맺게 되면 서로 상대편의 컬렉션에서 도움을 받을 수 있을 것이라 말했던 것이다. FIAF는 랑글루아와 프랑쥬에다가 두 명의 대단한 여성인 올웬 본Olwen Vaughan과 아이리스 배리Iris Barry에 의해 설립될 수 있었다.

프랑쥬는 다음과 같이 말한다. "1938년에 우리는 이 프로젝트를 당시 브리티쉬 필름 인스티튜트(이하 BFI로 칭함)의 사무국장이었던 올웬 본에게 말했다. 우리는 그녀를 브라질 감독인 알베르토 카발칸티의 소개로 만날 수 있었는데 당시 카발칸티 는 존 그리어슨이 주도하는 영국 다큐멘터리 운동의 일원으로 영국에 있었다. 그녀는 정말로 믿을 수 없을 정도의 인물로 아 주 특이한 사람이기도 했다." 프랑쥬의 말은 옳다. 나도 랑글루 아가 처음 그녀를 내게 소개시켜준 1960년부터 그녀가 타계한 1973년까지 그녀를 알고 있었기 때문에 자신 있게 말할 수 있 다. 심리적으로 보면 그녀는 랑글루아와 크게 다르지 않은 인 물이다. 딜리스 파웰은 《선데이 타임스》에 실린 그녀의 부음에 서 다음과 같이 썼다. "그녀는 막판에 모든 것이 해결되는, 조직 적인 혼란의 상태에 산 것 같다. 필름이 제때 도착하지 않았지 만 어쨌든 그녀는 이 문제를 해결해낸다. 요리사가 사라졌지만 어쨌든 저녁식사는 예정대로 나온다."

그녀는 1905년 유니테리언파의 목사인 헤밍 본의 딸로 태 어났다. 헤밍 본은 머지사이드 필름 소사이어티를 시작한 사람 이다. 그는 영화가 인류에게 도움이 되는 것이라고 생각했다. 올웬 본이 BFI의 수장으로 있을 때 아카이브가 설립되었으며 (1935년 6월) 그것의 운영을 위해 어네스트 린드그렌을 고용한 것도 그녀였다. 하지만 그녀는 행정적인 업무에 잘 맞는 사람 이 아니었고 디렉터인 올리버 벨과도 자주 다투었으며 린드그 렌과도 사이가 좋지 않았다. BFI가 관련된 재판에 출정했을 때 판사는 그녀에게 업무기록을 연필로 쓰는 것은 특이한 것이 아 니냐고 물었다. 그녀는 다음과 같이 대답했다. "사람들이 너무 자주 마음을 바꾸니까 나중에 혹시 지울 것을 생각하면 연필로 쓸 수밖에 없어요."

랑글루아, 프랑쥬, 본은 1938년 처음 만나서 좋은 친구가 되었고 FIAF의 구성에 대해서도 논의하기 시작했다. 당시 뉴욕의 현대미술관이 가진 현대 미국회화들이 파리의 죄 드 폼 뮤지엄에서 열리고 있었다. 이 행사 때문에 파리에는 뉴욕 현대미술관 필름 라이브러리의 큐레이터인 아이리스 배리와 그녀의 남편인 재무 담당 존 애보트가 와 있었다. 아이리스 배리와 랑글루아는 금방 친숙한 사이가 되고 바로 FIAF는 창설회원으로 다음의 세 명의 회원을 갖는 것이 결정되었다. 시네마테크 프랑세즈, 뉴욕 현대미술관 필름 라이브러리(배리가 대표를 맡는다), BFI(본이 대표를 맡는다). 배리는 랑글루아의 삶 그리고 FIAF의 전개에 있어 아주 중요한 인물이 되므로 여기서 그 이야기를 할 필요가 있다.

아이리스 배리는 올웬 본과 마찬가지로 영국인이다. 1895년 버밍햄에서 태어난 그녀는 그곳과 벨기에의 베르비에에 있는 우르술린 수녀원의 학교에서 교육을 받았다. 런던 대학의 동양어학교의 보조사서로 일을 했다. 영화에 대한 그녀의 관심은 1913년에 프랑스판 〈레미제라블〉을 보고 시작되었다. 1923년에 그녀는 《스펙테이터》의 영화비평가가 되었다. 영화가 진지한 비평의 대상이 되어야 한다고 생각한 것은 저명한 경제학자 존 스트래치(그의 아버지가 《스펙테이터》의 편집장이었다)의 아이디어였다. 배리의 첫 번째 남편인 알란 포터는 《스펙테이터》의 문학 담당이었다. 그녀의 리뷰로 인해 그녀는 런던 필름 소사이어티의 창립멤버로 마이클 발콘, 시드니 번스타인, 이보르 몬타구, 애드리언 브루넬 등과 함께 이름을 올리게 된다. 영국에서 생긴 최초의 필름 소사이어티로서 이 단체는 H. G. 웰즈, G. B. 쇼, J. B. S. 홀데인, 로저 프라이 같은 저명한 인사들이 보증인을 맡았다.

　업계나 언론의 냉담한 반응에도 불구하고 1925년 10월 25일에 설립된 런던 필름 소사이어티는 상당한 성공을 거두게 된다. 이보르 몬타구는 다음과 같이 썼다. "개막식에는 런던에 있는 문화적인 속물들의 절반 이상이 모였다. 아이리스는 이 전투의 한복판에 자신을 던졌다. 커다랗고 챙이 큰 검은 모자를 쓴 그녀는 마치 마녀 같았다."[1]

　《스펙테이터》에서의 그녀의 성공은 런던의 유력 일간지인 《데일리 메일》의 근무 제안으로 이어졌다. 보다 많은 돈과 보다 많은 영향력을 보증하는 이 제안에 그녀는 승낙을 했다. 아이리스는 문학에도 관심이 많아 시를 써서 출간하기도 했다. 그녀의 시를 읽은 에즈라 파운드가 그녀를 인터뷰하기도 했다. 그녀는 곧 T. S. 엘리엇, 허버트 리드, W. B. 예이츠, 모드 곤 등을 알게 되었으며—가장 중요하게는—윈댐 루이스[1882~1957, 영국의 작가이자 화가—옮긴이]도 알게 되었다. 윈댐 루이스와의 교제는 연인관계로 발전했다. 유명한 일화로 다음과 같은 이야기가 있다. 1930년대 후반에 루이스가 뉴욕을 경유하는 여행을 하면서 배리에게 전화를 해 점심을 먹기로 했다. 루이스는 점심을 잘 먹고 있다고 생각했지만 배리는 별로 기분이 좋지 않은 내색을 했다. 커피를 마시면서 그녀는 격분한 듯이 말했다. "당신은 심지어 우리 아이들에 대해서 물어보지도 않는군요!" 이에 대해 루이스는 다음과 같이 대답했다. "아니, 아이가 한 명 이상이었어?"[배리는 루이스와 1919년에서 1921년까지 동거를 했고 그 사이에 두 명의 아이를 가졌다—옮긴이]

　그녀의 삶에 있어 큰 변화가 1930년에 왔다. 포터와의 결혼이 이미 끝나버렸고 《데일리 메일》에서는 편집장과 큰 언쟁을 벌인 다음 해고되고 만다. 새 출발을 해야 할 필요를 느낀 그녀는 미국으로 간다. 번역, 대필, 서평 등을 하면서 생계를 꾸리던 그녀는 새로 설립된 뉴욕 현대미술관에 자리를 얻게 되었다. 그녀는 동시대의 예술가들에 대한 모노그래프를 발간하는 일을 하기 위해 고용된 것이었다. 당시 아직 영화부문<sup>film department</sup>은 설립되지 않았던 때였다. 미술관의 최초의 디렉터인 알프레드 H. 바 주니어는 1929년에 설립 시의 이사진에게 서면으로 미술관이 조각과 회화의 컬렉션 외에도 상업미술, 무대 디자인, 필름, 사진 등을 포함해야 한다고 제안했다. 하지만 이사진들은 이 제안을 거절했다. 마가레타 아커마크(배리의 조수였으며 나중에 영화부문의 부디렉터가 된다)의 회고에 따르면 이사들은 원래의 영역인 조각과 회화에 자신을 한정한다고 해도 뮤지엄이 초창기의 어려움을 벗어나는 것이 쉽지 않을 것이라고 생각했다는 것이다. 그리하여 이 '1929년 계획'은 지하로 내려가고 말았다.

1932년에 알프레드 바는 현대미술관이 발행하는 팸플릿 『예술가로서의 대중<sup>The Public as Artist</sup>』에 다음과 같이 썼다. "좋은 영화들을 음미하고 지지할 수 있는 미국의 대중들은 아직 제대로 결집되지 않고 있다. 현대의 회화, 문학, 연극 등에 대해 잘 알고 있는 사람들도 현대의 영화에 대해서는 놀랄 만큼 무지한 경우가 많다. 강스, 슈틸러, 듀퐁, 푸도브킨, 페이더, 채플린(감독으로서), 에이젠슈테인 등 거장들의 작품이나 이름은 충분히 짐작할 수 있는 것인데, 우리 박물관의 이사회 사람들에게 사실상 미지의 존재들이나 다름없다. 이 사람들 대부분은 다른 현대의 예술에 관해서는 흥미도 가지고 있을 뿐 아니라 꽤 조예가 깊은 사람들이다... 그래서 20세기에 특유한 유일한 예술이 그것을 제대로 식별할 수 있는 미국의 대중들에게는 사실상 미지의 존재로 남아 있다는 것은 결코 과장이 아니다."

알프레드 바의 말에 자극을 받은 아이리스 배리는 미래의 필름 라이브러리를 위해 돈과 지원을 마련하는 일에 착수한다. 그녀는 돈을 가진 사람들과 영화업계 둘 다에게 확신을 주어야 했는데 결국 이 두 가지 모두에서 성공을 거두게 된다. 건축가인 필립 존슨이 그녀를 도와주었으며 존 헤이 휘트니는 어떤 필름 컬렉션이 될 것인가에 대한 사전조사에 돈을 댔다. 한편 그녀는 존 애보트와 두 번째 결혼을 하게 됐는데 존은 록펠러 재단에서 기부금을 받을 수 있도록 해주었다. 이어서 휘트니의 도움을 받아 두 사람은 영화업계의 의향을 듣기 위해 할리우드로 향했다.

그곳에서 그녀는 놀랄 만한 수완을 발휘해 대단한 일을 해냈다. 그녀는 메리 픽포드와 더글라스 페어뱅크스로부터 그들의 저택인 '픽페어'를—할리우드에서 가장 접근하기 어려운 곳으로 여겨지던 곳이다—빌렸을 뿐 아니라 픽포드를 설득해서 할리우드의 주요한 인사들을 초청한 다음 〈서부전선 이상없다〉를 상영했다. 이때에는 영화의 주연진 중 한 명인 루이스 월하임이 이미 죽은 상태였고 그를 스크린에서 보는 것은 많은 할리우드 인사들로 하여금 자신들도 언젠가는 죽는다는 것을 깨닫게 하면서 동시에 그들의 필름이 제대로 보존된다면 자신들은 어쩌면 불멸을 획득할 수도 있다는 생각을 갖게 했다.

아이리스 배리는 영리할 뿐 아니라 아주 설득력이 있는 사람이었다. 릴리안 기쉬는 그리피스가 아이리스를 믿었기 때문에 그리피스의 컬렉션이 파괴되지 않고 살아남을 수 있었다고 말했다. 1935년에 드디어 필름 라이브러리가 설립되었고 아이리스는 그 첫 번째 큐레이터가 되었다. 큐레이터 자격으로 그녀는 1938년에 파리에 왔고 랑글루아와 올웬 본도 만나게 되었다. 그리하여 이 세 사람은 FIAF를 창설하는 일에 착수했다.

하지만 여기에는 '제4의 사나이'가 있다. 그는 독일인이다.

지금도 살아 있는 당시의 증언자는 프랑쥬뿐이므로 그의 말을 들어보기로 하자.

"우리는 FIAF를 창설한다는 우리의 의도를 이미 공표한 상황이었고 파리의 호텔 크리용에서 주로 회합을 가졌다. 그런데 어느 날 프랑크 헨젤이라는 독일인이 찾아온 것이다. 독일의 제국 필름 아카이브Reichsfilmarchiv가 그를 보낸 것이다. 그리하여 우리는 창설회원으로 모두 네 단체를 인정하기로 했다. 랑글루아와 나는 FIAF의 본부는 파리에 있어야 한다고 생각했다. 국제적인 단체라면 파리에 본부를 두는 것이 돈을 마련하기에도 유리하다고 생각했다. 당시 랑글루아는 집에서 살고 있었지만 나는 부모님이 너무 가난해서 집으로부터 아무런 도움도 받지 못하는 상태였다. 그리하여 나는 유급인 FIAF의 행정담당을 하기로 했고 랑글루아는 무급인 시네마테크의 사무국장으로 그대로 남기로 했다. 그렇게 해서 나는 FIAF에 들어가게 된 것이다."

"FIAF의 내부규정은 이본느 도르네가 작성해서 이브 샤테뇨의 승인을 받았다. 샤테뇨는 반대여론에도 불구하고 이를 통과시켜 주었다. 이 모든 것은 이본느 도르네의 도움으로 가능했던 것이다. 그녀는 팔레 루아얄의 6층에 사무실도 얻게 해주었는데 여기는 사실 지적협력위원회의 사무실이 있는 장소였다. 이 지적협력위원회는 국제연맹의 하부기관으로 오늘날로 치면 UN 밑의 UNESCO 같은 곳이라 할 수 있다."

"1938년에서 1944년까지 FIAF는 파리에 사무실에 두었다. 하지만 내가 랑글루아와 떨어져 있게 되면서 우리에게 문제가 생기게 되었다. FIAF의 첫 공식 총회는 1939년에 뉴욕에서 열리게 되었다. 나도 랑글루아, 올웬 본, 프랑크 헨젤 등과 함께 갈 예정이었지만 내가 어렸을 때부터 가지고 있던 위궤양이 그때 심하게 악화되었다. 의사는 내가 떠나서는 안 된다고 했다.”

당시 뉴욕 현대미술관에서 일하고 있던 아서 나이트는 부두에 마중 나가 랑글루아를 만난 것을 잘 기억하고 있다. 그의 회고에 따르면 비쩍 마른 랑글루아는 뉴욕에 대한 호기심과 열정이 대단했다고 한다. 프랑쥬가 이 총회에 불참했지만 그는 사무총장으로 확정되었고, 올웬 본은 재무담당이 되었으며, 랑글루아는 사무담당이 되었고, 존 애보트는 의장이 되었다. 그리고 첫 번째 회장으로는 바로 다름 아닌 프랑크 헨젤이 확정되었다.*

랑글루아, 본, 아이리스 배리, 프랑쥬 같은 ‘진보적인’ 인사들이 1938년이라는 시점에서 제국 필름아카이브를 회원으로 받아들였을 뿐 아니라 독일인을 회장으로 받아들인 것은—적어도 내게는 그렇게 보인다—오늘날의 관점으로는 기이하게 비친다. 나는 프랑쥬에게 이에 대한 질문을 던졌다. 당시 제대로 생각하는 사람들이라면, 적어도 반反독적이지는 않더라도, 반독일정부 혹은 반 나치가 아니었느냐고 말이다.

프랑쥬는 다음과 같이 말했다. “아, 그건 1938년에는 문제가 없는 것이었다. 당신도 알겠지만 그 시대에는 프랑스에서

---

* FIAF가 20주년 기념으로 발간한 브로슈어에는 1938년에 존 애보트가 회장이고, 프랑크 헨젤이 부회장이며, 랑글루아는 사무총장이고, 올웬 본이 재무담당이었다고 기록하고 있다. 그런데 1939년에는 애보트가 의장이고, 헨젤이 회장이며, 랑글루아가 사무총장이고, 본이 재무담당이라고 기록하고 있다.

좌파로 꼽히는 사람들이 친독적인 입장이었다. 반독적인 입장을 강력하게 내세운 사람들은 대개 우익이었다! 인민전선은 모두 평화만을 주장했다. 히틀러가 하얀 턱시도를 입은 것을 보고 사람들은 말했다. '이건 좋은 징조야. 그는 이제 침착함을 되찾았고 우리를 평화롭게 살도록 내버려둘 거야.' 프랑수아 퐁세 같은 우익인사들은 다음과 같이 말했다. '좌익들은 평화를 이야기하지만 하늘은 독일인들의 위협으로 이미 붉은 기운이 역력하다.' 인민전선 시대에 우리는 전쟁에도 반대했고 방위예산을 늘리는 데도 반대했다. 나중에야 우리들이 잘못 생각했다는 것을 깨달았다. 우익들은 혐오할 만한 인간들이지만 결국은 그들이 옳았고 우리가 틀린 것이었다. 그들은 미래를 제대로 보고 있었던 것이다. FIAF의 두 번째 총회는 독일에서 1940년에 열릴 예정이었지만 결국 열리지 못했다."

프랑쥬의 관점은 다른 여러 사람들의 증언에 의해서도 확증된다. 심지어 장 폴 사르트르와 시몬느 드 보부아르는 프랑스 각지를 자전거를 타고 다니면서도 라인 강 저편에서 진정한 위협이 있을 것이라고 생각하지 않았다. 희망적인 관측? 아니면 지적 맹목성? 아니면 평화주의에의 매몰? 확실한 답을 찾기는 어렵다. 당시의 사람들이 생각하고 행동한 방식들에 대한 우리의 지식에는 무언가 빈 데가 있는 것은 틀림없다.

FIAF를 설립한 것만으로 만족하지 않고 랑글루아는 전전기에 많은 새로운 필름 아카이브가 만들어지도록 자극하고 고무하는 역할을 맡았다. 어떤 이들은 그의 이러한 활동을 냉소적으로 보는 사람들도 있어 이것은 그 자신의 권력욕을 위한 것, 즉 FIAF 내에서 자기의 세력을 늘리기 위한 활동이라고 주장하기도 한다. 이것이 전혀 근거가 없다고는 생각하지 않지만, 나는 그것보다는 필름을 보존하는 일을 시네마테크 프랑세즈 혼자서 다 해낼 수는 없다는 깨달음에서 온 것이라고 믿는 쪽이다. 물론 해외에 새로운 아카이브가 생기도록 도움을 준 다음에 그가 답례로 무언가를 원한 것은 틀림없다. 그가 가지고 있지 않은 프린트를 원한 것은 당연하다. 하지만 이것도 자신이 가진 것을 과시하고 싶어하는 그의 열정에서 나온 것으로, 결과적으로 그가 받은 것보다는 준 것이 더 많다고 생각한다.

랑글루아의 관대함과 열의를 보여주는 첫 사례는 치네테카 이탈리아나<sup>Cineteca Italiana</sup>(밀라노에 있는 것으로 로마에 있는 치네테카 나치오날레와 혼동하지 말 것)와의 거래였다. 치네테카 이탈리아나(CI)는 애초에 사설 시네클럽으로 1936년 마리오 페라리라는 청년이 만든 것이다. 그는 혼자서 일을 진행했지만 얼마 지나지 않아 혼자서 하기에는 너무 큰일이라는 것을 깨닫고 그처럼 시네필인 젊은 학생들을 모으기 시작했다. 이 젊은 학생들 중에는 루이지 코멘치니, 알베르토 라투아다, 루치아노 에메르, 레나토 카스텔라니 등이 있었는데 이들은 다 나중에 유명한 감독이 된다. 이들을 규합한 것은 옛날 영화에 대한 사랑뿐 아니라 반<sup>反</sup>파시즘을 향한 열정이기도 했다.

지안니 코멘치니(루이지 코멘치니의 동생이며 현재 CI의 디렉터이다)는 내게 치네테카 마리오 페라리—처음에는 이 이름으로 불렸다고 한다—가 설립되고 얼마 지나지 않은 1937년 그의 형과 알베르토 라투아다가 파리로 갔고 거기에서 랑글루아와의 친교가 시작되었다고 했다. 이 두 단체의 정치적인 견해 때문에 그 프린트의 교환은 대단히 은밀하게 이루어졌다고 한다. 랑글루아와 다른 사람들은 커다란 슈트케이스에 프린트를 넣은 다

음 3등 열차의 화물칸에 실어 서로 영화를 교환했다. 랑글루아
가 처음에 밀라노에 가져간 영화들은 어떤 것들일까? 코멘치니
의 말에 따르면, 가장 인상적인 작품들은 비고의 〈라탈랑트〉,
르네 클레르의 작품들, 에이젠슈테인, 푸도브킨, 마르셀 카르네
등이었다고 한다.[2]

그 당시에는 아직 랑글루아의 폭식벽이 그의 체중에 큰 영
향을 미치지는 않았다. 코멘치니의 회고에 따르면 어느 날 앙리
는 아주 좋은 아이스크림 가게를 발견했고 그 집에서 무려 12
인분어치를 먹어치웠다. 그날 밤 코멘치니 집에서 그는 복통으
로 신음해야만 했다. 코멘치니의 어머니(그녀는 마담 랑글루아가
시네마테크 프랑세즈에 대해서 했던 역할을 CI를 위해서 했다고 할 수 있
다)는 무언가 생각이 떠오른 것 같더니 랑글루아를 부엌 테이블
에 눕힌 다음 그의 배에 다림질을 하기 시작했다. 그녀는 아이
언의 열이 아이스크림의 냉기를 없애줄 것이라고 주장했다. 그
녀의 이론이 과학적으로 유효한 것인지는 모르겠지만 어쨌든
이 치료는 효과를 발휘했다. 복통이 그쳤던 것이다.

자주 언급되는 것이며, 실제로 근거도 있는 것인데, 나는 랑
글루아가 파리에서 가져온 필름들이 전후의 이탈리아 영화에
커다란 영향을 주었다고 생각한다. 물론 다른 연결들도 있었다.
루키노 비스콘티는 르누아르의 영화 〈시골에서의 하루〉의 의상
디자이너를 했으며 미켈란젤로 안토니오니는 30년대 후반 마
르셀 카르네의 〈밤의 방문객〉의 어시스턴트를 했다. 하지만 30
년대 후반의 르누아르와 카르네의 작품을 상영한 것은—이탈
리아의 이른바 '하얀색 전화' 영화[이탈리아의 상류계급을 배경으로
한 멜로드라마나 코미디를 말한다. 살롱에 항상 하얀 전화기가 놓여 있었
기 때문에 이런 호칭을 얻었다—옮긴이]의 열풍 속에서—코멘치니,

라투아다, 에메르, 카스텔라니 등에게 큰 영향을 주었다.

　이 관계가 항상 일방통행적인 것은 아니었다. 랑글루아가 파리와 밀라노 사이를 왕복하면서 그는 1차 대전 이전의 이탈리아 영화에 대해 흥미를 갖기 시작했다고 가정해도 좋을 것이다.

　대개의 영화사가들에게 있어 전전의 이탈리아 영화라고 하면 단 한 편 조반니 파스트로네의 〈카비리아〉뿐이었다. 그 이유는 그리피스가 이 영화를 보고 〈불관용〉을 만들 때 참조했다는 것뿐 아니라 이 영화가 영화사상 최초의 초대작superproduction으로서 전 세계적으로 히트를 했다는 점도 있다. 하지만 랑글루아는 1910년대의 이탈리아 영화에서 더 발견할 것이 있다는 것을 알았다. 그는 프리마돈나의 영화를 발견했다─이것은 리다 보렐리, 피나 메니켈리, 프란체스카 베르티니(그녀는 베르톨루치의 〈1900년〉에서 할머니역으로 등장하기도 했다) 등 대단한 당시 이탈리아의 슈퍼스타들이 등장하는 영화였다. 리얼리티의 레벨에서 보면 이들 영화들이 그로테스크하다는 것은 부정할 수 없다. 어떤 의미에서 시대를 앞선 '캠프camp'[속되고 싸구려적인 것을 살린 예술적 표현을 말한다. 수잔 손택이 사용한 이후 유명한 말이 되었다─옮긴이]라고 할 수도 있다. 하지만 여기에는 로맨틱한 어리석음이 있는 것이 사실이고, 오늘날 멜로드라마의 가치에 대한 재평가가 시작되면서, 이 작품들은 여전히 호소력을 가지고 있다. 이 영화들은 제목에서 이미 많은 것을 말해주고 있다. 〈나의 사랑은 죽지 않을 것이다Ma l'Amore Mio non Muore〉, 〈왕가의 호랑이Tigre Reale〉, 〈악마의 광시곡Rapsodia Satanica〉 등. 예를 들면 〈왕가의 호랑이〉를 보면 우리들은 낄낄거리지 않을 수가 없지만 그럼에도 여기에는 장엄한 감각이 있다. '제정신이 아니군'이라고 할 수도 있지만 그럼에도 장엄함이 여전히 있는 것이다.

기묘한 일이지만 〈왕가의 호랑이〉는 자연주의 작가인 조반니 베르가(그의 다른 작품이 비스콘티의 〈흔들리는 대지La Terra Trema〉로 영화화되었다)의 소설을 각색한 것이다. 감독은 파스트로네인데 그는 완전히 다른 영화라고 할 수 있는 〈카비리아〉를 만든 바로 그 사람이다. 〈악마의 광시곡〉은 리다 보렐리가 주연을 하고 니노 옥실리아가 감독을 한 것이다. 이것은 악마에게 영혼을 팔고 그 대신 젊음을 산 한 여자의 이야기로 심장만이 여전히 낡고 차가운 상태로 남았다는, 아주 과장된 이야기이다.

같은 시기에 랑글루아는 이탈리아 영화의 다른 면을 발견했다. 쉬르레알리즘의 원형적인 측면과 미래주의적인 측면이었다. 그중 하나가 마르셀 파브르가 만든 1913년 영화였다. 파브르는 이탈리아에서 일하고 있는 프랑스인으로, 그 영화는 〈사투르니노 파란돌로Saturnino Farandolo〉라는 작품이었다. 이것은 영화사의 어디에도 기록되지 않은 것으로(적어도 알프스의 이쪽에서는 말이다. 조르쥬 사둘의 그 두꺼운 영화사 책에도 등장하지 않는다) 이 시대의 이탈리아 영화의 다른 측면을 우리에게 알려준다. 이것은 자유롭게 부유浮遊하는 판타지이면서 SF적인 창의성도 가지고 있어 재미있으면서 때때로 대단히 아름답다. 이것은 시네마테크와 치네테카 이탈리아나의 도움으로 1970년 뉴욕 필름 페스티벌의 '스프링 페스티벌' 부문에서 토드 브라우닝의 〈미지의 사람들The Unknown〉과 함께 상영할 수 있었다. 그리고 소수의 관객들은 이 소박함과 세련미의 기묘한 결합에 깊게 감동했던 것이다. 이것은 이 시기의 또 다른 감독 A. G. 브라갈리아가 대표하는 일파에 속한다고 볼 수 있는 것으로 특히 '야비한 조롱pernacchio'이란 점이 공통된다. 이것은 영어의 '브롱크스식 격려

Bronx cheer'와 유사한 것이지만 이 문구에는 다른 의미도 있다. 즉, 여기에는 혼돈을 통과한 자유, 자발성의 시학, 순수하게 본능적이고 전복적인 비합리성 등의 함축이 있다.

랑글루아가 이 시대에서 발견한 또 다른 사람인 브라갈리아는 미래주의자였다. 그는 동생과 함께 포토디나미스모 fotodinamismo란 것을 고안했다. 이것은 운동을 기록하는 기계로서 마레나 머이브릿지가 만든 것보다 훨씬 더 복잡한 것이었다. 그는 또 두 개의 영화 〈사악한 매혹Il Perfido Incanto〉과 〈타이스Thaïs〉를 감독했다. 아니면 그가 감독한 것으로 보인다고 해야 할까. 왜냐하면 랑글루아가 〈사악한 매혹〉이라고 생각하며 애착을 느끼던 것이 실제로는 〈타이스〉라는 것을 깨달았기 때문이다. 〈사악한 매혹〉은 정말로 존재했던 것인가 아니면 그냥 다른 제목이었던 것일까. 여전히 미스테리로 남아 있다.•

〈타이스〉나 〈사투르니노 파란돌로〉 같은 영화들은 이 시기의 이탈리아 영화들에 대해 완전히 다른 측면이 있다는 것을 우리에게 보여준다. 이전에는 주로 〈카비리아〉만 언급되었고 지나가듯이 잊혀진 네오리얼리즘 영화로 꼽히는 〈어둠속에 빠져 Sperduti nel Buio〉, 지금도 현존하는 〈아순타 스피나Assunta Spina〉, 엘레오노라 두제의 빛나는 연기를 볼 수 있는 〈재Cenere〉 등을 언급하는 정도였다.

랑글루아는 밀라노에서 한 것을 브뤼셀에서도 했다. 거기에서는 앙드레 티리페이André Thirifays가 1930년부터 필름 클럽을 운영하고 있었다. 그는 프랑스의 업계지에서 시네마테크에 대

---

• 가르잔티 출판사의 백과사전 『Lo Spettacolo』는 두 작품 모두를 기재하고 있다.

해 알게 된 후에 1937년 파리에 와서 랑글루아를 만났다. 랑글
루아는 그를 도와주기로 했으며 얼마 후 브뤼셀에 쾨이야드의
영화를 가져와서 벨기에 시네마테크Cinémathèque de Belgique 설립을
위한 지원상영을 해주었다.

한편 시대는 점점 전운이 감돌고 있었다. 마리오 페라리는
밀라노에서 23세의 젊은 나이로 타계했다. 동료들이 그의 작업
을 계속 이어받기로 했지만 1940년에 이들은 모던 아트와 건축
의 박람회인 트리에날레에 참가했다. 시네마테크 프랑세즈도
이 행사에 큰 역할을 했다. 우리가 나중에 보게 되듯이 랑글루
아는 러시아 출신의 미술감독인 라자르 미어슨의 도면이나 모
형을 찾고 있었고 그 과정에서 이곳에서 메리 미어슨을 처음 만
나게 된다. 그 후 그녀는 랑글루아의 생애의 반려자가 된다. 코
멘치니의 회고에 따르면 랑글루아는 이때 르누아르의 〈위대한
환상〉을 가지고 왔다고 한다. 당시 이 영화는 이탈리아에서는
검열에 의해 금지된 상태였다. 이 영화의 상영은 관객들의 열띤
반응을 끌어냈다. 프랑스군의 포로들이 "라 마르세이예즈"를
부르는 장면에서 모든 관객들이 일어섰다고 한다. 그런데 관객
중에는 스파이가 있었고 이들 일부가 경찰을 부르러 간 사이에
나머지 일부는 휘파람을 불었다. 곧 경찰이 왔고 루이지 코멘치
니와 라투아다는 영사실에 숨었다가 옥상을 통해 도주했다.

이것이 치네테카 마리오 페라리의 마지막이었다. 전쟁이 시
작되고 이제 이들은 영화를 상영할 수가 없었다.

성인이 된 후의 랑글루아의 삶에 있어 가장 중요한 사람은
메리 미어슨일 것이며 이 둘의 관계는 시네마테크 프랑세즈의
역사와 분리시킬 수 없다고 할 정도이다.

로테 아이스너는 랑글루아보다 먼저 메리를 만났다. 시대
는 1939년이었고 장소는 런던이었다. "나는 사보이 호텔에서
알베르토 카발칸티와 점심을 먹고 있었다. 갑자기 그가 말했
다. '로테, 당신이 고개를 뒤로 돌리면 라자르 미어슨Lazare Meerson
의 아름다운 미망인을 볼 수 있어요.'" 라자르 미어슨은 일반적
으로 영화사상 가장 중요한 영화미술가로 꼽히는 인물로, 그가
르네 클레르와 자크 페이더(특히 〈플랑드르의 카니발〉)의 영화에
서 설계한 세트는 정말 대단한 것이었다. 그는 1897년 러시아
령 핀란드에서 태어나 1920년대 베를린에서 일을 시작했다. 그
는 얼마 후 파리에 왔는데 그의 동생인 해리의 회고에 따르면
1928년에 메리를 만났다고 한다. 그는 바로 프랑스 영화계에
진입해 르네 클레르와 아주 긴밀하게 작업을 하게 되었는데 클
레르는 시각적인 것 전반을 미어슨에게 맡겼다. 그는 미남인데
다 아주 열심히 일하는 사내였고—그는 자주 스튜디오에서 밤
을 새는 경우가 많았다—랑글루아처럼 아주 '격정적인' 인물이
었다. 그의 유머 감각은 아주 건조한 편이고 거의 웃지도 않았
지만 그는 함께 일했던 여러 사람들로부터 사랑과 존경의 대상
이었다.

그가 메리 미어슨을 만났을 때 그녀는, 몽파르나스의 여왕
(이건 유명한 모델인 키키의 별명이었다)까지는 아니더라도, 몽파르
나스의 공주 정도는 되는 인물이었다. 그녀는 소문난 미녀인 데
다가 데 기리코, 코코슈카(그녀의 일련의 초상을 그렸다), 키슬링
등 유명한 화가들의 모델로 일했다. 그녀가 어떤 사람이고 어
디에서 왔는지는 지금도 불명확한 데가 많다. 사실 자신의 주
위를 이처럼 미스테리로 감싸게 한 것은 다름 아닌 메리 미어
슨 자신이었다. 그녀가 어디에서, 그리고 언제 태어났는지는 아

무도 모른다. 로테 아이스너는 메리가 자신보다 몇 살 어리다
고 생각한 것을 보면 그녀는 아무도 금세기가 될 때 태어난 것
이 아닌가 짐작된다. 그녀가 동유럽에서 왔다는 것은 확실해 보
이지만 랑글루아와 미어슨의 동생인 해리는 그녀가 불가리아에
서 태어났다고 주장한다. 그녀 자신은 어느 인터뷰에서 핀란드
와 국경 지대인 카렐리아에서 태어났다고 말했다(이곳은 라자르
미어슨이 태어난 곳이다. 무의식적인 동일시일까?). 그녀의 처녀 때 이
름은 포포프이며 그녀는 확실히 러시아어를 유창하게 한다(내
가 대화를 나눈 적이 있었던 러시아인들은 그렇게 말한다). 하지만 그녀
는 독일어, 불어, 영어, 이탈리아어도 유창하게 말한다. 게다가
약간의 이디시어까지 한다—이디시어는 라자르에게 배운 것일
것이라고 해리는 말하지만, 다른 사람들은 메리가 유대인일 것
이라고 말하기도 한다.

　　그녀와 라자르는 처음에 호텔 생 쉴피스에서 살았지만 나
중에 몽수리 공원을 마주보는 가장 가에 있는 아파트로 이사
를 했다. 미어슨 자신이 이 아파트 내부를 디자인했으며 그래서
마치 그의 영화의 세트처럼 보인다. 그가 르네 클레르를 위해
만들었던 '하얀' 세트처럼 약간 탈색이 된 백색의 톤을 얻기 위
해 가벼운 돌에 달걀 껍질의 색을 한 래커를 칠했다. 그녀와 미
어슨은 고양이가 싸우듯이 자주 격렬하게 다투었다. 그는 화가
나면 창문 밖으로 전화기를 던지기도 했고 그녀 또한 폭력적인
행동을 서슴치 않았다. 당시 미어슨의 조수는 나중에 본인도 세
계적인 영화미술가가 되는 알렉상드르 트로네Alexandre Trauner였는
데 그는 자신이 이 커플의 집에 저녁 식사 초청을 받았던 때를
회고한 적이 있다. 메리는 밤 11시가 되어서야 집에 돌아왔다고
한다. 그녀는 오자마자 자신이 올 때까지 식사도 하지 않고 기

다린 것에 대해 큰 소리로 욕을 하더니 위층으로 올라가 버렸다는 것이다. 그 순간 트로네는 하얀 장갑을 낀 몽고인 집사가 식탁 위에 있는 모든 나이프 종류를 챙겨서 내리는 것을 보았다. 만약의 경우를 생각해서 말이다.

1937년에 미어슨은 알렉산더 코다의 초청을 받아 런던으로 갔고 〈잉글랜드의 불Fire Over England〉, 〈원하는 대로As You Like It〉, 〈갑옷 없는 기사Knight Without Armor〉, 〈뉴스 특급Break the News〉, 〈사우스 라이딩South Riding〉, 〈시타델the Citadel〉 같은 영화의 세트를 만들었다. 킹 비더의 〈시타델〉을 만드는 와중에 그는 병으로 쓰러졌다. 트로네에 따르면 그는 원래 별로 건강한 사람이 아니었다. 소화기에 항상 문제가 있었다고 한다. 그가 쓰러지자 코다는 그를 스위스에 있는 병원에 보내려고 했지만 이미 너무 늦은 상태였다. 그는 1938년 뇌막염으로 40세의 나이에 타계하고 말았다. 메리는 물론 런던에 함께 있었고 죽을 때도 같이 있었다.

메리는 라자르의 장례식 이후에도 런던에 머물고 있었고 그래서 그녀가 로버트 플래허티와 사보이에서 점심 식사를 할 때 그 자리에 로테와 카발칸티가 있었던 것이다. 로테에 따르면 그녀는 마를렌느 디트리히만큼 우아하고 아름다웠으며, 후대의 사람들을 위해, 이를 증명해주는 사진이 다행히 존재한다. 점심을 다 먹고 나서 이 네 사람들은 함께 커피를 마셨다.

로테는 그 이후 몇 년간 그녀를 보지 못했다고 한다. 그녀에 따르면 랑글루아는 1941년 파리에서 카트린 에슬링의 소개로 메리를 알게 되었다고 했다. 이것은 메리 미어슨 본인의 회고와는 일치하지 않는다. 메리의 회고가 더 정확할 것으로 짐작되는데 왜냐하면 로테는 1940년 이후 파리에 있지 않았기 때문이다. 미어슨 본인은 장 르누아르가 그들을 소개해주었다고 말한다. 물론 이것은 일종의 '차폐 기억screen memory'일 수도 있다. 미어슨 본인은 얼마 후에 랑글루아가 에슬링에게 매력을 느끼고 있다는 것을 알았을 것이고 그녀가 랑글루아를 만나게 된 것이 '라이벌'을 통해서 이루어진 것이 아니라고 믿고 싶었을 것이기 때문이다. 어쨌든 다음이 그녀 자신의 '전설적인 만남'에 대한 회고이다.

"미어슨이 런던에서 죽은 다음에 내가 런던에서 돌아올 때 장 르누아르는 카발칸티와 함께 역에 마중을 나왔다. 그들은 나를 인류박물관 근처에 있는 식당으로 데리고 갔다. 우리는 그 식당에서 로버트 플래허티와 그의 딸 모니카를 만났다. 르누아르는 어떤 미치광이 같은 젊은이가 있는데 내가 한번 만나보는 것이 좋을 것이라고 했다. 그리고 얼마 후에 르누아르의 집에서 파티가 있었다. 거기에는 카트린 에슬링과 카발칸티도 있었고 삐적 마른 몸에 아주 큰 눈을 가진 어느 젊은이가 있었다. 우리는 서로 인사를 했는데 그는 처음 얼마간은 나를 플래허티의 조카라고 생각했던 것 같다. 결국 그는 내가 어떤 사람인지 알게 되었고 그러자 다음과 같이 말했다. '당신이 바로 내가 찾던 사람이에요. 미어슨의 그림과 포스터 등을 밀라노에서 할 트리에날레에서 전시하려 합니다.' 그건 미술 전시회로 모든 형식의 미술품, 장식품 등을 다 포함하는 것이었다."

"그래서 그에게 말했다. '가장 가에 있는 우리 아파트로 오세요.' 그래서 그는 밀라노 시네마테크의 루이지 코멘치니와 그의 어머니와 함께 우리 집에 왔다. 코멘치니는 데 기리코의 편지도 가져왔는데 그는 트리에날레의 후원자 중 한 사람이라고 했다. 나는 데 기리코의 모델을 한 적도 있어 잘 아는 사이였다. 그래서 나는 그들이 원하는 것을 다 주었다. 그런데 내가 이렇게 밀라노에 빌려준 것은 전쟁이 다 끝나고서야 돌려받을 수 있었다."

"그러다가 그 '기묘한 전쟁'[2차 대전 초기를 프랑스 쪽에서 이렇게 부른다—옮긴이]이 시작되었고 앙리도 몇 달간 소집되었다. 그가 1940년 군에서 나왔을 때 그는 나와 내 동생 엘렌과 가장 거리의 집에서 살기 시작했다. 그렇게 해서 모든 것이 시작되었던 것이다."

40년대 후반 이래로 메리 미어슨은 사진 찍기를 거부했으며 근시가 날로 심해짐에도 불구하고 안경을 쓰는 것도 거부했다. 메리 미어슨은 내가 만난 가장 (문자 그대로) 매력적인 사람 중 한 명으로, 동시에 가장 사람을 짜증나게 하는 사람 중 한 명일 것이다. 그녀는 무엇이든 해낼 수 있는 사람이지만 그것은 항상 자신만의 방식이어야 했다. 그리고 그녀의 방식이라는 것은 결코 단순한 것이 아니었다. 메리 미어슨이 랑글루아에게 큰 부담이었다고 주장하는 사람들도 있다. 반면 그녀는 시네마테크를 위해 랑글루아가 할 수 없는 일을 해내기도 했다. 난 전에 그녀가 한창 인기가 폭발하던 시기의 잔느 모로와 전화 통화하는 것을 들은 적이 있다. 메리는 말했다. "달링, 그르노블에 아주 헌신적인 젊은이가 있는데 당신 영화의 회고전을 하고 싶어해. 당신이 그르노블에 와서 영화 소개를 해주면 정말로 좋겠다고 하더군." 나는 모로 양이 '말도 안 된다'고 하거나 아니면 그르노블까지 6시간이나 기차를 타고 가기에는 다른 일이 있다고 할 것으로 예상했다. 나로서는 메리의 말밖에 들을 수는 없었지만 통화를 시작한 지 얼마 되지도 않아서 잔느 모로는 이미 가겠다고 동의를 한 상태였다.

메리는 르누아르와 로셀리니에게 상찬의 대상이었으며 예

술의 다른 분야에도 많은 친구를 거느리고 있었다. 랑글루아
자신이 한 말인데, 그녀의 도움이 없었다면, 시네마테크는 60년
대에 샤이요 궁 안에 상영관 자리를 얻지 못했을 것이라고 했
다. 전화를 통해 그녀는 세계 각국에서 무슨 일이 일어나고 있
는지 다 꿰뚫고 있었다. 그녀는 소유욕이 많았고 질투심도 강
했으며 사람들은 랑글루아가 그렇게 싸우면서도, 어떻게 그녀
와 살 수 있는지 이해할 수 없다고 하기도 했다. 하지만 그가
파리를 떠나있을 때 그가 메리에게 하루라도 전화를 하지 않는
날은 없었다—그건 그녀를 위안하기 위한 것이지만 사실은 그
가 위안을 받고자 하는 목적도 있었다. 그들은 둘 다 사악하다
고 할 정도로 거친 기질을 가지고 있었다(점성술을 믿는 사람들은
둘 다 전갈자리라는 점을 지적하기도 한다). 그리고 누가 더 편집광적
이고 누가 더 고집이 센지는 쉽게 결정하기가 어렵다. 나는 예
전에 용기를 내어 랑글루아에게 물어본 적이 있다. 30년대, 40
년대에는 그렇게 마른 편이었던 그가 왜 그 이후에 그렇게 살이
찌게 되었는지를 말이다. 그는 대답했다. "메리가 살이 찌기 시
작하면서 나도 똑같이 하기로 결심했지. 그녀하고 보조를 맞추
기로 한 거야."

　만약 메리 미어슨이 자신의 삶에 대해 글을 쓴다면 그건 엄
청나게 흥미로운 읽을거리가 될 것이다. 하지만 그런 일은 없을
것이다. 그리고 그녀는 다른 사람들이 그렇게 하는 것도 허용하
지 않을 것이다. 설사 그걸 그녀가 직접 한다고 해도 모든 이야
기를 다 해줄 리가 없다. 아마도 몇몇 작은 부분들이 어쩌다 밖
으로 드러나기도 할 것이다. 소비에트 영화인 〈마지막 밤The Last
Night〉을 본 다음에 메리는 내게 이 영화가 혁명기의 삶을 상당
히 정확히 그린 영화라고 했다. "파티를 갔다가 집으로 돌아오

려고 해도 돌아올 수 없는 일이 생기기도 했어. 적군과 백군 사이에 하루에도 몇 번씩 계속 전선이 바뀌는 형편이었으니까." 그녀의 이 말에 내가 물었다. "어느 시대의 어느 도시를 말하는 거죠, 메리?" 그녀는 바로 화제를 바꾸어버렸다.

그녀의 말을 여기 옮긴다. "메리 미어슨은 존재하지 않아. 나는 셰헤라자드야."

# 4

## 독일 점령기

전쟁, 패주, 점령으로 이어지는 2차 대전 즈음의 프랑스 역사의 시기들은 오늘날에도 여전히 그 정확한 실상을 알기가 쉽지 않다. 해마다 새로운 사실이 밝혀지기도 한다. 마르셀 오퓔스의 영화 〈슬픔과 동정〉에서 볼 수 있다시피 지금도 당시의 많은 사실들에 대해 사람들은 입을 다물고 있는 편이다. 그리고 이 시기의 랑글루아의 활동에 대해서도 여러 설들이 분분하다.

하지만 그럼에도 어떤 것들은 확실하다. 예를 들면 랑글루아가 독일 점령군에 의해 압수되거나 혹은 파괴될 처지에 있던 많은 필름들을 구해낸 것 같은 것들 말이다. 제작자인 피에르 브롱베르제Pierre Braunberger는 내게 랑글루아가 없었다면 르누아르의 〈시골에서의 하루〉(그가 제작한 작품이다)는 소실된 필름이 되었을 것이라고 말했다. 워크 프린트는 이미 불에 타버렸지만 랑글루아가 네가티브를 잘 보관하고 있다가 전쟁이 끝난 후에 그에게 돌려주었다는 것이다. 브롱베르제는 말한다. "물론 필름을 '보관한' 다른 친구들도 있었다. 하지만 그 친구들은 불한당이나 다름없는 자들이었다. 전쟁이 끝나자 이들은 내게 필름을 돌려준다는 조건으로 엄청난 금액의 돈을 요구했다. 하지만 랑글루아는 그렇게 하지 않았다. 그는 나와 다른 유대인 제작자들이 판권을 가진 영화들을 아무 말 없이 다 돌려주었다."

랑글루아는 또한 수많은 미국영화들을 구하는 데 큰 역할을 했다. MPAA(미국영화협회)의 유럽 사무실 디렉터였던 S. 프레드릭 그로닉S. Frederic Gronich은 말했다. "이것은 독일 쪽에서도 확인이 되는 것이었다." 이것은 랑글루아다운 방식으로 이루어졌다. "전쟁이 끝난 후에 미국회사들의 몇몇 직원들이 자기 회사들의 작품을 찾으려고 랑글루아와 함께 돌아다녔다. 이 필름들이 어디로 갔는지 아무런 기록도 남아 있지 않았다. 하지만 그는 필름들을 찾아서 되돌려주었다. 사실 아무런 기록도 없었기 때문에 그가 그냥 보관하고 있어도 우리로서는 알 길이 없었다. 전쟁이 끝나고 우리는 사무실을 다시 열었지만 영화를 보여주려 해도 보여줄 프린트가 없었다. 새 영화들을 빨리 받는 것도 쉬운 일이 아니었다. 하지만 랑글루아가 보관했던 프린트 덕에 우리는 다시 비즈니스를 재개할 수 있었다. 필름을 돌려주면서 랑글루아는 특별히 생색을 내거나 하는 것도 없었다. 그는 아무 말 없이 필름을 돌려주었던 것이다."

이러한 것들이 랑글루아로 하여금 미국회사들과 좋은 관계를 갖도록 해주었다. 하지만 직접적인 혜택도 있었다. 그가 1944년에 '영화의 서클'을 다시 시작하려 할 때 그는 미국의 메이저 회사들—MGM, UA, RKO, 폭스, 워너, 유니버설, 콜럼비아 등—의 대표작들을 중심으로 훌륭한 프로그램을 꾸밀 수 있었다. 여기에 포함된 영화들은 〈모던 타임스〉, 〈바람과 함께 사라지다〉, 〈고잉 투 타운〉, 〈매일 새벽 나는 죽는다〉, 〈일리노이에서의 에이브 링컨〉, 〈아워 타운〉, 〈청년 링컨〉 등이다.

그는 어떻게 이 일을 해낼 수 있었을까? 여기에는 상충하는 여러 설명들이 있다. 대개는 그는 마당을 가진 집이 있는 친구들에게 필름을 준 다음에 땅에 묻으라고 했다는 이야기들이 많다. 이것은 몇몇 경우에 맞는 이야기들이긴 하지만 실상은 이것보다 더 복잡한 것이었다. 1939년 전쟁이 발발했을 때 랑글루아도 소집이 되었지만 '기묘한 전쟁' 동안의 많은 사람들처럼 부대에 배치되지 못한 채로 지내야 했다. 실제로는 소집된 사람들에게 지급할 총이 충분하지 않았기 때문이라고 한다. 1940년이 되어서야 그는 정식으로 무전병이 되었다. 그의 동생에 따르면 그는 빠르게 모르스 부호로 전신을 보내고 받는 것에 익숙해졌다고 한다. 랑글루아는 동부전선 어딘가에 배치되었지만 1940년 6월에 정전협정이 체결되었고 다른 많은 병사들과 같이 그는 그냥 집으로 돌아왔다.

점령상태의 파리에 돌아온 랑글루아는 필름 중 일부를 프랑스 남서부에 있는 피지악 근처 샤토 드 베두에를 소유하고 있는 친구에게 보냈다. 그러다가 필름을 보존하는 곳으로 FIAF를 사용하는 것이 좋겠다는 생각이 떠올랐다. 다시 현재 유일한 생존자인 프랑쥬의 말을 들어보도록 하자. "랑글루아가 많은 필름들을 숨기기는 했지만 그가 보존한 것의 절반 이상은 당시 FIAF가 징발했던 사이요 궁에 숨겨놓은 것들이었다. FIAF에 숨겼으니 사실은 내 관할인 셈이다. 처음 독일인들이 왔을 때 3백 편 정도의 필름이 있었는데 그들이 떠날 때에는 3천 편 정도가 있었다. 바로 이것들이다!"

늘어난 2천7백 편은 어디서 온 것일까? 랑글루아(거기에 프랑쥬)의 공헌을 제외하고 생각하면 이들이 이처럼 많은 필름을 보존할 수 있었던 것은 사실 독일인의 도움이 있었기 때문이다. 그냥 독일인이 아니라 바로 프랑크 헨젤의 도움이었다. 독일육 군 장교이며 나치이고 동시에 FIAF 회장인 인물 말이다.

프랑쥬는 말한다. "랑글루아가 필름을 모았고 나 또한 적은 숫자이지만 모았다. 독일인들이 압수한 필름을 내가 다시 압수한 경우도 있었다. 프랑크 헨젤의 도움으로 말이다. 헨젤이 파리에 도착했을 때 필름은 여기저기 널려 있었다. 이것들을 한 곳에 모을 필요가 있었고 랑글루아도 그렇게 생각하고 있었다. 그래서 우리는 헨젤에게 샤이요 궁Palais de Chaillot의 지하실을 징발해달라고 요청했던 것이다."

샤이요 궁은 시네마테크 프랑세즈를 이야기할 때 적지 않은 비중을 차지하면서 등장하게 된다. 그러므로 파리를 잘 모르는 사람들에게 설명이 필요할 듯 싶다. 세느 강 우안의 에펠탑을 마주보고 있는 이곳은 16세기 후반에는 메디치 가의 카테리나를 위한 컨츄리 하우스였다. 당시에는 파리 시내에서 상당히 떨어진 촌이었다(『마농 레스코』를 읽은 독자라면 마농이 파리에서 루앙으로 갈 때 처음 투숙한 곳이 이곳이라는 것을 기억할 것이다). 그 이후 수녀원이 되었다가 나폴레옹 때 여기에 자신의 아들을 위한 궁전을 지으려고 했다. 궁전을 짓기 위한 거창한 계획이 마련되고 이 언덕은 땅을 고르는 작업을 시작했다. 하지만 이 건축은 기반을 다지는 것 이상을 하지 못하고 중단되고 말았다. 1858년에는 약간의 공사를 해서 이곳을 트로카데로 광장으로 부르게 되었다. 20년 후에는 무어 양식의 영향을 받은 궁전을 짓고 1878년 파리 박람회의 회장으로 사용했다. 1937년에 파리가 다시 박람회를 개최하게 되었을 때 이 트로카데로 궁은 철거되고 샤이요 궁이 건립되었다. 이 궁은 두 개의 곡면 모

양의 날개 건물을 가진 아르데코 풍의 건물이었다. 박람회가 끝
난 다음에 이 건물은 여러 뮤지엄이 사용하게 되었다. (가운데에
있는 광장 바로 아래에는 거대한 극장이 있는데 이것은 장 빌라르가 50
년대에 국립극단의 공연장으로 사용해서 유명해졌다. 이 극단의 유명 스
타로는 제라르 필립, 잔느 모로 등이 있었다.) 하지만 1939년의 시점
에는 이 건물의 여러 곳이 비어 있는 상태였고 그리하여 헨젤은
지하실을 어렵지 않게 징발할 수 있었던 것이다.

프랑쥬는 말한다. "나는 그곳의 열쇠를 가지고 있었고 불법
이긴 하지만 또 하나의 열쇠를 랑글루아에게 주었다. 헨젤은 제
국 필름아카이브의 소장일 뿐 아니라 독일 육군의 소령이었다.
내 생각에 그는 초기에 나치에 들어간 사람이고 그런 만큼 좋
은 위치에 있었던 사람이었던 것 같다. 그의 어머니가 영국인이
라는 것도 사실이다. 그는 참으로 특이한 사람이었다. 그는 자
신이 손을 써서 독일 운수성Mitropa에서 중요한 일을 하기도 했
다. 여행하기를 좋아했었기 때문이다. 그는 영화를 좋아하는 사
람이었기 때문에 제국 필름아카이브의 일을 떠맡았다... 그는
또한 독일 육군의 영화담당 책임자이기도 했다."

"그 덕분에 우리는 많은 정보를 얻을 수 있었다. 그를 통해
다른 독일의 기관들이 필름을 압수하려 한다는 정보를 얻었고
그러면 그는 우리가 이를 다시 압수할 수 있도록 조치를 취해
주었다. 그래서 우리는 샤이요 궁에 많은 필름을 가져올 수 있
었다. 그가 없었다면 우리가 과연 그러한 일을 해낼 수 있었을
까 하는 생각이 들 정도이다. 하지만 그가 그렇게 특이한 사람
이 아니었다면 우리는 그와 같이 일을 하지는 않았을 것이다.
FIAF를 떠나 지하로 가는 것이 더 쉬운 일일 수 있다. 하지만
FIAF에 남는 것이 프랑스를 위해서도 더 많은 일을 할 수 있

었다고 생각한다. 당신이 반드시 알아야 할 것은 헨젤은 우리가 샤이요 궁에 어떤 영화를, 몇 편 정도 가지고 있는지 정확히는 몰랐다는 것이다. 그것은 나와 랑글루아만이 아는 비밀이었다. 그는 무슨 일이 진행되는지 의심스러워 하기는 했지만 아주 자세히 알려고는 하지 않았다. 독일인들이 떠나기 10일인가 15일 전에—파리가 해방되기 직전에—그가 우리를 만나러 샤이요 궁에 왔다. 그는 우리가 참으로 많은 필름을 가지고 있는 것을 보고는 깜짝 놀랐다. 그는 말했다, '당신과 랑글루아를 위해서는 잘된 일이지. 하지만 나는 그냥 모르는 것으로 해두겠네.' 나는 전후에 그의 처를 만났다. 그녀는 그가 전후에 독일에서 다른 나치들과 마찬가지로 어려운 시간을 보냈지만 그것이 오래가지는 않았다고 했다. 다음에 그는 자기 사업을 시작했다고 한다. 그는 한때 서커스단을 운영하기도 했다는 말을 들었다. 그는 정말 특이한 인물이다. 그가 없었다면 우리는 필름을 보관할 장소도 없었을 것이다."

"물론 필름 중의 상당 부분은 랑글루아가 여기저기에 나눠서 보관했다. 그는 여러 곳에 필름을 분산시켰던 것인데 정말로 그건 잘한 일이었다. 나는 우리가 랑글루아를 레지스탕스의 일원이라고 할 수 있을지는 모르겠지만 어쨌든 그의 레지스탕스는 많은 사람들을 도와주는 일이었다. 세트 디자이너인 트로네는 유대인이어서 여러 가지로 곤란한 일이 많았지만 랑글루아의 도움으로 중요한 소지품이 든 가방을 가지고 파리에서 비시 정권의 지역으로 무사히 피신할 수 있었다."

점령기의 랑글루아의 행적에 대한 자세한 사항은 사실 찾기가 어렵다. 게다가 몇몇 정보들은 믿기가 어려운 것이다. '영화의 서클'의 공식적인 상영은 중단되었지만 시몬느 시뇨레는

점령기에 '랑글루아 모친의 거실에서' 에이젠슈테인의 〈전함 포
템킨〉을 보았다고 주장한다.[1] 메리 미어슨에 따르면 이것은 있
을 수 없는 일이라고 한다. 〈전함 포템킨〉은 35밀리 프린트였
고 만약 시뇨레가 보았다면 랑글루아 집 건너편에 있는 스튜디
오 드 레트왈이란 극장에서 였을 것이라고 한다. 이 극장의 영
사기사가 랑글루아와 친한 사람이어서 가끔 그들을 위해 밤에
영화를 틀어주기도 했다는 것이다.

　　랑글루아가 죽은 다음에 그를 비판하는 사람들은—특히
시네마테크 툴루즈의 레이몽 보르드<sup>Raymond Borde</sup>가 그 대표적인
인물인데—나중에 시네마테크의 상설관이 자리잡게 되는 몽
소 공원 근처의 아브뉴 드 메신느 7번지의 건물이 이미 점령
기에 그곳에 자리를 잡았다는 것을 자주 지적한다. 보르드의
지적에 따르면 그 건물은 원래 점령기에 독일의 제국 영화실
<sup>Reichsfilmkammer</sup>이었다는 것이다. 독일인들은 이 건물을 영화에 관
련된 업무를 하기 위해 징발했고 검열의 목적으로 작은 상영관
까지 갖추었던 것이다. 이것으로 우리는 전쟁 동안의 시네마테
크의 활동에 있어 헨젤 소령이 얼마나 중요한 역할을 했는지 짐
작할 수 있으며 랑글루아와 그의 친구들이 이것에 대해 많이 말
하려 하지 않는 것도 어느 정도 짐작할 수 있다.

　　예를 들어 내가 랑글루아의 동생인 조르쥬에게 점령기에
메신느 거리의 사무실을 기억하느냐고 말했을 때 그는 잘 기억
이 나지 않는다고 했다. 5분 후에 그가 내게 옛날 편지들을 보
여줄 때 우리는 메신느 거리 7번지로 랑글루아 수신으로 보낸
편지를 발견했다. 조르쥬는 말했다. "이상하군, 어쩌면 시네마
테크가 여기에 사무실이 있었는지도 모르겠군. 아마도 헨젤 소
령과 관계가 있을 수도 있어." 나는 그가 거짓말을 한다고 생각

하지는 않는다. 프랑스인들은 점령기에 관련된 사실들 중 많은 부분을 머릿속에서 지우려고 한다. 당시의 행위에서, 별로 수치스러운 것이 아닌 경우에도, 대독협력의 약간의 징후만 있어도 이것을 지우려고 하는 것이다. 어느 누구도 국립영화센터Centre National du Cinéma(CNC, 지금도 영화제작에 지원을 해주고는 있는 국가기관이다. 원래의 이름은 '영화산업을 위한 조직위원회Organization Committee for the Cinematographic Industry'였다)가 전쟁 중에 시작되었다는 것을 오늘날 아무도 신경쓰지 않는 것 같다. 심지어 그 주소도 메신느 거리 7번지였다. 사실 이 건물에는 다음 세 개의 기관이 그 입주자였던 것이다. 제국영화실(독일), 국립영화센터, 시네마테크 프랑세즈(1층의 방 세 개를 차지하고 있었다) 말이다. 프랑쥬에 따르면, 기묘하게도, 점령기에 프랑스 정부는 시네마테크 프랑세즈에 처음으로 보조금을 지급했다고 한다.

  랑글루아와 프랑쥬는 장기적인 관점을 취하고 있었다고 할 수 있다. 그들의 일은 프린트를 보존하는 것이고 그들의 일이 어쩔 수 없이 나치의 도움을 받아야 한다면—그것도 한 명의 나치라면—그것을 받아들일 수밖에 없다는 것이다. 우리가 점령기에 대단한 몇 편의 연극 공연이 있었고 몇몇 대단한 영화가 만들어졌다는 것을 알고 있는 것처럼, 우리는 프랑스인들이 자신들의 일을 달성하기 위해 가능한 모든 수단을 동원할 수밖에 없었다는 사실을 인정해야 할 것이다. 가령, 크게 상상력의 나래를 펴지 않더라도, 로베르 브레송의 첫 영화인 〈죄악의 천사〉나 아누이의 〈안티고네〉 같은 작품들은 적들에게 안락과 도움을 준 것이라고 짐작할 수 있다. 하지만 그와 유사한 논리로 시네마테크의 활동을 '대독협력'이나 친나치로 쉽게 판단할 수는 없는 것이라고 생각한다.

전쟁 동안 랑글루아의 기본적인 활동은 프린트를 지키는 것이었지만 그는 또한 자신의 협력자이자 친구인 유대인 로테 아이스너를 지키는 데도 최선을 다했다. 1940년에 프랑스에 있는 모든 독일인들은—나치든 아니든 관계없이—파우 근처에 있는 귀르Gurs의 수용소에 수용되었다. 그곳에서 네 달을 보낸 아이스너는 결국 탈출에 성공했고 몽펠리에로 갔다. 그곳에 도착해서야 그녀는 자신의 프랑스인 제부가 이미 떠났으며 그녀에게 돈을 약간 남겨주었다는 것을 알았다. 그녀는 친구들과 그곳에 그냥 머물기로 했다. 랑글루아가 가끔 그녀를 방문하러 오기도 했다. 어느 날 랑글루아는 그녀에게 편지를 보내 그곳을 떠나라고 했다. 독일인들이 비시 정권과의 경계선을 넘어서 남프랑스로 침략하려 한다는 것이다. "몽펠리에를 당장 떠나시오." 그는 썼다.

그녀의 회고를 들어보자. "하지만 이미 몽펠리에에는 독일인들이 들어온 상태였다. 나는 제부의 친구들에게 혹시 근처의 작은 마을에 몸을 숨길 만한 곳이 있는지 물어보았다. 그들이 말해준 대로 어느 작은 마을에 숨어들어 갔다. 돈은 이미 다 떨어졌고 구식의 스테르노 난로로 겨우 식사를 해먹었다. 하지만 곧 식량도 다 떨어지고 말았다. 그러던 어느 날 베를린에서 알고 지내던 한 청년을 만나게 되었다. 몽펠리에의 공립도서관에 앙드레 지드를 읽으러 갔다가(나는 지드를 좋아했다) 그를 만난 것이다. 그는 이 지방의 랍비에게 가서 말하면 돈을 줄 것이라고 말했다. 나는 그에게 말했다. '그건 웃기는 일이군. 우리 가족은 동화된 유대인이야. 그래서 학교도 프로테스탄트 학교를 다녔어. 유대교에 대해서는 아는 바가 없어.' 하지만 그는 말했다. '그건 중요한 게 아니에요.' 나는 결국 그와 함께 랍비를 보러갔다. 그곳에서 대략 한 시간 반 정도를 기다리는 도중에 '이건 우스꽝스러운 일이야' 하는 생각이 들어서 그냥 나와버리고 말았다. 그러다가 파리에서 만난 적이 있는 한 젊은 여자를 만났다. 나는 그녀에게 랍비를 만나러 갔지만 차마 만날 용기를 못내고 나오고 말았다고 했다. '나는 구약은 전혀 모르고 신약만 알 뿐이야. 그런데도 랍비를 만나려고 한다는 게 우습다는 생각이 들었어.' 그러자 그녀가 말했다. '걱정하지 말아요. 내가 아는 목사님에게 데려가 줄게요. 그는 당신에게 돈도 얼마 줄 수 있을 거예요.' 그래서 나는 목사에게 갔고 그 목사는 내 말을 듣고 말했다. '당신은 흥미로운 케이스군요.' 그래서 나는 돈도 얼마 받게 되었던 것이다."

"그러던 어느 날 내게 경찰에게서 소환장이 날아왔다. 나는 이제 몽펠리에서 완전히 떠나야겠다고 생각했다. 앙리는 내게 '니스로 가. 거기는 독일인이 없고 이탈리아인뿐이야'라고 했다. '아냐, 난 작은 마을로 가고 싶어'라고 했다. 그리고 내 말이 맞았다. 몇 주 후에 독일인들은 니스를 점령했고 많은 사람들이 체포되었다."

"앙리는 이번에는 이렇게 말했다. 〈위대한 독재자〉와 몇 편의 소비에트 영화를 마담 장 브왈리에가 소유하고 있는 성에 감춰놓았거든. 그 양반은 반은 레지스탕스를 지지하고 나머지 반은 독일을 지지하는 사람이야. 거기에 마드모아젤 에스코피에(그건 당시의 내 펜네임이었다)라고 하면서 가라고. 그런 다음에 필름이 제대로 된 상태로 있는지 확인해줘. 내가 거기 갖다둘 때 좀 서둘러서 갔다 놓았거든. 녹슨 캔 안에 넣어두었으니까 제대로 된 상태로 있는지 확인하고 리스트를 만들어 주길 바래.

시네마테크 프랑세즈 이름으로 된 소개장을 써줄 테니까 거길 가서 당신은 독일 영화의 리스트를 만드는 일을 한다고 말하라구.'"

"나는 '좋아, 그렇게 할게'라고 했다. 그곳은 피지악 근처의 작은 마을이었다. 물론 필름은 전부 질산염이어서 나는 추워도 난로를 피울 수 없었다. 게다가 캔을 여느라 손톱이 다 깨질 정도였다. 하지만 캔 안에 있는 필름들이 제대로 된 상태로 있을 수 있도록 최선을 다했다. 전부 체크하는 데 거의 한 달이 걸렸다. 안쪽의 참호 같은 곳에 필름을 다 집어넣었고 그 위는 짚풀로 덮었다. 나는 몽펠리에에 있는 목사에게 편지를 써서 혹시 일자리가 없겠냐고 물어보았다. 그는 여자학교의 주방 일을 할 사람이 필요하다고 하는데 할 수 있겠냐고 했다. 나는 음식을 만드는 걸 별로 좋아하지 않았지만 어쩔 수 없이 하기로 했다. 나는 석탄 스토브 하나로 83명을 위한 음식을 만들어야만 했다. 이 일도 6개월 한 다음에 그만두어야 했다."

"나는 기차를 타는 걸 싫어했다. 기차역은 어디나 독일군인들이 순찰을 돌고 있었다. 그래서 피지악 근처에 사는 조르쥬 사둘의 숙모 집에 갔다. 그녀는 방을 세주고 있었다. 한편 나는 고모할머니에게 받은 반지를 앙리에게 넘겨주었고 그는 그걸 팔아 내게 돈을 보내주었다. 그래서 돈은 조금 있었다. 하지만 사둘의 숙모인 기타르 부인은 '돈을 내지 않아도 좋으니까 우리 집에 와서 살아'라고 했다."

"내가 이 집에 사는 동안에 앙리가 가끔 날 찾아왔었다. 하지만 새로운 문제가 생겼다. 당시 나는 가짜 신분증을 가지고 다녔는데 이 신분증은 실제의 나보다 조금 어린 나이로 되어 있었다. 그런데 너무 어리게 하다 보니 독일군에 의해 징용으로 끌려갈 수도 있는 나이였다. 그래서 나는 앙리에게 편지를 보내 내가 시네마테크 프랑세즈에 정식으로 고용된 사람임을 증명하는 서류를 보내달라고 했다."

"그때 나는 앙리가 레지스탕스에 친구가 있다는 것을 몰랐다. 그들은 비시 정권의 문화부의 레터헤드를 훔쳤다. 그런 다음에 문화부의 직인이 있는 서류를 만들어 보내주었다. 그래서 독일군이 내 신분증을 유심히 살펴보면 이 서류를 내밀었던 것이다."

"그래서 나는 전쟁이 끝날 때까지 이곳에 머물렀다. 나중에 앙리가 내게 파리로 돌아오라고 했을 때 기타르 부인은 '아직 떠나지 마. 기차가 아직 제대로 운행하고 있지 않아'라고 했다. 그러자 앙리가 차를 타고 와서 날 데려가려 했다. '이봐요, 우리가 있어야 할 곳은 시네마테크 프랑세즈야. 이제 메신느 거리에 우리의 집이 있어.' 그가 말했다. 정보성으로부터 그 건물을 얻었다는 것이다. 나는 이 건물이 마음에 들었다. 앙리는 여기서 처음으로 전시회도 했다. 에밀 레이노의 애니메이션용 그림을 전시했었다. 참, 잊어먹은 것이 있다. 파리에 가기 전에 성에 감춰두었던 필름을 먼저 가지고 가려 했다. 확인해보니 다 아무 문제가 없었다. 독일인들은 그 근처에 가지도 않았던 것이다. 조르쥬 사둘이 레지스탕스[반독 유격대원]에게 연락을 했고 그들은 독일인들이 그 성 근처에 오지 않도록 조치를 취했던 것이다."

"그래서 내가 파리에 와보니 메리 미어슨이 이미 앙리의 삶에 깊게 들어와 있었다. 그는 내가 피지악에 있을 때 편지에서 자신이 아름다운 여자를 만났고 그녀의 이름이 메리 미어슨이라고 말했다. 그래서 나는 생각했다. '내가 39년에 런던에서 본 그 여자로구나.' 메리와 앙리는 벌써 4년째 같이 살고 있었고 그 후 6년 동안에 그녀는 그를 많이 괴롭히게 된다. 나와 앙리는 그저 친구 사이인데도 그녀는 우리에게 큰 질투심을 품었다. 다른 것은 큰 문제가 없었다. 물론 메리는 앙리의 어머니와 문제가 있기는 했다. 그녀는 메리를 '그 외국인'이라고 했다. 아마도 메리는 마담 랑글루아와 문제가 있을 때마다 그걸 내게 푼 것이 아닐까 하는 생각도 든다. 어쨌든 이런 것들은 이제 다 잊어버린 것들이다. 메리와 나는 지금 둘도 없는 친구니까."

# 5

## 시네마테크의 아이들

랑글루아는 자신을 시네마테크의 대표라고 한 적이 없다. 항상 자신을 사무총장secretary-general이라고 했다. 사실 초기에는 대표 혹은 회장을 둘 필요가 없었다. 하지만 전쟁 동안 장 그레미용의 가장 성공적인 영화인 〈하늘은 당신의 것Le Ciel Est à Vous〉이 개봉된 후에 그에게 시네마테크의 회장을 해달라고 요청했다. 물론 당시 시네마테크는 조르쥬 사둘에 따르면 그저 '이상한 픽션 혹은 괴상한 용암' 같은 상태였지만 말이다. 랑글루아와 그레미용은 둘 다 프랑스 영화 해방위원회의 회원이었고 파리가 해방된 이후에 그레미용은 메신느 거리에 있는 사무실을 방문한 유명 인사들을 영접한 사람 중 한 명이었다. 예를 들면 1944년 12월에 그는 마를렌느 디트리히와 장 가뱅을 영접했다. 그는 시네마테크나 '영화의 서클'의 일상적인 업무와는 사실 거의 관계가 없었지만 그와 랑글루아는 절친한 사이였고 그의 존재가 시네마테크의 위신을 높이는 데 어느 정도 기여를 한 것은 틀림없다.

전쟁이 끝날 무렵 '영화의 서클'은 랑글루아의 아파트 건너편에 있는 스튜디오 드 레트왈에서 매주 상영을 재개했다. 메리 미어슨은 유럽 전승일V-E Day에 상영한 작품이 우연하게도 〈황금시대〉였다는 것을 기억한다.

이제는 티켓에 대한 수요가 커져서 영화관이 수용할 수 없는 수준에 도달했다. 랑글루아는 그답게 입장하고자 하는 사람들에게 질문지를 배부해서 그들이 얼마나 영화에 대해 알고 있는지를—얼마나 영화에 대해 관심을 가지고 있는지를—확인하고 이 테스트를 통과한 사람들에게 입장을 허용했다. 알랭 레네는 내게 자신은 다행히 이 시험을 통과할 수 있었다고 말했다. 그가 기억하는 유일한 질문은 '베르톨트 브레히트는 누구인가?' 하는 것이었다. 1945년의 프랑스인들에게 브레히트는 거의 알려지지 않은 인물이었고 혹시라도 아는 사람들에게도 그는 그저 〈서푼짜리 오페라The Threepenny Opera〉의 저자로만 알려져 있었다.

1946년에 '영화의 서클'은 이에나 광장에 있는 귀메 뮤지엄 안의 영화관으로 옮겼다. 흥미롭게도—이 주제에 대한 랑글루아의 이후 견해에서 보면 그렇다는 의미이다—이곳 살 드 이에나에서 무성영화를 상영할 때는 다름 아닌 조셉 코스마(여러 영화의 음악을 맡았던 인물로 〈인생유전〉, 〈시골에서의 하루〉 등의 음악을 만들었으며 유명한 노래 '고엽'의 작곡자이기도 하다)가 피아노로 반주를 했다. 메리 미어슨의 말에 따르면 랑글루아는 나름대로 주의를 한다고 이 뛰어난 즉흥연주를 녹음하는 것을 삼갔다. 하지만 나중에 코스마는 랑글루아가 녹음을 해주었으면 좋았을 것이라고 안타까워했다. 그가 자신의 연주를 기억할 수 없는데다 녹음한 것이 있었다면 다른 목적으로도 이 음악을 사용할 수 있었을 것이라고 아쉬워했다.

나중에 랑글루아는 피아노 반주를 사용할 수 없게 되자 이
번에는 무성영화는 음악과 함께 상영되어서는 안 된다고 주
장했다. 대개의 상업적인 영화관에서 항상 반주음악이 있었다
는—개봉관에서는 오케스트라, 재개봉관에서는 울리처 오르간,
나머지 극장에서는 피아노 반주 등— 사실에도 불구하고 말이
다. 그는 자신이 처한 곤경을 오히려 장점으로 내세우려 했고
그리하여 무성영화의 시각적 리듬은 그 자체로 충분한 것이며
음악이 동반하면 오히려 그것을 해칠 수 있다고 주장했다.

랑글루아는 1946년에 FIAF의 총회를 파리에서 개최하는
것을 결정하기도 전에, 이미 해외에서 '영화 전도사'로서의 노
력을 시작했다. 그가 로잔에서 개최한 전시회는 나중에 시네마
테크 스위스가 만들어지는 데 결정적인 계기가 되었다. 이것은
다름 아닌 이 시네마테크의 설립자인 프레디 브아슈<sup>Freddy Buache</sup>가
그 사실을 증언하고 있다.

랑글루아는 1945년에 로잔에서 '프랑스 영화의 이미지들'
이라는 이름의 큰 전시회를 개최했다. 브아슈는 다음과 같이 썼
다. "당시의 나는 다른 사람들과 마찬가지로 영화사에 대해 완
전히 무지한 상태였다. 전쟁으로 둘러싸인 나라에서 성장했고
그나마 볼 수 있는 것은 독일 영화뿐이었으며 고전영화에 대해
서 무지한 상태였다. 우리는 에이젠슈테인이란 사람이 있다는
것을 알았지만 〈전함 포템킨〉은 본 적이 없었다. 〈안달루시아
의 개〉나 〈황금시대〉 같은 영화가 있다는 것을 알았지만 우리
에게 이 영화들은 그냥 신화에 지나지 않았다. 그래서 랑글루아
가 로잔의 파인 아츠 뮤지엄에서 이 큰 규모의 전시회를 조직했
을 때 나는 거의 매일 그곳에 갔다. 나는 영화에 관심을 가지고
있었는데 그곳에서 〈방피르〉의 사진들, 멜리에스의 세트들, 거

기에다 〈환상적인 밤〉(마르셀 레르비에의 영화)에서의 미셸린 프
레슬의 양초로 만든 머리에서 〈인생유전〉의 간판에 이르는 여
러 가지 것들을 볼 수 있었다. 맨끝에는 작은 방이 있었고 그 방
에서는 관련되는 영화들의 일부가 루프 방식으로 무한 상영되
고 있었다. 나는 거기서 〈안달루시아의 개〉, 〈막간〉(르네 클레르),
〈불타는 도가니Le Brasier Ardent〉(모주킨) 등을 보고 무언가 계시를
받은 것 같은 기분이었다."

"나는 충격으로 머리가 어지러운 상태에서 나왔다. 바로 거
기에 있는 사람에게 물었다. '이 영화들은 언제 다시 상영하죠?'
한 시간 후면 다시 상영한다는 이야기를 들었다. 나는 바로 다
시 그 영화들을 보았다. 나는 거기에 있는 한두 사람과 이야기
를 나눈 걸 기억한다. 랑글루아와 장 그레미용이었을 것으로 기
억하는데 당시 내게 그들의 이름은 전혀 의미가 없었다. 랑글루
아가 내게 친절하게 대해주었다. 우리는 함께 저녁 식사를 하고
프랑스의 '원시적인' 영화의 상영에 들어갔다. 그래서 이 모든
경험에서 나는, 친구들 몇 명과 함께, 시네마테크를 만들어야겠
다는 생각을 하게 되었다. 당시 스위스에는 이미 필름 아카이브
가 있었다. 1943년에 바젤의 파인 아츠 뮤지엄에 이미 설립되
어 있었다. 그들의 생각은 뉴욕의 현대 미술관이 영화 아카이브
를 만든 것처럼 자신들의 활동에도 영화를 포함시키겠다는 것
이었다. 하지만 결국 별다른 활동이 없는 상태였고 결국에 그들
은 자신들이 모은 필름을 우리에게 주는 데 동의했다."[1]

1950년에 로잔에서 시네마테크 스위스가 정식으로 출범했
다. 이 단체는 지금도 프레디 브아슈의 지휘하에 활동하고 있
다. 프레디 브아슈와 랑글루아의 관계에도 나름대로 좋을 때와
나쁠 때가 있었지만 그들은 자주 필름을 교환했으며 브아슈 덕

에 랑글루아는 막스 오퓔스의 최고의 작품 중 하나인 〈모두의 여자La Signora di Tutti〉를 상영할 수가 있었다.

랑글루아는 또한 벨기에의 시네마테크(시네마테크 드 벨지크)에도 도움을 주었다. 그의 이러한 활동은 FIAF와는 별개의 활동이었다. 앙드레 티리페이의 말을 들어보자. "전쟁이 끝나고 1945년에 나는 다시 랑글루아를 만났다. 그는 내게 시네마테크를 되살리라고 종용했다. 우리의 시네마테크는 이미 존재하고 있었지만 사실 별 활동을 하고 있지 않았다. 1945년의 시점에서 우리는 필름도 거의 없는 형편이었다. 랑글루아가 내게 말했다. '당신네들이 원하는 것은 무엇이든 빌려줄 테니 그걸 보여주면서 약간의 돈을 만들어요. 그 다음에 시네마테크를 본격적으로 시작하시오.' 그가 이렇게 압박을 가한 덕택에 우리는 시네마테크를 다시 소생시킬 수 있었다고 할 수 있다. 한 일 년간 그는 계속 우리에게 필름을 보내주었다."

"우리는 이 영화들을 브뤼셀의 팔레 데 보자르에 있는 커다란 콘서트 홀에서 상영했다. 나는 또한 벨기에에서 독일인들에 의해 파괴되지 않은 필름들을 찾기도 했다. 몇 개는 돈을 주고 사기도 했지만 나머지들은 기부를 받은 것들이었다. 그래서 1946년에 우리는 제법 중요하다고 할 만한 영화들을 30편 이상 갖게 되었다. 그리고 우리는 다른 아카이브와 교환을 할 수 있게 되었다. 랑글루아는 우리를 1946년에 FIAF의 회원으로 만들어주었다. 우리는 1960년까지 정부로부터 아무런 돈을 받지 못했다."

"랑글루아는 우리를 위해 커다란 전시회를—멜리에스와 다른 1차 대전 이전의 감독들, 애니메이션 영화 등—열어주기도 했다. 1949년에 우리는 노케 르 주트에서 처음으로 실험영화 페스티벌을 열었다. 이 페스티벌은 랑글루아와 조르쥬 사둘 두 사람에다가 자크 르두Jacques Ledoux에 의해 조직되었다. 르두는 직전에 우리의 일원이 된 사람으로 당시 아직 학생이었다. 르두는 원래 폴란드 출신으로 그의 부모는 전쟁 동안에 브뤼셀에서 처형되었지만 그는 간신히 탈출했다. 그는 가톨릭 사제들에 의해 양육되었고 그때 르두라는 이름을 쓰게 되었다. 전후에 그는 대학에 돌아갔지만 그때는 이미 '영화병'에 깊이 물든 상태였다. 앙리 스트로크(벨기에의 다큐멘터리 작가)가 그를 내게 소개해주면서 그라면 시네마테크에서 공짜로라도 일할 것이라고 말했다. 그때가 1947년이었다. 나는 당시 사무총장이었고 우리는 전부 15명의 직원을 두고 있었다. 몇 년 사이에 랑글루아는 우리에게 3백여 편이 넘는 중요한 영화들의 프린트를 우리에게 맡겨두었다. 처음에는 르두도 랑글루아를 좋아했다. 하지만 랑글루아는 르두가 대단히 강한 성격을 가지고 있다는 것을 알았고, 그래서 그에게 그는 잠재적인 적대자가 되었다. 결국 랑글루아는 그를 잠재적인 적대자에서 진정한 적수로 만들어버리고 말았다."

*

시네마테크 프랑세즈와 이 모든 새로운 단체 사이의 합의 사항은 모두 상호적인 것이었다. FIAF는 훨씬 더 공식적인 기구이며 심지어 관료적이기까지 했다. FIAF는 1946년에 파리에서 랑글루아가 유치한 총회를 시작으로 활동을 재개했다. 이것은 전전에 뉴욕에서 한 총회 이후 처음으로 한 총회였다. 이 시기에 이르자 프랑쥬는 시네마테크와 FIAF 모두가 지겨워지기 시작했고 사무총장직을 사임했다. 아이리스 배리가 프랑크 헨젤을 대신해 회장이 되었다. (프랑쥬의 자리는 말레스키-말레비치가 맡아 1951년까지 일했고 이어서 파로크 가파리가 맡았다가 1956년에 마리옹 미셸이 맡았다.) 전후의 정치적인 분위기가 많이 변했으므로 FIAF는 기회주의적으로 고스필르모폰드Gosfilmofond—소비에트의 필름 아카이브이다—를 소급적으로 '창립멤버'로 인정했고 그리하여 헨젤과 제국필름아카이브의 흔적을 다 지워버리려했다. 프랑쥬는 항상 영화를 만들기를 원했고 그리하여 감독인 장 팽레베Jean Painlevé가 운영하는 국영의 과학영화 연구소에 들어갔다. 이곳에서 7년간 머물면서 그는 중요한 몇몇 단편을 만들게 된다. 〈야수의 피〉, 〈부상자들의 방Hotel des Invalides〉, 〈퀴리 부부 Monsieur et Madame Curie〉 등이다.

로테 아이스너가 시네마테크로 돌아와 큐레이터가 된 다음에 그녀는 영화에 관련된 여러 물품들을—의상, 세트, 스틸, 그림 등—수집하기 시작했다. 이것은 랑글루아가 조직하는 작은 전시회를 위한 것이었다. 메신느 거리에서 아직 정식으로 상영까지 하고 있지는 않았지만 사무실은 그곳에 있었고 랑글루아는 의상, 포스터, 세트 디자인 등을 활용해 작은 전시회를 했다. 1945년에 '프랑스 영화의 이미지들'이란 전시회를 했고 1946년에는 에밀 레이노의 작품과 관련된 전시회를 했다. 그는 프랑스 영화의 '원시적인' 시기의 중요한 작가이다.

\*

1948년은 중요한 해였다. 무엇보다도 이해에 랑글루아는 메신느 거리에 '영화의 영구적인 박물관Musée Permanent du Cinéma'을 출범시켰으며 이와 함께 50석 규모의 상영실도 갖추었다. 형식적으로는 박물관의 입장권을 산 다음에 여기에 추가로 1프랑을 더 내면 영화를 볼 수 있다는 방식을 취했다. 그리하여 시네마테크가 영화관이 아니라 박물관으로 기능할 수 있도록 했다. 이해에는 그는 정부로부터 파리 교외의 브와 다르시$^{Bois\ d'Arcy}$에 있는 작은 요새를 기부받았다. 이곳은 시네마테크의 필름을 보관하는 장소로 사용했다.

자넷 플래너(쥬네)[미국의 저널리스트로 《뉴요커》의 파리 특파원을 오랫동안 역임했다. 필명은 '쥬네'였다―옮긴이]는 메신느 거리에 있던 시네마테크를 아주 실감나게 묘사하고 있다.

이곳의 추레한 현관은 신비스러운 환등기의 분위기를 갖추고 있다. 작은 미로 같은 형상이면서, 등불은 벽을 장식한 작은 필름 조각들이 비춰내는 이미지를 떠오르게 한다. 이 장식의 또 다른 특징 중의 하나는 실물 사이즈로 크게 한 하얀 모자와 하얀 타이츠를 입은 사나이, 이른바 '워킹 맨'이다. 이것과 '나르는 새'는 많은 사람들에 의해 최초의 활동사진(모션 픽처$^{motion}$ $^{picture}$)으로 여겨진다. 이것들은 1988년 프랑스의 과학자인 에티엔느 쥘 마레가 그의 사진총을 사용해 포착한 것이다. 사진총은 사람이나 새들을 쏘는 실제의 총과 유사하게 생긴 것으로 이 전시장 한켠에 전시되어 있다... 또한 오늘날 애니메이션이라고 하는 것의 최초 사례가 전시되고 있다. 1892년 파리의 불바르에서 공연을 하는 저글러들과 모자를 쓴 아마존인들을 손으로 그려 만든 이것들은 불운한 예술가였던 에밀 레이노가 발명한 프락시노스코프에 의해 포착된 것들이다.$^{2}$

메신느 거리에 있는 작은 영화관은 '백 편의 걸작'이라는 이름으로 반복되는 프로그램을 상영했다. 처음에는 매일 밤 한

편을 상영하다가 나중에 두 편이 되었으며 결국에는 하루 밤에 세 개의 다른 필름을 상영하는 방식이 되었다. 6시 반, 8시 반, 10시 반으로 말이다.

이제 시네마테크는 들어오려고 하는 사람이면 누구나 들어올 수가 있는 곳이 되었고 그리하여 젊은 사람들이 모이는 곳이 되었다. 나중에 '시네마테크의 아이들'이라고 불리게 될 이 사람들은 자신들의 시네클럽을 만들기도 했으며,《카이에 뒤 시네마》의 영화 비평가가 되었고, 나중에는 영화를 만들게 된다. 이들이 바로 프랑수아 트뤼포, 장 뤽 고다르, 에릭 로메르, 자크 리베트, 클로드 샤브롤이다. 앙리 랑글루아의 대자代子들인 것이다.

랑글루아는 우리에게 다음과 같이 회고한다. "1934년까지는, 파리에 사는 20세의 청년이라면 그때까지 만들어진 위대한 영화들을 거의 다 볼 수 있었다. 그가 동네의 영화관에 정기적으로 가기만 하면 그가 태어나기 전에 만들어진 영화들까지 다 볼 수 있었던 것이다."[3] 에릭 로메르는 나중에 이렇게 말했다. "당신은 바흐나 베토벤을 들을 수 없는 상황에서 유망한 음악가가 나올 수 있다고 상상할 수 있는가? 혹은 도서관에 가서 과거의 작품들을 읽을 수 없는 상황에서 위대한 작가가 나올 수 있다고 상상할 수 있는가? 그것이 상상할 수 없는 것이라는 것에 동의한다면 유망한 영화작가(혹은 영화 비평가)에게만 그러한 권리가 부정되어야 한다고 말할 수는 없을 것이다."[4] 여기에다가 전쟁으로 인해 많은 미국 영화들과 여러 다른 나라들의 영화들이 한 세대의 시네필 전체에 대해 미지의 존재였다.

로메르는 말한다. "영화가 미래를 가지기 위해서는 그것의 과거가 죽는 것이 허용되어서는 안 된다."[5] 그리하여 메신느 거

리의 상영실에서 이 젊은 세대들은 이 과거의 영화들을 탐욕스
럽게 받아들였다. 무성영화와 유성영화, 독일 표현주의와 이탈
리아의 네오 리얼리즘, 실험영화 등등. 아네트 인스도르프는 다
음과 같이 표현한다. "바로 여기에서 그들은 하워드 혹스나 존
포드 같은 감독들을 사랑하는 법을 배웠다.... 시네마테크는 그
들로 하여금 장르를 인식하도록 했고 그것을 사랑하도록 했다.
웨스턴, 뮤지컬, 갱 영화, 필름 느와르 등등. 할리우드의 스튜디
오 시스템이 내놓은 장르 영화들 말이다. 장르의 관습과 제작
의 방법들은 미국감독들의 개인적인 표현의 가능성을 규정하
는 필연적인 제약으로 간주되었다. 역설적이게도 이들의 한정
된 영어실력은 감독들의 개인적인 영화적 스타일을 파악하는
데 도움이 되었다. 여기서 상영되는 미국 영화들은 자주 자막이
없는 경우가 많아서 관객인 그들은 시각적인 재질, 구도, 카메
라 움직임, 편집 등을 통해 움직임이 어떻게 표현되는가에 더욱
주목하게 되었던 것이다."[6]

　　여기에다가, 에릭 로드가 지적한 대로, 중요한 것은 이들이
볼 수 있었던 영화의 수뿐만 아니라 영화들이 프로그래밍되는
방식이었다. "랑글루아는 매일 밤 세 편의 영화를 전혀 예상할
수도 없는 방식으로 묶었다. 라울 월쉬의 영화 앞에 에이젠슈테
인을 두는가하면 미조구치 영화 다음에 히치콕을 두기도 했다.
그의 프로그램에 꾸준히 오는 관객들은 그들의 감성이 (에드워
드) 머이브릿지와 마레의 시대 이후의 이미지의 역사에 깊이 침
잠하는 경험을 할 수 있었던 최초의 사람들이라 할 수 있다...."[7]

　　프랑수아 트뤼포는 랑글루아를 처음 만난 경험을 다음과
같이 내게 말해주었다. "그를 처음 본 것은 시네마테크에서의
상영이 아니라 시네마테크가 일요일 오후에 리세 몽테뉴에서

한 상영회에서였다. 아마도《에크랑 프랑세》에 실린 광고를 보고 거기에 갔을 것이다. 당시 나는 주로 정보를 거기에서 얻고 있었다. 상영작은 그리피스의 단편들이 아니었던가 하고 기억한다. 〈뉴욕 모자The New York Hat〉 같은 작품들. 심지어 그 상영회가 내가 처음으로 앙드레 바쟁[그는 나중에 트뤼포의 스승이자 부친이나 다름없는 인물이 되며 그의 시대의 가장 중요한 영화이론가로 남는다]을 본 것이 아니었던가 하는 생각이 든다. 하지만 확신은 못하겠다. 당시에는 너무도 많은 것들이 한꺼번에 일어났으며 수많은 시네클럽들이 있어 많은 행사들을 했으니까 말이다. 어쨌든 나는 처음 랑글루아를 보았을 때 그가 〈심야의 탈주Odd Man Out〉에 나오는 로버트 뉴튼을 닮았다고 생각했다. 메신느 거리에 대해 말하자면 아마도 그곳에 처음 간 것은 1947년이 아닌가 생각한다.[이것은 1948년을 잘못 기억한 것 같다.] 거기에서 우리 모두는 다 만났다―리베트, 장 뤽, 폴란드 태생의 릴리안느, 수잔 쉬프만, 내가 이름이 기억나지 않는 스웨덴 여자 등. 우리는 항상 거기서 만났다. 메신느 거리의 극장에 대해 내가 처음에 놀란 것은 어떨 때는 상영이 아주 늦게 끝나 지하철도 다 끝나서 집에 걸어가야 했다는 것이다. 이를테면 〈국가의 탄생〉을 볼 때 나는 그 영화가 얼마나 긴 영화인지를 전혀 모르고 보았다. 사실 나는 1948년에 랑글루아와 접촉을 했다―편지를 통해서. 나는 그에게 우리의 시네클럽에 〈막간〉, 〈안달루시아의 개〉, 〈시인의 피〉(장 콕토)를 빌려줄 수 있느냐고 물어보았다. 그는 앞의 두 편은 빌려줄 수 있지만 콕토의 영화는 자신들이 프린트를 갖고 있지 않다고 했다."

"메신느 거리에서 나는 랑글루아를 그리 자주 보지는 못했다. 우리가 가장 자주 보는 사람은 프레데릭 로시프Frederic

Rossif[그는 나중에 영화감독이 된다. 〈마드리드에서 죽는 것〉이나 다른 몽타주 영화들을 만들었다]였는데 그가 항상 입구에서 티켓을 받았기 때문이다. 그는 사실 우리에게 겁을 주는 존재였는데 왜냐하면 우리는 다음 영화의 입장료를 내지 않으려고 영화 상영 사이에 극장에 그대로 머물기도 했기 때문이다. 무성영화의 스타인 뮈지도라Musidora도 자주 보았고 로테 아이스너도 입구에서 자주 보았다. 하지만 메리 미어슨을 본 것은 기억이 나지 않는다."

이 초창기에 트뤼포는 딱 한 번 랑글루아에게 말을 걸었다. "내가 군대에 갈 때였는데(나는 1950년에 자원했다) 나는 랑글루아에게 찾아가 내가 가진 영화에 관한 파일을 기부하면 내가 군에서 돌아올 때 공짜로 입장시켜줄 수 있느냐고 물었다. 그는 그렇게 해주겠다고 했다. 나는 카트를 빌려서 내가 가진 '보물들'을 다 시네마테크에 가져다주었다. 그것들은 사실 그렇게 가치가 있는 것들은 아니었다—신문이나 잡지에 실린 기사들을 스크랩한 것에다가 내가 영화관에서 훔친 스틸 사진들이 대부분이었다."

"시네마테크는 우리에게 천국이었다. 은신처이자 집이었고 그야말로 모든 것이었다. 좌석은 전부 50석에 지나지 않았지만 우리는 대개 앉지 않고 맨 앞 열 앞에 드러누워 영화를 보았다. 특히 인기 있는 영화는 그렇게 보았다. 랑글루아는 인기 있는 영화나 고전에만 관객들이 온다고 불평하고는 했는데 이건 맞는 말이었다. 나는 〈쿨레 밤페Kühle Wampe〉[즐라탄 두도프가 감독했으며 브레히트가 대본을 썼다] 같은 영화를 할 때 관객이 대여섯 명밖에 되지 않았던 것을 기억한다."

"랑글루아와 바쟁은 아주 친한 사이는 아니었다. 랑글루아는 비평가를 그리 존중하는 사람은 아니었다. 그가 쓴 글을 읽어보면 이것을 어느 정도 짐작할 수 있다. 그건 마치 대화를 나누는 것 같은 글이다... 하지만 자주 정곡을 찌르기도 한다. 하지만 바쟁의 지성은 논리적으로 잘 다듬어져 있다는 점에서 사르트르적이다. 때로는 그의 논지는 그가 실제로 논하고 있는 영화와 별로 관계가 없는 경우도 있다. 나는 랑글루아가 바쟁의 이런 전문가적인 측면을 별로 좋아하지 않았다고 생각한다. 바쟁은 교수이며 전파자이고 교육자였다. 그런데 앙리는 이 세가지 측면 모두에 대해 반대하는 입장이었다. 그는 영화를 보여주길 원했고 그것으로 충분하다고 생각했다."

"그는 침투에 의한 교육이란 것을 믿는 입장이었고 나도 이것에는 동의하는 편이다. 하지만 바쟁은 시네마테크를 좋아했고 랑글루아도 좋아했다. 바쟁은 항상 시네마테크에 갔다. 이제야 인정하는 것이지만 나는 메신느 거리에서 별로 좋은 처신을 하지 않았다. 돈도 안 내고 입장하려고 하는가 하면 상영 도중에 담배를 피우기도 했다. 표를 단 한 장 사놓고는 3번의 상영을 다 보려고 하기도 했다."

"그 시절에 나의 영화에 대한 판단은 이리저리 요동치는 쪽이어서 나는 리베트에게 많이 의존했다. 그는 내게 아주 큰 영향을 미쳤다. 당시에는 보는 모든 영화가 인상적이었다. 영화는 내게 마약과 같은 것이었다. 무성영화를 처음으로 보는 것은 내게 엄청난 충격이었다. 내가 정말로 좋아했던 최초의 영화는 장비고의 것이 아니었던가 기억한다. 이 영화를 평가하는 데 있어 사람들의 충고나 설득이 전혀 필요 없었다. 하지만 그 당시에 무성영화에 대해서는 정확한 판단을 내릴 수 없었다."

"시네마테크에서는 다른 사람들이 하는 말을 주의 깊게 들

었다. 영화관을 나오면서 하는 대화들 말이다. 군대에서 제대한
후에 나는 다시 메신느 거리로 돌아왔고 《카이에 뒤 시네마》와
《아르$^{Arts}$》에도 글을 쓰게 되었다. 그러다가 정말로 랑글루아를
알게 되었다."

자크 리베트도 랑글루아에게 빚진 것을 유사하게 표현했
다. "메신느 거리의 50석의 영화관을 지금도 잘 기억한다. 〈황
금시대〉, 〈블루 앤젤〉, 〈전함 포템킨〉 같은 영화는 만석이 되기
도 했지만 그리피스, 슈틸러, 무르나우의 영화를 할 때는 텅텅
비었던 것을 기억한다. 1949년 말에 나는 지방에서 파리로 올
라온 젊은이였고 그곳에서 트뤼포와 고다르를 만났다—관객이
대여섯 명 정도밖에 없었던 영화관에서 말이다."

고다르는 다음과 같이 말했다. "랑글루아의 초인적인 노
력이 없었다면 영화의 역사는 바르데슈$^{Bardèche}$와 브라지약
$^{Brasillach}$[이 두 사람은 프랑스에서 처음으로 영화의 역사에 대한
책인 『영화의 역사$^{Histoire\ du\ Cinéma}$』를 1935년 발간했다. 이 책은
나중에 아이리스 배리에 의해 영어로 번역되었다]이 묘사한 그
대로 남아 있을 것이다. 즉, 어두운 공회당에서 돌아온 호의적
이지만 그리 진지하지는 않는 두 사람이 보낸 기념엽서 같은 것
으로 말이다."

"랑글루아가 제시한 이 새로운 역사성의 비전에 의해 영화
의 미학이 새롭게 확립될 수 있다는 이 혁명은 우리가 바로 감
지할 수 있는 것이었다.... 단순히 이렇게 말하겠다. 랑글루아 덕
택에 우리는 다음과 같은 사실을 이제 안다고 말이다. 천정이
보이는 장면은 〈시민 케인〉에서 시작된 것이 아니라 그리피스
(당연하다)와 강스에게서 이미 시작된 것이며, 시네마 베리테는
장 루슈가 아니라 존 포드에서 시작된 것이고, 〈메트로폴리스〉

의 카메라워크는 아카데믹한 살롱의 화가인 부게로와 동시대인인 무명의 프랑스인[펠릭스 메스귀슈]에 의해 이루어졌다는 것을 말이다. 우리는 또한 알랭 레네와 오토 프레민저는 뤼미에르, 그리피스, 드레이어에 비해 많이 발전한 것은 아니라는 것을 알고 있다. 세잔느와 브라크가 다비드와 샤르댕에 비해 많이 발전한 것이 아닌 것처럼 말이다. 실제로 그들이 한 공헌은 무언가를 다르게 했다는 점이다. 앙리 랑글루아는 자신의 삶의 24분의 1초를 바쳐 이 침묵의 익명성에 묻혀 있는 것을 구해내었고 이것들을 현실적인 것과 상상적인 것이 마침내 만나게 되는 유일한 미술관의 거창한 하늘을 향해 투사했던 것이다."[8](앙드레 말로의『상상의 미술관』에 대한 언급이다.)


　　랑글루아는 자신은 결코 교사가 아니며 시네마테크의 상영작을 프로그래밍하는 데 있어 교육적인 의도는 전혀 가지고 있지 않다고 공언하고 있지만 이것이 그대로 진실인 것은 아니다. 그는 자신의 열정을 가능하면 많은 사람들과 공유할 수 있기를 원했으며 오랫동안 볼 수 없었던 것을 보여줌으로써 사람들의 영화사에 대한 관념을 바꿀 수 있기를 원했다. 40년대에서 50년대 초반에 이르는 시기에 그는 푀이야드를 재발견했으며 에리히 폰 스트로하임의 천재성을 사람들이 깨닫게 하려고 했다.
　　알랭 레네의 말을 들어보자. "다른 수많은 사람들과 마찬가지로 나는 랑글루아 덕에 푀이야드를 발견할 수 있었고 그것만으로도 그에게 무한한 감사를 바쳐야 한다. 물론 푀이야드의 이름 자체는 알고 있었지만 1945년 시네마테크에서의 상영이 없었다면[실제로는 '영화의 서클' 시절의 상영이다] 나는 결코 푀이야드의 위대성을 인식하지 못했을 것이다. 이 발견은 내게는 결정적인 충격이었는데 왜냐하면 이것은 내가 오랫동안 꿈꾸어왔던 영화가 실제로 존재했다는 것을 내게 가르쳐주었기 때문이다."

그리피스나 푀이야드가 살아 있을 때 그저 존경의 대상에 지나지 않거나 혹은 무시당하기까지 했다는 것은 우리에게 그리 놀라운 일은 아니다. 19세기의 가장 성공적인 극작가들이 오늘날 가장 많이 상영되는 작가가 아니라는 것은 우리가 다 알고 있는 바이다. 1920년대의 비평가들이 푀이야드를 다른 감독들—예를 들면 멜로드라마를 만드는 신통치 않은 감독들—과 구분하는 것은 쉬운 일이 아니었을 것이다. 판단을 내리기 위해서는 어느 정도의 시간이 필요한 것이다. 프랑스인들이 그리피스를 처음부터 높이 평가할 수 있었던 것은 단지 그의 작품들이 그들에게 이국적으로 보였기 때문이다. 공간의 분리가 시간적인 분리의 기능을 대신 수행해주었던 것이다.

물론 푀이야드는 그래봐야 결국 연작영화serial를 만드는 사람에 지나지 않는 것 아니냐고 물어볼 수 있다. 그 작품들은 결국 멜로드라마에 지나지 않지 않는가 하고 물어볼 수 있다. 주류의 비평적 세력 혹은 전위적인 입장의 사람들은 그의 영화의 소재의 대중적인 측면 그리고 푀이야드 자신이 한 "나는 장인에 지나지 않는다"는 선언에 속고 말았던 것이다.

그런데 이 연작들은 대개 미국인들이 30년대에 자주 보던 그런 연작들과는 다른 것이다. 아슬아슬한 순간에 끝나면서 다음 편으로 이어지는 대략 20분 정도의 에피소드가 아니었던 것이다. 이것들은 한 시간가량 되는 긴 영화로 각 편마다 나름 완결되는 작품이었으며 그럼에도 10편 혹은 12편 전체를 관통하는 스토리를 가지고 있었다. 랑글루아는 이 전편을 묶어서 상영한 최초의 인물이었고 그리하여 전체 프로그램은 거의 6시간에 이르는 것이었다.

랑글루아는 자신도 1936년에야 푀이야드를 발견했다고 말하고 있다. 당시 푀이야드는 끔찍한 영화작가로 여겨지고 있었다.

"우연히 나는 〈팡토마〉(1913)을 보게 되었고 대단한 영화라는 걸 알게 되었다. 이미 신성한 것으로 간주되는 가치의 배후에 다른 가치를 가지고 있다는 것을 느꼈다. 그리고 바로 이 가치들이 나중에 중요한 것으로 판명된다."[9]

하지만 더 정확히 말하자면 이 영화들은 이미 20년대에 초현실주의자들에 의해 존경받았던 바가 있다. 루이 아라공, 앙드레 브르통, 루이스 브뉘엘 등에 의해서 말이다. 이들은 일상적인 배경의 가운데에 기괴한 모험을 배치하는 푀이야드의 테크닉에 자신들과의 유사성을 느꼈던 것이다. 브뉘엘은 예전에 조르쥬 사둘에게 자신이 〈팡토마〉와 〈방피르〉를 20년대의 아방가르드 영화들에 비해 훨씬 더 좋아한다고 말한 적이 있다. 하지만 아이러니하게도, 사둘의 전언에 따르면, 브뉘엘은 이 영화들을 만든 감독의 이름조차 모르고 있었다고 한다. 그러므로 이렇게 말할 수 있을 것이다. 초현실주의자들이 〈방피르〉의 진정한 발견자라면 랑글루아는 푀이야드를 후세를 위해 구해낸 사람이라고 말이다. 랑글루아는 푀이야드를 과거의 위대한 인물로 살려냈을 뿐 아니라 미래의 영화의 선구자이자 하나의 영감으로서 살려냈던 것이다.

푀이야드의 재발견은 이중적인 효과를 가졌다. 첫째로 그것은 영화사를 새로 쓰도록 했다. 왜냐하면 푀이야드는 프랑스에서도 잊혀진 존재였으며 영국이나 미국에서는 아예 미지의 존재였기 때문이다. 둘째로는 푀이야드가 레네, 프랑쥬, 리베트 같은 영화작가들에게 준 영향이라는 면이다. 가령 리베트의 13시간짜리 〈아웃 원〉은 이 영향을 어느 정도 짐작하게 한다. 1944년까지 프랑스 영화는 대략 두 개의 전통을 가지고 있다고 말해왔다. 멜리에스/뤼미에르, 판타지/리얼리즘 등의 이항대립의 도식으로 말해왔던 것이다. 하지만 푀이야드의 등장은, 프랑시스 라카생의 표현을 빌리자면, '제3의 사나이'의 등장이었던 것이다. 사람들은 리얼리즘과 초현실주의의 결합에 경악했던 것이다.

〈방피르〉에서 이르마 벱으로 출연했던 뮈지도라는 시네마테크에서 일하기도 했다. 원래 그녀는 영화와 관련된 의상을 수집하는 일을 맡기로 했지만 시네마테크의 다른 사람들과 마찬가지로 매번 그때마다 랑글루아가 해달라고 하는 일을 해야 했다. 매표구에서 표를 팔던 사람은 랑글루아의 어머니였는데 이것을 이제는 그녀가 하게 된다. 하지만 알랭 레네는 앙드레 바쟁을 포함한 많은 사람들이 가장 위대한 영화 중의 하나라고 평가한 1915년 영화 〈방피르〉를 그녀가 직접 소개한 밤을 기억한다.

바쟁은 자신의 에세이 중 하나에서 시네마테크에서의 상영을 다음과 같이 회고했다.

그날 밤은 두 개의 영사기 중에 하나만 작동하고 있었다. 게다가 프린트에는 중간자막도 없었다… 15분마다 릴을 바꾸기 위해 불을 켜야 하는 상황은 에피소드들을 더욱 다중적으로 만드는 것 같았다. 이러한 조건 아래에서 보니 푀이야드의 걸작은 그 매력 배후에 있는 미학적 원칙을 드러내는 것 같았다… 영화

가 중단될 때마다 '아' 하는 실망의 소리가 들리고 새롭게 전개
될 때마다 해결을 향한 기대의 숨소리가 들렸다. 이야기는 우
리의 주의를 끌어당기고 우리들은 이야기하기[내레이션]에서
생기는 긴장감에 의해 완전히 매혹된 상태였다. 진행되던 액션
이 중단에 의해 끊어진다는 것도 거의 의식하지 않을 정도이
다… '뒤편에서 이어짐'에 의해 생기는 견디기 어려운 긴장과 불
안한 기대는 이야기가 어떻게 전개될 것인가보다는 중단된 창
조행위가 어떻게 재출발한 것인가에 있었다. 푀이야드 자신이
영화를 만드는 데 있어 같은 방식으로 전개했다. 그는 다음 편
에 대한 아이디어를 가지고 있지 않았다. 아침에 영감이 떠오르
는 대로 다음 장면을 찍었던 것이다. 작가와 관객이 같은 상황
에 놓여 있는 셈으로 이것은 바꾸어 말하면 '왕과 셰헤라자드'
의 관계이며 영화관의 어둠속에서 반복되는 중단은 '천일야화'
의 이야기가 단편화되는 것에 비견할 수가 있을 것이다.[10]

영화를 발견하고 보존하며 보여주는 것만이 랑글루아의 유
일한 사명인 것은 아니다. 기회가 있을 때마다 그는 영화들을
그것의 원래 상태로 복원하려는 시도도 했다. 이러한 복원작업
중에 가장 유명한 것이 에리히 폰 스트로하임의 1927년 작품
〈웨딩 마치〉의 사운드 프린트 복원이었다. 스트로하임의 감독
으로서의 명성은 프랑스에서 미국이나 영국보다 더 높았다. 심
지어 1953년 당시 《사이트 앤 사운드》의 편집자인 개빈 램버트
가 자신의 기념비적인 글인 "스트로하임 재견—미국영화의 잃
어버린 3분의 1"을 썼을 때 영국 내에서는 단 한 편의 스트로하
임 프린트도 없는 형편이었다. 램버트는 〈웨딩 마치〉를 보기 위
해 파리로 갔다. 이 방문과 올웬 본이 뉴 런던 필름 소사이어티

에서 조직한 스트로하임 상영회 덕분에 램버트는 다음과 같이 쓸 수 있었다. "시간이 스트로하임으로 하여금 미국영화의 잃어버린 3분의 1이라는 자리로 되돌아가도록 할 것이다. 그리피스와 채플린과 함께 말이다. 1915년에서 1935년에 이르는 그 20년간의 황금시대에—제작자들이 보다 모험적이었고 검열도 보다 관대했던 그 시대에—그는 미국영화를 삼분하는 사람 중의 한 명이었다..." 그는 또 덧붙였다. 〈웨딩 마치〉는 〈어리석은 부인들Foolish Wives〉보다 훨씬 더 실질적인 작품이며 오늘날에는 여러 면에서 스트로하임의 가장 풍부한 작품인 것처럼 보인다. 그것이 그리는 붕괴하는 귀족들의 모습은 강력하고 복합적이며 견실한 위엄성이 있다."[11]

랑글루아가 처음으로 스트로하임을 만난 것은 2차 대전이 발발하기 몇 년 전이었다. 랑글루아는 로테 아이스너와 몇 명의 기자들과 함께 파리를 방문한 스트로하임을 만나러 갔다. "할리우드는 내게 KO 펀치를 먹였다"고 그는 씁쓸하게 말했다. "나는 아직도 그로기 상태다." 이것은 로테 아이스너의 기억에 따르면 그가 처음으로 했던 말이라고 한다.[12] 그녀와 랑글루아는 스트로하임이 새로운 영화를 만들 수 있는 충분한 자금을 자신들이 가지고 있으면 얼마나 좋을까 생각했지만 당시 이것은 불가능한 일이었다. 나중에 랑글루아가 에이젠슈테인의 〈멕시코 만세〉의 네가를 되찾고 그를 초청해 다시 재구성하도록 하는 꿈을 꿨던 것처럼, 그는 이리저리 난도질을 당한 스트로하임의 프린트를 복원하기를 꿈꿨던 것이다. 그의 이 영화는 완전한 형태로는 상영된 적이 사실상 없었다.

그 후 50년대 초 스트로하임이 파리에 정착한 후에 이들은 메신느 거리의 극장에서 스트로하임 본인에게 그의 영화를 보여줄 수가 있었다. 그는 〈그리드〉의 개봉판을 이때 처음으로 보았는데 3분의 2가 잘린 이 영화에 경악을 금하지 못했다. 1953년에는 〈웨딩 마치〉를 보여주었는데 상영이 시작되고 몇 분 지나지 않아 그는 일어서서 말했다. "견딜 수 없군. 끔찍해." 로테 아이스너는 화가 나서 그를 쳐다보았다. 스트로하임은 영사기의 스피드를 물어보았다. 이들은 자랑스럽게 말했다. "통상의 무성영화의 속도예요. 초당 15 프레임이요." "무슨 소리야. 이건 사운드 스피드로 촬영했어." 그는 말했다. "초당 24 프레임으로 찍었단 말이야. 같이 재생하는 음악도 레코드에 녹음했었어."•

랑글루아도, 아이스너도 영상과 정확히 동조화된 레코드가 있다는 것은 전혀 몰랐다. 오직 미국에서만 이런 방식으로 상영되었기 때문이다. 그들이 보여준 프린트는 파라마운트의 프로듀서 패트릭 파워스로부터 토마스 퀸 커티스가 입수한 것이다. 1953년 말에 커티스의 친구인 파라마운트의 러셀 홀만이 방문하게 되었고 그는 커티스(스트로하임의 친구로서 많은 도움을 주었다)에게 미국에서 레코드를 찾아서 보내겠다고 했다. 그는 이 약속을 지켜 파리에 레코드를 보냈다. 랑글루아도 어쨌든 레코드의 음악을 필름에 옮기는 데 드는 비용을 마련했다.

실제의 작업은 유명한 편집자인 르네 리히틱이 스트로하임과 함께 했다. 모든 일은 일주일 만에 끝내야 했는데 왜냐하면

---

• 초기의 무성영화는 초당 16 프레임으로 상영하는 것으로 되어 있고 그렇지 않으면 동작이 대단히 우스꽝스럽게 보인다. 사운드가 도래하면서 속도에 여러 베리에이션이 생기게 된다. 초당 18 프레임 정도가 제일 적당한 것이 있는가 하면 어떤 것은 22 프레임이나 24 프레임인 것도 있다. 어떤 경우에는 상영 도중에 속도를 바꾸어야 하는 것도 있다. 사운드가 완전히 정착되면서 초당 24 프레임으로 찍는 것이 국제적으로 공식화되었다. (예외적으로 텔레비전은 대개 초당 25 프레임이 표준이다.)

브라질의 상 파울루 영화제에서 상영을 해야 했기 때문이다. 그
래서 시네마테크에서 항상 그랬듯이 철야의 작업이 이어졌다.
리히틱이 이 작업을 설명한 대로 첫 번째 일은 음악을 테이프에
담는 것이었다.[13] 그런 다음에는 이것을 영상과 동기화시키는
것이었다―33 1/3 회전의 레코드에는 음악뿐 아니라 때때로 효
과음도 들어가 있기 때문이다. 하지만 오리지널 프린트는 시간
의 경과에 따라 줄어든 부분이 있어 릴별로 3, 4초 정도 어긋나
기도 했다. 그러므로 약간의 속임수를 쓰지 않을 수 없다. 다행
히 스트로하임이 옆에 있어서 문제가 생길 때마다 그가 해결책
을 찾아낼 수 있었다.

　　이 사운드판은 상 파울루 영화제에서 대성공을 거두었다.
앙드레 바쟁은 다음과 같이 보고했다. "〈웨딩 마치〉는 사운드
영화였다. 우리는 그 사실을 잊고 있었다. 이 복원은 이 영화가
원래 가지고 있던 미학적 속도와 드라마적인 효과를 되살렸을
뿐 아니라 무성영화와 유성영화 사이의 전통적인 대립이라는
것이 얼마나 공허한 것인가 다시 알려준다. 이 영화의 두 개의
시기 사이에 급진적인 단절이 있다고 하는 가정에 대해서도 다
시 생각하게 한다."[14] •

---

● 아마도 이 사운드판 때문에 〈웨딩 마치〉는 1958년 《카이에 뒤 시네마》
가 뽑은 '12편의 가장 위대한 영화'에 선정되었다. 투표는 흔히 하는 방식으
로 먼저 감독을 뽑고 그 다음에 그 감독의 대표작을 선정하는 식으로 이루어
졌다. 《카이에》 팀에서 투표자는 바쟁, 샤브롤, 고다르, 리베트, 트뤼포가 있
었다. 이들이 선택한 12편을 순서대로 보면 (1)〈선라이즈〉 (2)〈게임의 규칙〉
(3)〈이탈리아 여행〉 (4)〈이반 뇌제〉 (5)〈국가의 탄생〉 (6)웰즈의 〈아카딘 씨〉
(7)드레이어의 〈오데트〉 (8)〈우게츠 이야기〉 (9)〈라탈랑트〉 (10)〈웨딩 마치〉
(11)히치콕의 〈산양자리 아래에서^Under Capricorn〉 (12) 채플린의 〈살인광 시대
^Monsieur Verdoux〉. 모두 다 시네마테크에서 자주 상영했던 작품들이다.

　랑글루아는 1963년 런던의 내셔널 필름 씨어터(National Film Theatre, 줄여서 NFT라고도 함)에서 한 '비엔나 학파'라는 프로그램에 이 프린트를 빌려주기도 했다. 그리고 나중에는 뉴욕 필름 페스티벌에 보내주기도 했다. 이 두 곳 모두에서 관객들과 비평가들은 이 영화에서 많은 계시를 얻었다. 그때까지 미국의 관객들은 스트로하임을 난도질된 〈그리드〉와 〈어리석은 아내들〉의 감독으로만 알고 있었기 때문이다.

　하지만, 슬프게도, 이야기는 여기에서 끝나지 않는다. 왜냐하면 〈웨딩 마치〉는 원래 이것보다 훨씬 긴 필름이 될 예정이었기 때문이다. 세 시간의 영화로 만들어 2편 동시 개봉의 두 번째 작품을 붙일 필요가 없게 할 생각이었다. 스트로하임은 '2본 동시 개봉'이란 아이디어 자체를 혐오했다. 하지만 처음의 절반을 만들고 나서—이것이 우리가 알고 있는 〈웨딩 마치〉이다—뒤의 절반은 그의 손을 떠나, 로테 아이스너의 표현을 빌리자면, 그의 최대의 라이벌인 조셉 폰 스턴버그에게 맡겨지게 된다. 스턴버그는 스튜디오가 지시하는 대로 단독의 작품으로 상영 가능한 〈허니문The Honeymoon〉을 만들었다. 하지만 〈웨딩 마치〉를 보지 않은 관객들에게는 이해하기 어려운 영화였으므로 스턴버그는 〈웨딩 마치〉에서 일부를 뽑아 프롤로그를 만들었다. 〈허니문〉은 미국에서는 개봉되지 않았고 유럽에서만 한정 상영되었다.

　아이스너에 따르면 이 '압축판' 서설은 영화의 전체적인 리듬을 손상하는 것이라고 하지만 그럼에도 〈허니문〉은 잊기 어려운 장면을 포함하고 있다. "프린스(스트로하임)가 다리를 저는 부호의 딸(자수 피츠)과 억지로 결혼하게 된 밤의 장면이다. 여기서 스트로하임은 신부를 향해 프린스가 느끼는, 혐오감과 매력이 뒤섞인 감정을 잘 표현하고 있다."

　이 영화를 본 사람들에 의하면 〈허니문〉(프랑스에서는 〈프랑스의 결혼〉이라는 제목을 알려졌다)은 그림자의 그림자에 지나지 않는다. 시네마테크는 1959년까지 이 영화의 프린트를—명백히 현존하는 유일한 것이었다—가지고 있었다. 이것은 쿠르셀 가의 시네마테크가 있는 건물의 정원 한 켠에 어딘가로 옮겨지기를 기다리면서 쌓여 있었다. 정원은 부분적으로 철과 유리로 된 오래된 영화 간판으로 뒤덮여 있었는데, 이것이 나중에 듣기로는, 1959년 여름의 화재의 원인이 되었다고 한다. 내 생각에는 당시의 화재로 얼마나 많은 영화가 사라졌는지는 아무도 정확히 모르는 것 같다. 어쨌든 〈허니문〉이 그중 한 편인 것은 틀림없다.

　어떤 아카이브 사람들은 이 화재가 실제로 일어났는지 의심하기도 했다. 화재를 평계로 일부 필름들을 확실하게 자신의 것으로 하려는 랑글루아의 책략이 아닌가 의심했던 것이다. 나는 당시에 파리에 있었기 때문에 이 화재에 대해서는 확실히 증언할 수 있다. 나는 아침에 조간 신문에서 이 화재에 대해 알았고 위로의 말을 전할 생각으로 시네마테크에 갔다. 들어가니 탄 냄새가 진동했고 랑글루아는 반쯤 미친 상태였다. 물론 비탄에 젖은 상태이긴 하겠지만 한편으로는 그다운 편집광적인 분노를 드러냈다. 그는 내가 마치 그를 조롱하기 위해 오기라도 한 듯이 화를 냈다. 재와 먼지로 범벅이 된 얼굴인 그는 나를 향해 소리를 쳤다. "꺼져! BFI에 돌아가 여기 이 이야기나 해줘. 그놈들이 아주 좋아하겠지."

　하지만 그의 분노는 2, 3분 이상 가지는 않았다. 진정한 그는 나를 들어오게 하고 피해상황을 보도록 했다. 〈허니문〉이 사라진 것에 대해 랑글루아는 책임을 져야 할 것인가? 예스이면서 동시에 노라고 본다. 노라고 할 수 있는 이유는 아주 잘 운영되는 아카이브에서도 화재는 발생했었다. 미국의 아카이브에서도 몇 번의 화재가 있었다. 예스라고 할 수 있는 이유는 잘 운영되는 아카이브라면 이 더운 날에 필름을 마당에 쌓아놓거나 하지는 않는다. 하지만 랑글루아가 인력이란 면에서, 재정적인 면에서, 항상 그 한계를 넘어서는 일을 하려고 했다는 점에서 보면 여기는 잘 운영되는 아카이브라고 하기는 어렵다. '잘 운영되는' 아카이브라면 그들이 제대로 다룰 수 있는 수를 넘어서는 필름들은 결코 받으려 하지 않을 것이다. '잘 운영되는' 아카이브라면 하나밖에 없는 프린트를 보관고에서 꺼내지도 않을 것이며 무비올라나 기타 그와 유사한 기계를 통하는 것 외에는 절대 상영을 허락하지 않을 것이다.

반면 잘 운영되는 아카이브들은 어디에서도 〈웨딩 마치〉에 원래의 사운드를 돌려주자는 생각 같은 것을 하지 못했을 것이다. 랑글루아 이외의 아카이브라면 어느 누구도 토마스 퀸 커티스와 같은 사람, 혹은 스트로하임 같은 사람들이 나서서 그 일에 필요한 소재를 제공해야겠다는 생각을 불러일으키지 못했을 것이다.

랑글루아는 나중에 스트로하임의 〈퀸 켈리〉의 '아프리카' 부분 두 개의 릴을 입수해 스트로하임에게 보여줌으로써 약간의 보상을 했다. 글로리아 스완슨을 위해 조셉 P. 케네디[미국 35대 대통령인 존 F. 케네디의 부친. 저명한 사업가로 당시 글로리아 스완슨과 염문을 뿌리고 있었다—옮긴이]가 제작한 이 영화는 사운드가 도래하면서 중단되었다. 제작비가 크게 늘어나고 거기에다 토키영화의 도래가 본격화되면서 케네디는 이 영화를 굳이 완성시킬 필요를 못 느꼈던 것 같다. 스트로하임은 제작이 마무리 되기 전에 이 영화에서 해고되었고 나중의 보고에 의하면 그가 만든 11개의 릴은 글로리아 스완슨에 의해 8개의 릴로 줄었다고 한다. 〈퀸 켈리〉는 미국에서는 개봉되지 않았지만 유럽에서는 개봉되었다. 스완슨의 개봉판은 퀸 켈리의 명백한 자살(이 장면은 스완슨이 직접 연출한 것이다)로 끝나고 있지만 랑글루아는 스틸 사진을 통해 이야기의 그 뒤의 부분이 촬영되었다는 것을 알고 있었다.

물론 랑글루아만이 이 사실을 알고 있었던 것은 아니다. 당시 뉴욕 현대미술관의 영화부문을 맡고 있던 리차드 그리피스에게 인터뷰를 하면서 허만 G. 와인버그는 그에게 〈퀸 켈리〉의 '아프리카 부분'을 추적해서 무언가를 얻었느냐고 묻고 있다. 그리피스는 대답했다. "물론이다. 몇 년 전에 더들리 머피가 이와 관련된 물건이 있다고 했고 이걸 우리에게 제공하겠다고 했다." "그런데 왜 아무것도 얻지 못했는가?"라고 와인버그가 묻자 그는 답했다. "순수하게 태만했기 때문이다." "너무 바빠서 더들리에게 계속 연락해 추궁을 해야 했었는데 그렇게 하지 못했다" [15] 미술관의 어느 누구도 더들리에게 연락해서 물건을 받는 조치를 취하지 않았고 현재 더들리는 죽어버리고 말았다. ● 그런데 랑글루아는 당연하게도 이 두 개의 릴을 더들리로부터

---

● 더들리 머피Dudley Murphy는 영화계의 주변부에 있던 특이한 인물이다. 그의 경력은 페르낭 레제가 영화 〈발레 메카닉〉을 찍을 때 촬영을 했다는 것(공동감독이었다는 이야기도 있다)으로 시작한다. 나중에 그는 할리우드에서 많은 영화를 만들었는데 그 대부분은 싸구려로 짐작된다―〈여대생의 고백Confessions of a Co-ed〉(1931), 〈스포트 퍼레이드The Sport Parade〉 등. 하지만 제법 인상적인 두 편의 영화가 있는데 그것은 〈엠페러 존스The Emperor Jones〉(폴 로브슨 주연, 1933), 〈국가의 3분의 1One Third of a Nation〉(1939)이다.

입수했다. 켈리(그녀의 자살은 실패로 끝났다)는 후견인인 숙모로부터 아프리카에 오라는 전보를 받는다. 그 숙모는 독일령 동아프리카에서 매춘숙을 운영하고 있다. 병상에 누워 있는 그녀는 켈리에게 알코올 중독의 절름발이와 결혼하라고 요구한다. 스트로하임의 영화를 잘 알고 있는 사람들이라면 짐작할 수 있듯이 이것은 대단히 바로크적이면서 강력한 시퀀스이다. 랑글루아는 1965년 2월에 내셔널 필름 씨어터에 이 두 개의 릴을 빌려주었는데 관객들의 반응은 상상 이상이었다. 이 20분이 〈허니문〉의 손실을 완전히 메꿀 수는 없는 것이지만 그래도 어느 정도 위안이 된 것은 사실이다.

# 6

## 세느 강을 건너며

40년대에서 50년대 초에 이르는 시기에 랑글루아의 활동은 메신느 거리를 넘어서 여러 영역으로 확장되었다. 같은 시기, 프랑스에는 새로운 영화문화를 만들어내려는 여러 시도가 있었다. 최초의 중요한 이벤트는 1949년에 비아리츠에서 벌어진 '저주받은 영화film maudit'(문자 그대로 '저주받은 영화'로, 개봉되지 못했거나 혹은 정당한 대접을 받지 못한 영화들을 말한다) 페스티벌이었다. 메리 미어슨에 따르면 이 행사는 랑글루아의 아이디어에서 시작된 것이다. 그가 장 콕토에게 접근해서 '저주받은 영화'들에 대해 무언가를 해야 하지 않느냐고 했다는 것이다. 그러자 콕토는 "그걸 제목으로 쓰게 해줘. 그러면 내가 무언가를 해볼 수 있을 것 같으니까"라고 했다는 것이다. 랑글루아와 콕토는 선정위원으로 이 영화제에 참여했고 다른 위원들로는 브레송, 르네 클레망, 알렉상드르 아스트뤽, 로제 레엔하르트, 장 그레미용, 장-조르쥬 오리올, 프랑수아 모리악, 레이몽 크노 등이 있었다.

이것은 오늘날 우리가 흔히 말하는 '대안적' 영화제였다. 칸느에 대한 대안으로서 말이다. 칸느 영화제 자체도 원래는 30년대 말에 파시스트에 의해 운영되는 베니스 영화제의—당시 세계 유일의 영화제였다—대안으로 기획된 것이었다. 1939년 9월 1일에 개막될 예정이었던 첫 칸느 영화제는 전쟁으로 인해 연기되었고 결국 1946년에야 그 첫 영화제를 할 수 있었다. 흥미롭게도 칸느 시와 비아리츠 시는 둘 다 1939년에 '자유세계 페스티벌'을 유치하기 위해 경쟁한 바가 있었다. 이때는 비아리츠가 이 경쟁에서 패배했다.

'저주받은 영화' 페스티벌은 프랑스의 영화비평에 큰 영향을 미쳤고 더들리 앤드류에 따르면[1] 10년 뒤 누벨 바그에 의해 절정에 달하게 되는, '개인적인 영화'를 만드는 작가auteur를 지향하는 운동에서의 첫 성과로 꼽을 수 있다는 것이다. 영화의 선택은 대단히 절충주의적이었다. 브레송의 〈불로뉴 숲의 여인들〉, 그레미용의 〈여름의 빛〉, 존 포드의 〈머나먼 항해〉에다가 비고의 복원된 〈라탈랑트〉가 처음으로 상영되었다. 여기에 자크 타티의 〈축제의 날〉, 오슨 웰즈의 〈상하이에서 온 여인〉 같은 신작들도 있었다.

페스티벌은 성공리에 끝났고 1950년에는 두 번째 페스티벌이 열렸다. 하지만 미켈란젤로 안토니오니의 첫 장편인 〈어느 사랑의 연대기〉와 니콜라스 레이의 데뷔작인 〈그들은 밤에 산다〉를 상영했음에도 불구하고 두 번째 페스티벌은 실패로 끝나고 말았다. 첫 번째 페스티벌의 새로움이 이미 사라졌으며, 콕토도 참여하지 않았고, 많은 사람들은 새로운 영국영화를 많이 상영한 것은—비록 좋은 영화라고 하더라도 말이다—'저주받은 영화'라는 타이틀에 어울리지 않는다고 불평을 했다. 확실히 〈39계단〉, 〈위스키 갈로어〉, 〈바바라 소령〉 같은 영화들에 이러한 제목을 붙이는 것은 어색하기는 하다.

두 번째 페스티벌이 실패한 큰 원인 중의 하나로는 첫 번째 페스티벌을 열심히 지원했던 영화잡지 《르뷔 뒤 시네마》가 그 페스티벌 이후에 문을 닫고만 것도 꼽을 수 있을 것이다. 이를 대체할 만한 잡지로 1950년에 《가제트 뒤 시네마》가 나오기는 했지만 이것도 오래가지 않았다. 이 잡지는 8페이지짜리 타이 블로이드판으로 편집을 에릭 로메르가 했으며 기사를 쓴 사람들에는 자크 리베트, 장 뤽 고다르 등이 있었다. 그러므로 이 잡지는 화려한 외관을 자랑하던 《르뷔 뒤 시네마》(프랑스에서 가장 유명한 출판사인 갈리마르에서 발간한 잡지였다)와 《카이에 뒤 시네마》를 연결하는 링크라고 할 수 있다.

《카이에 뒤 시네마》는 1951년 4월에 발간되었다. 이 잡지는 《르뷔 뒤 시네마》처럼 노란색 표지를 하고 있었고 《르뷔 뒤 시네마》의 보조편집자였던 자크 도니올-발크로즈가 앙드레 바쟁과 로 뒤카와 함께 편집장을 맡았다. 《르뷔 뒤 시네마》에 글을 썼던 많은 필자들이 《카이에》에도 글을 썼다. 바쟁, 로테 아이스너, 랑글루아 등등. 하지만 바쟁은 곧 자신의 주변에 젊은 비평가들을 모았다. 트뤼포, 고다르, 로메르, 리베트, 샤브롤 등. 그리하여 그 이후 상당 기간에 걸쳐 《카이에》와 시네마테크는 상당히 성공적인 공생관계를 이루게 된다.

비아리츠에서 페스티벌을 조직했던 사람들은 낙담했을 수도 있지만 랑글루아는 실망하지 않았다. 그는 리비에라 지역의 작은 도시인 앙티브에서 '자신만의' 페스티벌을 하기로 결심했다. 비아리츠가 칸느에 대해 '대안'이었던 것처럼 이번에는 앙티브가 비아리츠에 대해 '대안'이 된 것이다. 이것은 나름 상당한 성공을 거두었다고 아서 나이트는 말하고 있다. 그는 2주간을 랑글루아와 함께 앙티브에서 보냈다. "기가 막힐 정도였다"
는 것이 그가 사용한 표현인데 그는 이 말을 문자 그대로의 의
미로 쓴 것이다. 그의 말을 들어보자.

랑글루아는 그 우아한 도시에서 페스티벌을 조직했으며 그곳
에서 모든 사람들을 다 놀라게 할 만한 일을 했다. 그 도시의
시장자리에서 그는 그 지역 사람들을 위해 무료로 영화를 상영
했다. 그런데 놀라운 것은 그가 자신이 가져올 수 있는 가장 비
의<sup>秘儀</sup>적이고 아방가르드적인 영화를 주로 상영했다는 것이다
(물론 거기에는 아벨 강스의 두 시간짜리 영화 〈바퀴〉도 있었다는 것
을 나는 말해야만 할 것이다. 나는 이 영화를 선 채로 다 보았다). 시
가 소유하고 있는 성에서 그는 부자들이나 이곳을 방문한 귀족
들을 상대로 유료로 상영했고 여기에서는 〈황금시대〉를 상영했
다. 그리고 페스티벌의 중심이 되는 메인 상영관에서는 워너 영
화와 존 휴스턴의 영화를 상영했는데 문제는 시간표대로 상영
하는 경우가 거의 없었다는 것이다(대체적으로 예정보다 늦게 상
영했지만 때로는 그보다 일찍 상영하는 경우도 있었다). 게다가 상
영작으로 공지된 작품이 아니라 다른 영화를 상영하는 경우도
있었다. 상영작을 미리 알 수 없느냐고 물어보면 랑글루아는
비밀스러운 미소를 짓고 손가락을 치켜세운 다음 "기다려 봐.
깜짝 놀라게 될 거니까"라고 했다. 그는 사람들이 자신이 상영
하는 작품을 쉽게 예상하는 것을 아주 싫어했다.[2]

랑글루아는 작가와 예술가들에게 16밀리 필름 몇 편(그리
고 35밀리 한 편)을 주고는 영화를 만들게 하는 기획을 실행함으
로써 영화제에 흥미로운 한 페이지를 덧붙였다. 시네마테크는

이들에게 재료와 기술적인 지도를 할 사람을 보내 원하는 대로 만들 수 있도록 했다. 이렇게 만든 작품 중 가장 유명한 것은— 그리고 유일하게 지금도 남아 있는 작품인데—장 쥬네의 〈사랑의 노래Un Chant d'Amour〉였다. 자크 리베트는 사르트르가 낙서에 대해 만든 단편이 있었고 레이몽 크노가 만든 〈지나가면서En Passant〉란 단편이 있었던 것을 기억한다. 피카소도 앙티브를 위한 작품을 하나 했지만 결국 완성되지는 못했다. 이때 찍은 모든 푸티지들은 50년대 말에 랑글루아에게 되돌아갔지만 그 후에 사라져버리고 말았다.

일부의 사람들이 앙티브의 페스티벌을 대성공이라고 생각했지만 이 성공은 반복되지는 않았다. 이 페스티벌을 다시 해보려는 계획은 있었지만 결국 아무것도 이루어지지는 않았다. 내가 랑글루아를 개인적으로 알고 지내던 그 오랜 기간을 통해— 특히 우리가 칸느 영화제 기간에 인근의 앙티브에 있는 랑글루아가 좋아하는 식당에서 점심을 먹을 때에—그는 내게 "당신이 1950년 앙티브에 있었다면 좋았을 텐데. 그건 대단한 페스티벌이었어. 결코 잊을 수 없는 그런 행사였지"라고 말하곤 했다. 바로 그해 1950년에 랑글루아는 칸느 영화제를 위한 회고전을 기획해주었다. 나중에 그는 이러한 것을 베니스 영화제를 위해 하기도 했다.

1953년에 랑글루아는 최근에 타계한 장 엡스탱을 위한 회고전을 칸느 영화제 기간에 조직했다. 프랑스 밖에서 엡스탱은 표현주의적인 무성영화 〈어셔 가의 몰락〉(1928)의 감독으로만 알려져 있었다. 하지만 그는 20년대에 가장 위대한 영화이론가의 한 사람이었으며 '서정적 몽타쥬'로 유명한 〈성실한 마음〉, 〈지난해 마리앵바드에서〉의 선구자라고 할 수 있으며 지금도 매력적인 영화 〈3개의 면을 가진 거울<sup>Glace à Trois Faces</sup>〉(1927), 여기에다가 브르통 지방의 어부들의 삶을 리얼하게 묘사한 〈모브랑 Mor'Vran〉과 〈지상의 끝<sup>Finis Terrae</sup>〉 같은 작품들을 만든 사람이다.

꼭 이 행사 때문이라고 할 수는 없지만 엡스탱의 여동생인 마리도 다음 해부터 시네마테크에서 일하게 되었다. 그녀의 역할은 겉으로 공표되지는 않았지만 그 중요성은 로테 아이스너나 메리 미어슨에 거의 맞먹는 것이었다. 마리 엡스탱은 1899년 바르샤바에서 프랑스인 아버지와 폴란드인 어머니 사이에서 태어났다. 그녀는 오빠인 장 엡스탱의 영화 대본을 쓰는 일로 영화일을 시작했다. 1927년부터 1940년까지 그녀는 장 브느와-레비의 협력자였다. 그녀는 그와 공동으로 〈어머니의 손 La Maternelle〉과 〈백조의 죽음<sup>La Mort du Cygne</sup>〉(이 영화의 미국 제목은 〈발레리나〉였고 이것을 할리우드에서 리메이크한 것이 〈끝나지 않는 춤<sup>The Unfinished Dance</sup>〉이다)를 연출했다.

그녀가 내게 말한 것에 따르면 그녀는 브느와-레비의 사무실이 트로와용 거리의 랑글루아 집안의 아파트 건너편에 있을 때 랑글루아를 처음 만났다고 한다. 랑글루아는 브느와-레비의 영화나 엡스탱의 영화에 대해 이야기를 하기 위해 사무실에 찾아왔다. 그는 아주 소심한 사내였고 삐쩍 마른 모습이었다고 그녀는 회고한다. 그는 장 엡스탱과 아주 친한 사이는 아니었지만 그의 영화의 네가 및 포지티브를 전쟁 동안에 파괴되지 않도록 한 것은 바로 그였다. 마리는 비점령지역의 적십자에서 일하고 있었는데 그녀는 랑글루아가 비시에 있는 그녀에게 찾아와 그녀의 오빠의 필름이 모두 구조될 것이며 나중에 상영도 할 수 있을 것이라고 말했다고 한다. 1948년에서 1951년까지 그녀는 다시 브느와-레비와 손을 잡고 무용에 관한 텔레비

전 작품을 만들었다. 1953년에 그녀의 오빠가 죽자 랑글루아
는 그녀에게 시네마테크에 와서 일하는 것이 어떠냐고 말했다.
그녀의 공식적인 직위는 테크니컬 서비스의 주임이었으며 주로
하는 일은 슬라이드와 프린트를 제작하는 것이었다. 그녀가 자
주 한 일 중의 하나는 여러 개의 불완전한 프린트에서 하나의
완전한 프린트를 만들어내는 것 같은 일이었다. 마르셀 레르비
에의 〈비인간적인 여자L'Inhumaine〉의 완전한 프린트를 재구성하
는 일을 한 것도 그녀였다.

　　그리고 만약 당신이 시네마테크에서 프린트를 빌리고 싶다
면 결국 당신이 의지해야 하는 사람은 마리였다. 그녀만이 프린
트가 어디 있는지 그리고 어떤 상태인지를 정확히 알고 있는 경
우가 많았다. 그러므로 그녀는 랑글루아에게 대단히 중요한 존
재일 수밖에 없었다. 하지만 이것은 반드시 그들이 좋은 사이
였다는 것을 의미하지는 않는다. 그들은 자주 말다툼을 벌였고
그녀는 작은 체구의 연약한 여자였지만 약간 몸을 웅크린 채
결코 자신의 입장을 포기하지 않았다. 그녀가 항상 랑글루아에
게 동의하지는 않았던 것이다. "그는 푀이야드를 정말 좋아했
다. 하지만 난 그렇지 않았다. 나는 프랑스의 첫 아방가르드의
한 사람이었고 그래서 푀이야드에게는 격렬하게 반발하는 입장
이었다."

　　마리 엡스탱은 시네마테크가 그 첫 번째 위기를 맞는 시기
에 이곳에 왔다. 1950년 12월에 프랑스 정부는 질산염 필름의
상영 및 운송, 나아가서는 소유도 금지하는 법안을 통과시켰다.
이것은 랑글루아에게는 커다란 비극이었다. 영화의 역사 최초
의 55년간은 질산염 필름에 의해 보존된 것이었다. 물론 이것은
대단히 가연성이 높은 것이었지만 50년대 초부터 사용되기 시

작한 아세테이트 필름 스톡보다 시각적으로 더 뛰어난 것이었
다. 앙드레 말로는 예전에 자신은 '모나 리자'가 심지어 다이나
마이트 위에 그려진 것이라도 그것을 보존할 것이라고 말한 적
이 있다. 랑글루아도 질산염 필름에 대해 같은 감정을 가지고
있었다. 케네스 앵거는 내게 말했다. "그는 질산염 필름을 사랑
했다. 그것은 그에게는 무관심하게 다루면 죽어버릴지도 모르
는, 숨을 쉬는 생물이었다."

과학자들에게 따르면 변질되기 쉬운 질산염 필름을 영구히
보존할 방법은 없다. 그것은 유독한 가스를 방출하며 폭발할
수도 있고, 점착성이 높아지는가 하면 독성을 품은 덩어리가 되
기도 한다. 랑글루아도 이 위험성을 잘 알고 있었고 1897년에
단 10분 사이에 117명의 귀족들을 죽인 자선 바자회 필름 상영
화재도 알고 있었다. 그 이후에도 극장에서 가끔 화재 사건이
일어나곤 했다. 하지만 어쨌든 세계는 55년간 질산염 필름으로
버텨왔던 것도 사실이다. 충분히 주의를 한다면 위험은 없을 것
이라고 랑글루아는 말했다.

왜 정부는 이 법안을 통과시켰는가? 그 답은 간단하다고
랑글루아는 말한다. "이건 필름 제조의 2대 메이저인 이스트만
코닥과 아그파의 '책략'의 한 부분이다." 처음 이 말을 들었을
때 나는 "랑글루아의 편집증이 또 시작됐군" 하는 식으로 생각
했다. 하지만 법률로 정해지면 영화사나 아카이브는 질산염 필
름을 아세테이트로 바꾸어야 하므로 그것에 의해 막대한 이익
을 얻는 필름 제조사가 배경에 있는 것은 사실이었다. 실제로
누구도 질산염 필름이 얼마나 오래까지 갈 수 있는지, 혹은 개
별적인 프린트는 얼마나 오래 보존될 수 있는지, 알지 못했으
므로 필름 제조사가 보다 비관적인 견해를 보여준 것은 당연한

것이긴 했다. 그리하여 질산염 필름의 금지를 위해 적극적으로
로비를 했을 가능성이 크다.

다른 많은 아카이브가 가능한 한 빨리 질산염 필름에서 아
세테이트로 이행하는 것을 환영했다는 것은 사실이다. 그리고
실제로 오리지널을 보존하는 것은 너무 위험하다는 이유로 그
것을 폐기처분하는 아카이브도 있었다. 랑글루아에게 이것은
범죄나 다름없는 것이었다. 그들은 실제로 영사를 했을 때 질산
염 필름이 얼마나 아름다운가를 알지 못했던 것일까? 그들 대
부분은 이것을 이해하지 못했다. 영국의 국립 필름 아카이브의
어네스트 린드그렌처럼 질산염 필름을 병적으로 혐오하는 사
람들도 일부 있었다. 린드그렌은 체계적으로 그의 스태프에게
질산염 필름에서 일부분을 빼낸 다음 이것에 '내구성 테스트'
(빨간색 알리자린 염료를 사용했다)를 했다. 이 테스트를 통과하지
못하면 이것을 사용할 의향이 있는 아카이브에 이 필름을 그냥
제공하기로 한 것이다. 하지만 이 테스트는 정확한 것이 아니었
다. 어느 아카이브에 있는 사람이 '변질되기 시작했다'는 이유
로 린드그렌에게서 받은 윌리엄 S. 하트의 〈푸른 불꽃의 로덴
Blue Blazes Rawden〉을 가지고 있는데 20년 후인 지금도 여전히 상영
할 수 있다고 내게 말한 적이 있다.

이것은 우리로 하여금 랑글루아의 비과학적인 신념을 거의
믿게 할 정도이다. 그에게 있어 질산염 필름은 살아 있는 것이
며 그저 캔 안에서 죽어가고 있는 것인지도 모른다. 필름을 캔
에서 꺼내 영사를 하거나 아니면 적어도 한번 감아주기만 해도
필름을 보호하는 것이 된다고 그는 생각했다. 질산염 필름의
상태는 측정하기 어려운 여러 요인에 의해 결정되는 것이며—
어떻게 현상이 되었는지, 실제의 보존 상태는 어떠한지 등—게

다가 이 상태는 또한 55년간 어떻게 변화했는가에 따라 변할 수 있다. 르누아르의 데뷔작인 〈물의 아가씨〉의 엷은 색을 입힌 프린트가 점착성이 나타나며 변질되기 시작하자 그는 이 프린트를 세탁물을 건조하는 곳에 걸어놓았다. 그러자 며칠 후에 그 점착성이 사라지고 프린트는 여전히 좋은 상태를 보여주었다는 것이다.

비평가이자 수집가인 데이비드 로빈슨은 랑글루아가 보존의 요령을 잘 알고 있다고 말했다. 영화 포스터를 보존했던 자신의 경험으로 미루어 볼 때 맞다는 것이다. 포스터를 차곡 차곡 잘 정리를 해두기만 하면 그것은 부패해지지만 그것을 사용하면 그렇게 되지 않더라는 것이다. 랑글루아는 자신의 방법을 다음과 같은 유추로 설명하기도 했다. 진주를 장식용으로 사용하지 않으면 그것은 그 광택을 잃어버리고 만다는 것 말이다. 하지만 다음과 같은 이디시 속담이 있다는 것도 주의해야 할 것이다. "예를 아무리 많이 든다고 해도 그것이 증명이 되지는 않는다."

아세테이트로 옮기는 것에 대한 찬반양론 중 어느 것이 옳은지를 증명하는 것은 불가능하므로, 질산염 필름은 오랫동안 랑글루아가 좋아하는 화제가 되었다. 엘리오트 스타인은 내게 말했다. "대화를 하다가 말이 끊어지면, 대개의 사람들은 날씨 이야기를 하거나 하는데, 랑글루아는 갑자기 질산염 필름에 대해 말하곤 했다. 그것은 정말로 그의 '숙적'이었다. 그는 항상 질산염 필름에 반대하는 세력들이 힘을 합쳐 자신을 공격하고 있다는 공포를 가지고 있는 것 같았다."

하지만 질산염 필름을 금지하는 법안은 결과적으로 시네마테크에 도움을 주게 된다. 왜냐하면 시네마테크는 당시 질산염 필름을 보존할 수 있는 유일한 기관으로 인정을 받았기 때문이다. 질산염 필름을 소지할 수 있는 최종적인 기한이 정해졌다. 개인이 소지하고 있는 프린트는 1951년 1월 1일까지 가질 수 있으며, 질산염으로 된 예고편은 3월 1일까지 소지가 가능하고, 유통 중인 프랑스 영화의 프린트는 6월 1일까지 소지가 가능하다는 식이었다. 그리하여 현상소나 판권 소지자들은 자신들이 가진 프린트들을 폐기처분하든지 아니면 시네마테크에 주든지 둘 중 하나를 택해야만 했다. 많은 이들이 시네마테크를 선택했고 그래서 수많은 트럭들이 필름을 싣고 브와 다르시에 있는 시네마테크의 창고에 몰려들었다. 너무도 많은 양의 필름이 한꺼번에 몰려오는 바람에 필름들을 그 보존상태에 따라 분류한다는 것은 사실상 불가능했다. 게다가 시네마테크에서는 필름들을 그 상태를 이유로 거부할 권한도 없었다. 마리 엡스탱은 내게 말했다. "몇몇 필름은 이미 변형이 시작되고 있는 것들이었다. 이 많은 필름을 제대로 처리하려면 사실은 거의 군부대 정도의 인원이 필요했을 것이다. 우리로서는 동원할 수 있는 수단을 다 동원해 최선을 다하는 수밖에 없었다."

이것은 시네마테크에서 일했지만 랑글루아에 대해 아주 긍정적인 편이 아니었던 두 사람의 증언에 의해서도 확인이 된다. 이 두 사람은 조르쥬 골드파인과 베르나르 마르티낭으로 골드파인은 다음과 같이 말했다. "도착한 필름들은 그 제작자들에 의해 대략 15년에서 20년 정도 거의 보지도 않았던 것들이었고 이미 당시에 약간 미심쩍은 상태에 있었다. 랑글루아는 필름의 질에 따라 분류하는 것을 할 수가 없었고 그저 놓아두는 방법밖에 없었다. 나중에, 60년대에 이르러, 텔레비전이 옛날 영화들을 위한 새로운 시장으로 등장하자 이 제작자들은 자신들의 작품들이 최적의 상태가 아니라는 것을 뒤늦게 알고는 경악했다. 하지만 이들은 애초에 필름을 이곳에 처음 보관할 때도 그 상태에 전혀 무관심한 사람들이었다." 필름을 그저 보관만 할 수 있었고 제대로 보존할 예산은 전혀 없었다. 게다가 브와 다르시의 창고 자체도 이미 꽉 찬 상태였다. 이 두 사람들 모두 만약 랑글루아에게 돈이 있었다면 이 필름들을 보다 더 잘 관리할 수 있었을 것이라고 말하고 있다.

1968년과 그 이후에 랑글루아가 필름의 관리에 있어 태만했다는 많은 비난이 쏟아졌다는 것을 볼 때, MPAA(미국영화협회)의 S. 프레드릭 그로닉의 다음과 같은 증언은 기록해둘 가치가 있을 것이다. "우리가 시네마테크 프랑세즈에 맡겨두었던 필름 중에 한 편도 잃어버린 것이 없다. 이것은 중요한 보고이다. 다시 말하지만 시네마테크는 우리의 영화 중 한 편도 분실한 것이 없으며 한 편도 상태가 나빠진 것이 없다." MPAA는 수천 편에 이르는 미국영화를 랑글루아에게 맡겨두었던 것이다.

영화제에 기획전으로 도움을 주는 것 외에도 시네마테크는 전쟁 전에 했던 것과 같이 해외에서의 영화 상영에 적극적이었다. 1953년에 랑글루아는 마드리드에 가서 마르셀 카르네의 회고전을 했으며 르네 클레르의 회고전도 했다. 르네 클레르의 회고전은 나중에 런던에서도 상영하게 되었다. 1955년부터 랑글루아는 런던의 내셔널 필름 씨어터(NFT)의 기획자와 긴밀한 협력을 시작하게 되었다. 당시 NFT의 기획자들을 순서대로 보면 카렐 라이즈, 데렉 프루즈, 데이비드 로빈슨이었고 1959년부터 내가 맡았다.

당시 BFI는 크게 둘로 나뉘어 있었다. 한쪽은 아카이브로서 이것은 어네스트 린드그렌에 의해 운영되며 랑글루아 및 그의 방법이나 관점에 대해 반대하는 입장이었다. 다른 한쪽은 내셔널 필름 씨어터로서 이것은 시네마테크와 친밀한 관계를 이루고 있었는데 이것은 BFI의 의장인 제임스 퀸이 랑글루아와 메리 미어슨을 좋아했기 때문이기도 하다.

카렐 라이즈는 내셔널 필름 씨어터의 기획자로서 시네마테크와의 일은 대부분은 메리를 통해서 했다고 말하고 있다. 라이즈는 불어를 별로 잘하지 못했고 당시의 랑글루아의 영어는 정말로 끔찍한 수준이었기 때문이라고 했다. 그는 곧 BFI의 아카이브를 통하는 것보다는 파리에서 필름을 구하는 것이 더 쉽다는 것을 알게 되었다. 라이즈는 말한다. "어네스트 린드그렌은 영화를 보존하기만을 원했지 결코 보여주려 하지 않았다. 영국영화 특별전을 하는데 나는 20년대에 조지 피어슨이라는 사람이 만든 영화를 상영하려 했다. 그는 제법 괜찮은 '작은 영화'를 만들었던 인물이다. 내가 어디서 필름을 구했냐고? 랑글루아에게서 받았다. 그는 정말로 없는 것이 없었다! 그는 그 본성이 무엇이든지 챙겨놓으려고 하는 사람으로 타고난 수집가라고 할수 있다. 그는 필름, 세트 디자인, 의상 등을 마구 모았다. 그리고 그는 자신이 가진 것을 보여주길 원했다. 다음과 같은 루머가 있다(직접적인 증거는 내게 없다). 그는 런던에 올 때마다 워두거리[메이저 영화사들의 사무실이 있는 거리이다]를 왔다 갔다 하면서 건물의 수위들에게서 프린트를 산다는 것이다. 생각해보면 이것은 가장 현명하게 필름을 구할 수 있는 방법이다. 일반 개봉이 끝나고 나면 프린트는 항상 남기 마련이고, 심지어는 대단히 좋은 상태의 프린트도 있다. 이때 창고를 지키는 사람에게 10파운드[당시로는 30달러 정도] 정도만 찔러주면 쉽게 손에 넣을 수 있다."

"내가 스토로하임 특별전을 했을 때의 프린트의 4분의 3이 시네마테크에서 온 것이었다. 1955년에 했던 브뉘엘 특별전도 역시 마찬가지로 그의 프린트였다. 그는 자신이 직접 프린트를 가지고 와서는 상영이 끝나면 다시 챙겨서 가지고 갔다. 그는 혹시라도 프린트을 복사하지 않을까 걱정했던 것이다. 이것은 어쩌면 그가 가진 프린트 중에 불법적인 것이 섞여 있기 때문일 수도 있다. 내가 내셔널 필름 씨어터에서 했던 것들의 대부분은 결국 시네마테크에서 가져온 프린트로 한 것이었다! 심지어 영국영화들조차도 시네마테크에서 가져온 것들이 많았다. 당신이 정말로 영화를 좋아한다고 랑글루아가 판단하게 되면 그때부터 당신은 랑글루아가 가진 거의 모든 것을 그로부터 받을 수가 있다."

"메리 미어슨에 대해 웃기는 이야기를 하나 하겠다. 한 번은 내가 파리에서 미어슨을 만났다. 그녀가 말했다. '당신네 영국인들은 당신네들 영화에 대해 전혀 아는 것이 없더군요. 영국에 아주 뛰어난 신인 감독이 나온 것 같던데.' '누구죠?'라고 내가 물었다. '이름은 잘 기억이 나지 않는데 내가 그 영화를 상영해 주도록 하죠.' 나중에 알고 보니 결국 '그 영화'는 다름 아닌 내가 만든 〈우리는 람베스의 소년들We Are the Lambeth Boys〉이었다."

라이즈는 얼마 후 내셔널 필름 씨어터를 떠났고 영화를 만드는 것에 전념하게 된다(〈토요일 밤과 일요일 아침〉, 〈모간〉, 〈이사도라〉, 〈도박꾼〉, 〈프랑스 중위의 여자〉 등). 그의 뒤를 이은 데렉 프루즈도 내셔널 필름 아카이브에서보다는 랑글루아로부터 프린트를 받는 것이 더 쉬웠다고 말하고 있다. 때로는 랑글루아가 프루즈로부터 필름을 받기도 했다. 그 대표적인 예가 내셔널 필름 씨어터에서 해서 대성공을 거두었던 1956년의 일본영화 특집이었다. 프루즈는 이 프로그램을 영화배급업자이자 새롭게 설립된 도쿄 현대미술관의 영화부문 위원인 가와키타 부인과 함께 조직했다. 프루즈의 회고대로 랑글루아는 가와키타 부인을 몰랐지만 재빨리 그 부족한 부분을 되찾게 된다. 그는 파리에서 런던에 온 다음 영화를 다 보았고 가와키타 부인을 만난 다음 대부분의 상영작들을 파리로 가져가기로 한다. 그리하여 파리와 런던은 거의 비슷한 시기에 오즈 야스지로의 영화를 처음으로 발견하게 된다.

거기에다가 에이젠슈테인의 첫 장편인 〈스트라이크〉를 러시아인들로부터 얻으려고 했던 힘든 과정에 대한 이야기도 있다. 프루즈는 다음과 같이 말했다. "우리는 러시아 영화 특집을 하기로 했다. 러시아에 편지도 보내고 케이블도 보냈지만 결국 얻은 것은 10분 정도의 분량의 〈스트라이크〉였다. 그러다가 갑자기 모스크바에서 완전판의 〈스트라이크〉가 도착했던 것이다. 1924년 베를린에서의 상영 이후로 처음으로 서방세계에서 이 영화를 상영할 수 있게 된 것이다. 우리는 이 영화를 내셔널 필름 씨어터에서 상영했는데 건물을 완전히 둘러쌀 정도로 긴 줄이 만들어지기도 했다."

"이 영화를 상영하기 직전에 랑글루아는 런던에 왔다. 내가 그에게 말하지 않았지만 그는 어떻게 알아낸 것이다. 랑글루아는 항상 어떻게든 알아냈다. 그 이후에 나는 〈스트라이크〉의 프린트를 잃어버릴 뻔했다. 러시아인들은 이 영화를 히치콕의 〈블랙메일〉과 교환하기를 원했다. 하지만 내셔널 필름 아카이브에서 히치콕 영화를 꺼낼 수가 없었고 그리하여 러시아인들은 '그렇다면 〈스트라이크〉의 프린트를 되돌려 보내시오'라고 했다.

결국 힘들여 〈블랙메일〉의 프린트를 내셔널 필름 아카이브에서 빌린 다음 이것을 러시아인들에게 주었다. 나로서는 〈스트라이크〉를 다시 러시아로 보내고 싶지는 않았기 때문이다. 그렇게 되면 다시는 그것을 볼 기회가 없을 것이라 생각했다. 랑글루아가 왔을 때 나는 그에게도 〈스트라이크〉의 프린트 한 벌을 주었다. 나는 소호에 있는 현상소에서 듀프 프린트(복사 프린트)를 만들었다. 당시 나는 너무 나이브한 사람이어서 그것이 통상적으로는 해서는 안 되는 일이라는 걸 몰랐다. 내가 프린트를 가지고 있는데 랑글루아가 그걸 원한다면 그에게 하나 복사해 주어도 좋을 것이라고 생각했던 것이다."

"나는 랑글루아 때문에 실망한 적은 거의 없었다. 물론 그것에 거의 근접한 경우가 있기는 하지만. 그는 펠리니의 첫 장편인 〈버라이어티 쇼의 빛〉을 내게 보내주기로 되어 있었다. 본편 전에 상영하는 단편이 이미 상영을 시작했는데도 나는 워털루 로드에서 프린트가 오는 걸 기다리고 있었다. 다행히 프린트가 도착해 아슬아슬하게 상영에 맞출 수 있었다."

"린드그렌과 랑글루아는 성격적인 면이나 그 방법론에 있어서 정반대의 인물이었다. 린드그렌은 총으로 위협당하기라도 하지 않는 한 절대로 영화를 보여주려고 하지 않는다. 그러므로 보여주기를 거부한 영화를 오리지널 프린트에서 복사하는 것에 예산을 쓰는 것도 절대 있을 수 없는 일이었다. 랑글루아의 정책은 모든 것을 보여주는 데 있었다... 그 때문에 랑글루아의 프린트는 때때로 상태가 안 좋은 경우도 있었다. 린드그렌의 프린트는 아주 깨끗했지만 그것은 그의 말에 따르면 '후대를 위하여' 창고 속에 들어가 있는 것이다. BFI가 발간하는 《사이트 앤 사운드》의 편집자인 페넬로페 휴스턴은 한 번 그에게 물

었던 적이 있다. '도대체 그 후대는 언제 시작되는 것인가요?'라
고."

　프루즈의 후임인 데이비드 로빈슨이 처음으로 랑글루아를
만난 것은 1955년 파리의 국립 근대미술관에서 랑글루아의 기
획에 의한 거대한 영화전시회를 할 때였다. BFI는 이 전시회를
그대로 런던으로 가져올 생각을 하고 있었다. "나중에 내가 내
셔널 필름 씨어터의 기획자가 되었을 때 나는 많은 것을 시네마
테크로부터 얻었다. 하지만 그것은 언제나 악몽과 같은 경험이
었다. 그렇지만 여전히 그것은 린드그렌으로부터 필름을 얻는
것보다는 더 쉬운 일이었다." 나는 로빈슨에게 카렐 라이즈의
의견을 어떻게 생각하느냐고 물었다. 라이즈의 의견이라는 것
은 백 년 후에는 린드그렌의 방법이 랑글루아의 방법보다 결과
적으로 더 나은 것이었다고 판명되지 않을까 하는 것이었다. 그
는 그것에 동의하지 않았다. "영국의 유명한 보드빌 아티스트들
이 출연하거나 감독한 작품들이 다량으로 배급업자로부터 린
드그렌에게 간 적이 있었다. 그때 그는 이것들을 쓰레기라고 단
정했다. 결국 그는 그중에서 열두세 편만을 빼내고 나머지를 폐
기처분해버렸다. 그러므로 랑글루아의 방법은 적어도 영화가
생존할 수 있는 기회를 주는 것이라고 생각한다. 물론 그것이
아주 적은 기회이긴 하지만 여전히 기회임에는 틀림없다. 만약
린드그렌이 '보드빌 사람들이 만든 영화를 열 편이나 열두 편
을 창고에 넣고 나머지 3백 편을 선반에 놓은 상태로 방치하라'
고 한다면 2백50편이나 2백80편은 변질될 위험이 놓이게 될 것
이지만 그래도 여전히 50편 혹은 20편 정도는 살아남을 기회를
얻는 것이다."

　"물론 시네마테크의 방법은 특수한 것이고 대단히 혼란스

러운 것이다. 나는 1969년에 내셔널 필름 씨어터에서 시네마테크에 오마쥬를 바치는 행사를 한 적이 있어 파리에 갔다. 나는 이 기회에 시네마테크가 어떻게 기능하는지 주의 깊게 관찰할 수가 있었다. 랑글루아는 커다란 침대 위에 누워 있었다. 그는 당시 몸이 좋지 않았다. 그의 주위에는 40개 정도 되는 작은 오렌지 커버를 한, 초등학생들이 쓸 법한 노트가 있었다. 각각의 노트를 구별하는 표시는 전혀 없었다. 하지만 메리 미어슨이 전화를 해서 시네마테크에 있는 〈전함 포템킨〉의 프린트를 9월 8일에 릴에 발송하길 원한다고 말하자 랑글루아는 그 노트 중에서 한 권을 꺼내서 열어본 다음 말했다. '알았어. 그날은 〈전함 포템킨〉의 3번 프린트가 가능할 거야'라고 했다. 그리고 나서 그 노트는 다시 어딘가로 사라졌다."

　운 좋게 나는 아주 나중에까지 랑글루아가 했다는, 그 유명한 사람들을 불안에 떨게 하는 그런 경험을 한 적이 없었다. 나는 얼마 후 내셔널 필름 씨어터의 기획을 담당하면서 그와 일을 함께 할 기회를 갖게 된다. 하지만 내가 그의 작업 방식에 대해 미리 알았다면 나는 1958년 봄에 그처럼 활기차게 그의 사무실로 찾아가지는 않았을 것이다. 사실 50년 초반 한 번 (도브첸코의 〈아스날〉을 보려고) 메신느 거리를 방문한 적이 있었지만 그 당시에 나는 랑글루아에 대해 전혀 들은 바가 없었다. 당시 랑글루아는 공적인 활동에 있어 그 지명도가 아주 낮은 편이었다. 게다가 그는 자신의 사생활에 대해서는 거의 말을 하지 않는 쪽이었다. 1950년에 그의 모친이 타계하고 1954년에는 그의 부친이 타계했다. 하지만 그가 이것에 대해 얼마나 슬퍼했는지 친한 친구들조차도 (아마도 메리 미어슨을 제외하면) 거의 알지 못했다.

*

1955년이라는 해는 랑글루아에게도, 시네마테크에게도 비참함과 승리를 동시에 맛보게 하는 그런 해였다. 1954년 말에 랑글루아는 메신느 거리의 건물이 매각되었으므로 새로운 장소를 찾아보라는 통보를 받았다. 랑글루아의 첫 반응은 여론을 환기시키려고 하는 것이었다. 그는 당시 주간지 《아르-스펙터클》의 스타 저널리스트였던 프랑수아 트뤼포에게 이 퇴거 명령에 대해 항의하는 기사를 써달라고 부탁했다. 랑글루아는 이때 아직 퇴거를 회피할 수 있는 희망이 있다고 생각한 것 같다. 그리하여 트뤼포의 이 기사의 톤은 랑글루아의 방해공작의 기도를 반영하는 것이었다. "만약 시네마테크가 메신느 거리에서 쫓겨난다고 한다면 이처럼 끔찍한 일이 있을 수 있을 것인가?"

다른 신인감독에게도 구원의 길을 모색했다. 1955년 2월 《카이에 뒤 시네마》에는 자크 도니올-발크로즈가 쓴 작은 기사가 실렸다. "우리는 아직 현재 시네마테크에 어떤 문제가 생길 것인지에 대해 모른다. 랑글루아는 자신을 패배하도록 내버려두는 사내가 아니지만 이번에는 그에게도 힘든 싸움이 될 것같다. 중요한 것은 모든 동업자들과 신문이 그를 지원하는 것이다. 이런 정당한 이유가 있는 것이니까 우리들은 엘리제 궁을 향해 시위라도 해야 하는 것이 아닐까?"

랑글루아 자신은 어떻게 해야 할지 몰랐으며 그답게 이 축소의 위기에 대응해서 역으로 팽창의 기회를 엿보았다. 1895년 파리에서 뤼미에르가 처음으로 영화 상영을 한 지 60년이 되는 해라는 것을 이용해 그는 '영화의 60년'이라는 이름의 커다란 기획전을 국립 근대미술관에서 조직했다. 다른 사람들 같으

면 그 활동을 마비시키고도 남을 불안이 있었음에도 불구하고,
6월에서 9월까지 진행된 이 전시회는 대단한 것이었다. 나는 이
전시회를 본 것을 결코 잊지 못할 것이다. 입구는 두 개의 사진
을 크게 확대한 입간판을 세워놓았는데 하나는 〈잔 다르크의
열정〉의 스타인 팔코네티였고 또 하나는 파브스트의 〈판도라
의 상자〉(때로는 루루라고 불리기도 하는 작품이다)에서 루이즈 브
룩스였다. 프랑스의 한 비평가가 그에게 그레타 가르보나 마를
렌느 디트리히가 아니고 왜 루이즈 브룩스이냐고—당시 전혀
'무명'이었다—물었을 때 랑글루아는 소리를 질렀다. "가르보도
아니고 디트리히도 아니야. 오직 루이스 브룩스만이 있을 뿐이
야!"

　근대미술관의 자원을 잘 활용해 그는 화려하고 두툼한 카
탈로그도 처음으로 발간할 수 있었다. 이것은 사진이 풍부할
뿐 아니라 쉽게 모방할 수 없는 그의 글들이 실려 있는 것으로
영화의 전사로부터 1955년까지를 다루고 있다. 바로 이 카탈로
그에서 그는 루이즈 브룩스에 대해 썼다. "가르보보다 더 빼어
난 것이 바로 루이즈 브룩스의 얼굴, 눈, 잔 다르크 스타일의 헤
어컷 그리고 그녀의 미소이다. 한번 그녀를 본 사람들은 결코
그녀를 잊을 수 없을 것이다."

　미술관에서 그에게 준 거대한 공간은 여러 소도구, 사진, 의
상, 세트 디자인 등으로 채워졌다. 그리고 옆의 작은 상영실에
서는 영화를 볼 수가 있었다. 거기서 나는 마침내 채플린의 〈서
커스〉를 볼 수가 있었다. 당시 이 영화는 세계 어디에서도 볼
수가 없는 것이었다.

　상영도 가능했던 이 전시회는 그러므로 메신느 거리의 건
물을 잃어버린 것에 대한 잠정적인 해결책이 되었다. 트뤼포와

도니올-발크로즈의 기사에도 불구하고 이 건물을 잃어버리고 말았다. 그러나 엘리제 궁을 향한 시위 행동은 굳이 할 필요가 없게 되었다. 왜냐하면 전혀 예상치도 않았던 곳에서 도움이 왔기 때문이다. 교육 박물관의 디렉터인 루이 크로스<sup>Louis Cross</sup> 씨가 도와주겠다고 나선 것이다. 그는 메신느 거리의 상영회에 열심히 왔던 사람으로 윌름 가에 있는 그의 박물관은 극장을 가지고 있었다. 이 극장은 메신느 거리의 상영관보다 클 뿐 아니라 세느 강 좌안의 라탱 구역에 위치하고 있어 새로운 관객들을 끌어모을 수 있는 곳이었다.

파리는 상대적으로 작은 도시인데 거기에다가 메신느 거리는 중상층의 주거지역이어서 밤에는 전혀 인적이 없는 지역이었다. 근처에 카페도 없었고 지하철역도 가깝지 않았다. 사실 그 지역에 사는 사람이 아니라면 파리의 어느 누구도 별로 가려고 하지 않는 동네였다. 반면 윌름 가는 팡테온에서 남쪽으로 내려오는 약간 내리막길에 위치하고 있다. 이곳도 밤에는 사람들이 별로 없는 곳이지만 조금만 걸어가면 학생들이나 젊은이들로 붐비는 상 미셸 대로로 갈 수 있다. 이들은 좋은 영화를 싼 값으로 볼 수 있다면 바로 달려들 사람들이다. 랑글루아는 이 극장을 운영하게 되었고 이것은 바로 큰 성공을 거두었다. 이 성공은 부분적으로는 트뤼포가 새로 쓴 기사에서 새 극장이 어디 있고 어떻게 가면 되는지를 자세히 알려준 덕택이기도 하다.

새로운 영화관의 가장 큰 장점은 (그것의 상황을 제외하면) 그것이 2백50개의 객석을 가지고 있다는(메신느 거리의 50석에 비해) 것이지만 서둘러서 팡테온의 구석에서 윌름 가를 내려다보면서 표를 사려는 열이 지상에까지 나와 있는지(극장은 지하에 있었다)

게다가 거리로까지 나와 있는지 확인해야 하는 밤도 있었다. 행렬이 거리에까지 나와 있다면 그것은 영화관에 들어가기가 쉽지 않다는 신호였다. 메신느 거리의 경우와 비슷하게 홀에 대략 12명 정도밖에 모이지 않는 경우도 있었지만 때로는 네 블록이나 떨어진 팡테옹 쪽까지 줄이 이어지는 경우도 있었다. 이런 경우에는 사람들은 아예 다음 상영의 표를 사기 위해 줄을 서기도 했다.

하지만 사무실 공간의 문제는 여전히 해결되지 않았다. 스태프들은 오페라 거리에 있는 방 하나를 사용했다가 스퐁티니가에 있는 프로듀서 사샤 고르딘의 고급 아파트를 사용하기도 했다. 1957년이 되어서야 적당한 공간을 찾을 수 있었는데 그것은 쿠르셀 가에 있는 4층짜리 건물이었다. 상당히 화려한 개인용 레지던스였고 설계는 상당히 격식이 있는 곳이었다. 그 당시에 이미 수위가 있어 방문객들을 미리 체크하는 건물이었다.

바로 그 수위가 1960년 7월의 어느 토요일 오후에 메리 미어슨의 사무실에 올라와 다음과 같이 말했다. "랑글루아 씨를 만나겠다는 두 사람이 찾아왔어요. 그 중 한 명은 자신이 버스터 키튼이라고 하더군요. 하지만 날 속일 수는 없죠. 미친 사람임에 틀림없어요. 경찰을 부를까요 아니면 그냥 쫓아낼까요?"

메리는 "버스터, 버스터!" 하면서 로비로 달려갔다. 그녀는 그에게 달려가 그를 세게 잡아서 둘이 거의 쓰러질 뻔했다. 키튼은 물론 깜짝 놀랐다. 하지만 그럼에도 자신의 유명한 '스톤 페이스'는 여전히 지켰다. 이들은 올라가서 랑글루아를 만나 앉아서 논의를 시작했다. 논의는 키튼과 그의 에이전트인 레이먼드 로하우어가 가진 프린트에 대한 것이었다. 랑글루아가 겉으로는 메리처럼 감정을 드러내지는 않았지만 그의 인생에 있어 최고의 날 중의 하나인 것은 틀림없었다. 어느 조용한 여름의 토요일 오후에 버스터 키튼이 그를 찾아온 것이다. 버스터 키튼이 전화를 걸 일이 있어 아래로 다 같이 내려오자 이미 카메라맨이 와서 대기하고 있었다. 이 네 사람들은 시네마테크 안에서 같이 사진을 찍었고 가까운 몽소 공원에서도 사진을 찍었다.

바로 이날이 월름 가에서 할 키튼 회고전에 대한 논의가 본격적으로 시작된 날이었다. 진정한 기획은 다음 해에 이루어졌다. 로하우어와 랑글루아는 자신들이 가진 프린트를 서로 합쳤고 그리하여 가장 완벽한 키튼 회고전을 할 수가 있게 되었다. 키튼은 원래 부끄러움을 많이 타는 성격이었지만 로하우어의 강력한 설득으로 1962년 2월에 그의 회고전을 할 때에 다시 파리에 오게 된다.

이 회고전이 개막하는 날, 키튼과 로하우어가 월름 가의 극장에 다가가자 줄은 이미 언덕까지 올라가 있었다. 안에도 너무도 사람들이 많아서 키튼은 인파에 찌부러질 정도였다. 다 끝났을 때 그는 안도의 한숨을 내쉬웠다. "도대체 이 많은 사람들이 어디서 온 거야?" 그는 의아해했다. 온 사람들 중에는 아벨 강스 같은 유명인들도 있었지만 키튼을 놀라게 한 것은 젊은 사람들이 아주 많다는 사실이었다. 그는 이 젊은 친구들이 어떻게 자신에 대해 알고 있는지 이상하게 여겼다. 그는 랑글루아가 오래전부터 자신의 영화를 보여주고 있었다는 것을 몰랐던 것이다.

월름 가에 상영관이 있던 시절은 많은 사람들에게 있어 시네마테크의 '황금시대'로 여겨진다. 트뤼포(그는 메신느 거리의 상영관에서 있었던 일들은 많이 잊어버렸다고 말한다)는 특히 그가 〈400번의 구타〉를 찍기 일 년 전인 1957년에 있었던 잉마르 베르이

만의 회고전을 기억한다. "그 회고전과 관련해서는 무언가 특별한 분위기가 있었다. 우리는 모두 〈모니카와의 여름〉을 보았고 그 다음에 칸느에서 〈여름밤의 미소〉를 보았다. 그런데 랑글루아가 베르이만의 모든 영화를 스웨덴에서 가져온 것이다. 물론 자막은 없었다. 2주 내내 우리는 밤마다 윌름 가에 갔다. 한 스웨덴 여자가 영화를 현장에서 통역해주었다."

나는 그에게 말했다. "그건 이상하다. 랑글루아는 항상 그가 자막 없이 영화를 보여준 것이 당신네들에게 미장센이 어떤 것인가를 알게 해주었다고 말한다. 영화의 대사를 알 수가 없기 때문에 어떻게 그 장면을 찍었는가에 더 집중하게 되었다고 말이다."

트뤼포는 말했다. "맞는 말이다. 하지만 베르이만의 영화는 대화의 영화다. 무슨 말을 하는지를 이해해야 하는 영화인 것이다. 하지만 외국영화를 자막 없이 보는 것이 영화에 대해 많은 것을 알게 해준다는 것은 틀림없다. 내가 미국에서 영화를 볼 때 나는 영화의 대사를 전혀 이해하지 못한다. 나는 그저 이미지를 볼 뿐이다. 나는 당신에게 내가 미국에서 본 영화들의 조명이나 숏에 대해 프랑스 영화에 대한 것보다 더 많은 것을 말해줄 수 있다."

여기서 하나의 모순이 생긴다. 베르이만 영화를 위해서는 통역이 필요하지만 미국영화에 대해서는 그렇지 않다는 것이다. 하지만 이 모순은 누가 보아도 명백한 것인지도 모른다. 우리는 미국영화들이―영어를 잘 모르더라도―베르이만 영화보다는 더 따라가기 쉽다고 주장할 수 있다. 그렇다면 아마도 대개의 프랑스 감독들은 그들이 인정하는 것 이상 혹은 그들이 알고 있는 것 이상으로 영어를 잘 이해한다고 말할 수도 있을 것이다.

월름 가 시대의 초기는 정말로 대단한 것이었다. 랑글루아
는 세 개의 거창한 프로그램으로—'독일영화의 60년', '스칸디
나비아 영화의 60년', '영국영화의 60년'—시작했고 이어서 멜
리에스에의 오마쥬를 덧붙였다. FIAF와의 문제가 서서히 생기
기 시작했지만 영국영화의 행사는 BFI의 협력을 얻었으며 스칸
디나비아 영화(정확히는 덴마크/스웨덴 영화)는 각각 스웨덴 아카
이브와 덴마크 아카이브의 도움을 얻었다. 이 해의 마지막을 장
식한 것은 '영화의 75년'이라는 거창한 기획전이었다. 이 행사
의 프로그램 노트에는 1956년 10월부터 1957년 6월까지의 모
든 상영 프로그램이 실려 있다—이것은 시네마테크가 상영 프
로그램을 미리 발간한 거의 마지막이었을 것이다(물론 상영하기
로 한 영화들은 반드시 실제로 상영한 영화와 일치하지는 않지만 말이
다). 이 프로그램 노트를 발간하는 구실은 시네마테크의 20년
을 기념한다는 것이었고 개별적인 영화들을 상영하는 경우도
있지만 대체적으로는 일련의 오마쥬(회고전)로 구성된 것이었
다. 장 비고, 루이스 브뉘엘, 로버트 알드리치('작가'가 현재의 할리
우드에도 존재한다는 증거로 랑글루아가 꼽았던 인물이다), 브레히트,
폰 스트로하임, 로셀리니*, 도브첸코, 요리스 이벤스, 이리 트른
카(체코의 인형극영화를 만드는 감독), 뤼미에르, 구로사와 아키라,
카발칸티, E. A. 듀퐁(〈버라이어티〉), 헬무트 코이트너, 조르쥬 프
랑쥬, 제르멘느 뒬락, 빅토르 쇠스트롬, 르네 클레르 등.

---

• 랑글루아는 로셀리니의 경력이 〈무방비 도시〉와 〈전화의 저편〉의 지점에
서 중단되었다고 생각하지 않는 몇 안 되는 사람 중 한 명이었다. 1956년에
〈아시시의 프란체스코〉가 로셀리니의 경력에서 중대한 발전을 보여주는 작
품이라고 이해했으며 그가 잉그리드 버그만과 찍은 영화들—〈이탈리아 여행〉,
〈유로파 51〉, 〈불안〉 등—을 상찬한 최초의 사람들 중 한 명이다.

알드리치와 아마도 코이트너를 빼면 특별히 놀랄 만한 리
스트는 아니다. 하지만 이 프로그램에는 또 하나의 중요한 '오
마쥬'가 있었다. 그 첫째는 프로듀서인 레옹 고몽에 대한 것이
고 둘째는 프로듀서인 샤를르 파테에 대한 것이며 셋째는 제시
라스키와 아돌프 주커(파라마운트)에 대한 것이다. 《카이에 뒤
시네마》가 프로듀서의 중요성을 인정하기 훨씬 전에 랑글루아
는 프로듀서의 역할에 스포트라이트를 비추고 있었던 것이다.
랑글루아와 일하던 스태프 중에서도 최고의 프로그래머로 꼽
혔던 베르나르 마르티낭은 이것을 내게 다음과 같이 설명해주
었다. "랑글루아는 처음으로 영화 프로덕션의 현실을 이해한 영
화 큐레이터라고 할 수 있다. 그는 위대한 프로듀서에게 매료되
어 있었다. 나중에 랑글루아가 영화는 배운 것이 없는 모피상인
들의 손으로 만들어졌다고 했을 때에도 그것은 악의적인 의미
의 말이 아니었다. 그는 정말로 영화의 파이오니어들이 배운 것
이 없었기 때문에—바꾸어 말하면 교양이 없었기 때문에— 영
화의 중요성과 의미를 빠르게 파악할 수 있었다고 생각했다."
그리고 랑글루아는 레옹 고몽이 전승과 교육에 의해 평균적인
프랑인의 수준에 머물면서도 마르셀 레르비에에게 〈로즈 프랑
스〉를 만들도록 허용해주고 게다가 이 작품이 흥행적으로 실패
했음에도, 전문가들(슬프게도 이 중에는 푀이야드도 포함되어 있었다)
의 조롱을 들으면서도, 레르비에에게 〈엘도라도〉나 〈운명의 빌
라〉, 〈돈 주앙과 파우스트〉를 계속 만들도록 한 것을 지적하면
서 그를 거듭 상찬했다.

샤를르 파테는 아돌프 주커와 마찬가지로 이동영화관을 시
작하기 전에 실제로 모피 장사를 했으며 나중에 세계 최초로
영화제국을 만들었다. 하지만 랑글루아가 말한 대로 "아벨 강

스가 〈바퀴〉나 〈나는 탄핵한다〉를 만들 수 있었던 것, 게다가 이 작품들이 커트되거나 손상되지 않고 상영될 수 있었던 것은 파테의 덕이었다. 아벨 강스가 바라는 영화를 만드는 것을 파테는 항상 지지해주었다."[3]

랑글루아는 아주 공평한 입장이어서 스트로하임이 얼마나 프로듀서로 인해 고통을 받았는지도 잘 판단하고 있었다. 그럼에도 라스키와 주커가 미국영화의 파이오니어적인 역할을 수행했다고 상찬했다. 그리고 이렇게 덧붙였다. "그리피스나 인스를 주커나 라스키와 분리하는 것은 바보 같은 짓이며 반[反]역사적이고 진실된 것도 아니다." 이 '오마쥬'에서(시네마테크의 20주년은 프랑스 파라마운트의 35주년 기념과 동시이기도 했지만) 랑글루아는 또 프랑스와 파라마운트의 관련성을 지적했다. 루이 메르캉통 감독, 사라 베르나르 주연의 〈엘리자베스 여왕〉은 파라마운트의 최초의 성공작이었다. 1차 대전 동안에 몇 사람의 프랑스 감독들은—대표적인 인물은 모리스 트루뇌르이지만—루비치가 독일에서 도착하기 훨씬 전에 이른바 '파라마운트 스타일'을 만드는 데 중요한 역할을 했다. 랑글루아는 나중에 파라마운트가 글로리아 스완슨을 레온스 페레의 〈마담 상 제느〉를 위해 프랑스에 빌려주었을 때 이 흐름이 역전되었다고 보고 있다. 카발칸티, 마르셀 아샤르, 앙리 장송이 프랑스에서 최초로 토키를 만들 수 있었던 것도 프랑스 파라마운트 덕이었다. 이 시점은 정확히 모리스 슈발리에가 할리우드의 파라마운트 스튜디오에서 대성공을 거두던 때와 일치한다.

윌름 가에서의 또 다른 성공은 1958년에 열린 루이즈 브룩스의 회고전이었다. 랑글루아가 얼마나 브룩스를 존경하고 있는지는 이미 본 바가 있다. 랑글루아는 여러 곳을 수소문한 끝에 그녀가 뉴욕에 살고 있는 것을 알아냈다. 브룩스는 다음과 같이 말한다. "나를 다시 발견해준 것은 랑글루아였다. 나는 뉴욕의 퍼스트 애브뉴에 살고 있었는데 어느 날 트렌치코트를 입은 사내가 나를 찾아왔다. 그 사람은 짐 카드[로체스터에 있는 이스트만 하우스 필름 컬렉션의 큐레이터]라는 사람으로 파리에서 방금 돌아왔다고 했다. 랑글루아는 내가 파브스트와 함께 만든 영화 두 편을 그에게 보여주었던 것이다. 랑글루아가 나에 대해 어떤 식으로 이야기했는지 짐이 내게 가르쳐주었을 때 나는 '이 랑글루아라는 사람은 농담을 하고 있는 게 틀림없어'라고 생각했다. 지난 30년 동안 나에 대해 말하는 것을 처음으로 들은 것이었다."

1958년 루이즈 브룩스는 윌름 가에서 열린 그녀의 회고전을 위해 파리에 왔다. 하지만 그녀는 파리에서 대부분의 시간을 침대 위에서 보내게 된다. "그들이 내게 마련해준 호텔인 로얄 몽소는 내게 마음에 들었다. 거기는 시네마테크가 사무실로 쓰는 건물[쿠르셀 가]과 가깝고 대리석의 기둥과 붉은 융단을 갖춘 멋진 건물이었다. 하지만 나는 대부분의 시간을 침대에서 지내면서 독서를 했다. 로테가 매일 나를 만나러 왔다. 그녀는 언제나 자신이 존경하는 독일 감독들에 대해 이야기를 했다. 그 중의 한 사람은 〈선라이즈〉를 만든 사람이었다. 앙리에 대해 말하자면 나는 그가 하는 말을 전혀 이해할 수 없었다. 당시 그의 영어는 별로 좋은 편이라고 할 수 없었다. 그리고 나도 〈아름다움의 대가Prix de Beauté〉(1930)를 만들 때 파리에 꽤 오래 체재한 적이 있지만 나의 불어도 좋다고 할 수는 없었다. 그래서 나는 로테, 가와키타 부인, 약간의 미국인들[엘리오트 스타인과 케네스 앵거]과 이야기를 주로 했다. 그래도 한 번은 일어나서 커다란 리셉션에 참석한 적은 있다."

"그러고 보니 나는 앙리와 메리가 함께 살고 있는 멋진 아파트에 간 적이 있었다. 나는 메리의 동생인 엘렌이 아주 마음에 들었다. 사실 메리나 앙리보다는 그녀와 더 친했던 것 같다... 그녀에겐 어딘가 신비스러운 데가 있었다. 한 번은 앙리에게 '메리와 엘렌은 어떤 사람들인가요?'라고 물은 적이 있다. 그러자 그는 말했다. '집시에요, 집시...' 나는 그가 무엇을 말하려고 하는지 이해할 수 없었다."

결국 파리에서의 상찬이 루이즈 브룩스 부활의 결정적인 계기가 되었다. 브룩스는 코펜하겐에도 갔으며, 그녀에게 최초의 성공을 가져다주었던 베를린에도 갔다. 사실 가장 큰 미스테리는 루이즈 브룩스가 재발견된 것이 아니라 어떻게 그녀가 그때까지 잊혀진 존재로 남아 있었는가 하는 것이었다. 그녀가 자신에 대해 30년간 전혀 들은 바도, 읽은 바도 없다고 했을 때 약간 과장하는 것이 아니냐고 나는 물었다. 전혀 아니라고 그녀는 외쳤다. "이 사실을 잊어서는 안 돼. 〈판도라의 상자〉는 1928년 여름에 만들었다. 토키가 당시 막 시작되었다. 나는 이 영화가 뉴욕에 와서 55번 가의 플레이하우스에서 개봉된 것을 기억한다. 그런데 아무도 이 영화를 보지 않았다.* 그리고 〈길 잃은 여자의 일기〉... 이건 파브스트의 마지막 무성영화였다. 이 영화를 자세히 보면 뒤로 갈수록 영화가 흔들리는 것을 볼 수가 있다. 이것은 파브스트가 그의 첫 토키 영화인 〈서부전선〉을

---

* 1929년 12월 2일의 《뉴욕 타임스》의 리뷰(모턴트 홀)에 따르면 "브룩스는 매력적이다. 적절한 때에는 그녀는 머리와 눈을 움직이고 있다. 하지만 그녀가 기쁨, 슬픔, 분노, 만족을 표현하려고 할 때 그것이 어떤 감정인지는 그리 석연치 않다."

빨리 시작하고 싶어서 서둘러서 이 영화를 끝냈기 때문이다."

그리하여 미스 브룩스가 출연한 영화 같은 것들은 토키의 도래와 함께 블랙홀에 빠지고 말았던 것이다. 상업적 가치는 이미 없는 것으로 판정되어 전 세계의 스크린에서 사라지고 만 것이다. 브룩스는 자신이 출연한 옛날 영화를 보아도 전혀 즐겁지 않다고 말하고 있다. 그녀는 하워드 혹스를 존경하지만("그는 나의 꿈의 감독이었다") 〈항구의 아가씨〉를 본 적이 없다고 단언한다. 그리고 카드가 그녀에게 〈판도라의 상자〉를 보여주었을 때에도 그것을 정말로는 보지 않았다고 말한다. "상영 내내 나는 이야기를 했다. 나는 내 영화를 보는 것을 정말 좋아하지 않는다. 나는 가르보 같은 여배우는 아니다. 그녀는 언제나 누가 볼 만한 무언가를 한다. 하지만 나는 누가 볼 만한 것을 전혀 하지 않는다. 나는 실제로는 아무것도 하지 않는다... 모든 것은 (내게 있어서) 무의식적인 것이다."

〈판도라의 상자〉나 〈항구의 아가씨〉를 본 사람은 누구나 브룩스의 연기가 영화에서 최고의 것임을 안다. 이제 랑글루아와 다른 아카이브 사람들 덕에 아직 보지 못한 사람들도 그것을 볼 수가 있다.

# 7

## 친구들과 적들

1958년에 나는 처음으로 랑글루아를 만났다. 《사이트 앤 사운드》의 편집자는 영화감독론의 시리즈를 시작하려고 했는데 그 여성 편집자가 내게 막스 오퓔스에 대해 하나 써달라고 했던 것이다. 하지만 나는 오퓔스의 30년대 작품들을 보지 않은 것이 많았다. 편집자인 페넬로프 휴스턴은 "그건 문제없어"라고 했다. "내가 시네마테크에 연락해 다 수배를 해놓을 테니까." 하지만 그녀는 그것을 랑글루아랑 한 것이 아니라 메리 미어슨과 해놓았던 것이다.

나는 쿠르셀 가의 사무실에 가서 수위에게 메리 미어슨과 미리 약속을 해놓았다고 말했다. 나는 '기다리라'는 말을 들었고 로비에서 오전 10시부터 오후 1시까지 기다렸다. 그러다가 한 메신저가 오더니 내게 나가서 점심을 먹고 오는 것이 좋을 것이라고 했다. 미어슨 부인은 아직 날 만날 준비가 되어 있지 않다는 것이다. 나는 놀라기도 하고 약간 낙담하기도 했지만 그래도 그 지시를 따르기로 했다.

돌아와서는 이제 한 등급 상승해서 로비에서 기다리는 것이 아니라 빈 사무실에서 기다리게 되었다. 그러고도 다시 한 시간을 기다렸는데 이제 나는 낙담한 것이 아니라 슬슬 지겨워지기 시작했다. 사무실에 타자기가 있어서 내가 써야 할 편지를 그 타자기를 이용해 치기 시작했다.

갑자기 거친 눈매를 하고 큰 체격에 머리도 엉망인 사내가 들어오더니 내게 여기서 뭘 하고 있는거냐고 고함을 지르듯이 묻는 것이었다. 나도 용감하게 그에 맞서 내가 어떤 사람인지를 말하고 마담 미어슨을 기다리고 있으며 BFI에서 내는 잡지인 《사이트 앤 사운드》에서 보냈으며 막스 오퓔스의 영화를 볼 예정이라고 했다.

하지만 이걸로 충분했다. "뻔뻔하게도 BFI에서 와서 우리 타자기를 사용하다니. 내가 가진 〈황금시대〉를 복사해서 하이파에 보낸 것이 바로 당신네들 아니야." 나도 BFI의 누군가가 브뉘엘의 필름을 복사해서 세계 여기저기에 보냈다는 이야기를 들은 적이 있다. 하지만 그건 나와 아무 상관이 없는 이야기다. 나는 랑글루아에게 내가 영국인이 아니며, BFI의 직원도 아니고, 오퓔스에 대해 글을 쓰기 위해 런던에서 파리에 온 것이라는 것을 설명하려고 노력했다. 그리고 내가 언제 영화를 볼 수 있냐고 최대한 정중하게 부탁했다.

바로 그때 랑글루아와 마찬가지로 큰 체격의 여성이 방에 들어왔다. 그녀도 무언가 소리가 나는 것을 들은 모양으로 들어오자마자 랑글루아와 한참 언쟁을 벌이기 시작했다. 어떻게 자신에게 찾아온 손님을 모욕을 할 수 있느냐는 이야기인 것 같았다. 바로 그 여자가 메리 미어슨이었다. 나는 어떻게 해야할지 몰랐다. 이건 참으로 끔찍한 상황이었다. 나는 당초 내가 하기로 한 임무를 하기로 마음을 먹었다. 어떻게든 영화를 보아야 한다고 생각한 것이다. 이건 세계의 다른 어느 곳에서도 볼 수 없는 영화인 것이다.

결국 다투는 것도 지겨워졌는지 랑글루아는 내게 고개를 돌리더니 도대체 무슨 생각으로 여기 있는 타자기를 사용한 것이냐고 물었다. 이 방에 들어가서 기다리라고 해서 들어온 것이라고 말하며 나도 버티기로 했다. 빈손으로 런던에 돌아갈 수는 없으니 나도 어떻게든 해야 했다. 그러자 나를 겁주어서 쫓아내는 것은 불가능하다고 생각했는지 아니면 내가 정말로 오퓔스의 영화를 보려고 한다고 생각했는지, 랑글루아도 점차 냉정을 되찾은 것 같았다. 그는 내게 살짝 미소를 지어 보였고 거의 윙크라도 할 기세였다. 마치 내가 그의 테스트에 합격했다고 하는 듯한 미소였다. 그리고 말했다. "그래, 좋아. 여기 마담 미어슨이 당신을 위해 상영 준비를 해줄 거야."

그리고 그녀는 정말로 준비를 해주었고 그렇게 해서 20년간 계속되는 직업적 및 개인적인 우정이 시작되었다. 어떻게 보면 이 최초의 만남에 모든 것이 다 포함되어 있다고 할 수 있을 것이다. 랑글루아는 다루기 쉬운 사내가 아니었다. 그는 편집증적인 데가 있었고 게다가 그는 실물 이상으로 거대한 인물이었다. 그 몸뿐만 아니라 감정적인 면에 있어서도 그렇다. 하지만 그는 내가 보고 싶어 하는 영화를 가지고 있었다. 그리고 그것을 내게 보여주었다. 내가 보려고 했던 오퓔스의 영화는 다른 누구도 가지고 있지 않은 것이다. 〈리벨라이Liebelei〉 이후 오퓔스는 상업적인 영화감독의 레벨로까지 하락했다고 간주되었기 때문이다. 하지만 랑글루아는 바쟁 이전에, 트뤼포 이전에, 앤드류 새리스 이전에 이미 '작가주의자auteurist'였던 것이다.

오퓔스의 30년대 작품들이 그리 대단한 것이 아니라는 것

은 틀린 말은 아니다—그의 눈이 부시게 하는 이탈리아 작품인
〈모두의 여자La Signora di Tutti〉를 예외로 하면 말이다. 하지만 〈리
벨라이〉에서 최후의 위대한 4부작(〈윤무〉, 〈쾌락〉, 〈마담 드...〉, 〈롤
라 몽테스〉)에 이르는 그의 궤적을 제대로 이해하기 위해서는 이
작품들의 이해가 필수적이다.

　　사람들이 두려워하는 랑글루아와 '잘 일을 하는' 데 성공
했다는 이유로—런던에서 BFI에 있는 대부분의 사람들은 랑글
루아가 내게 아무것도 보여주지 않을 것이라고 생각했다고 한
다—BFI는 내게 다음 해에 내셔널 필름 씨어터에서 큰 규모의
프랑스 영화 특별전을 해달라고 요청했다. 1929년에서 1959년
까지를 커버하는 회고전을 해달라고 했다. 랑글루아와 나는 이
프로그램을 함께 꾸미기로 했다. 모든 사람들이 그가 독재자형
의 인간이라고 했지만 나는 이것이 정확하지는 않다고 느꼈다.
적어도 장편영화의 선정에 관해서는 전혀 그런 데가 없었다. 오
히려 그는 단편에 있어 몇몇 특이한 작품들을—아마도 그와 친
한 사람들이 만든 것이 아닐까 싶었다—선정했는데 이것은 그
리 큰 문제가 되는 것은 아니었다. 내가 그와 했던 유일하게 진
지한 논의는 그레미용의 〈애욕Gueule d'Amour〉(1937)에 대한 것으
로 나는 이 영화를 파리의 리바이벌관에서 보고 대단히 마음에
들었다. 랑글루아는 이 작품에 대해 "그레미용이 30년대 후반
에 상업적인 요구에 의해 어쩔 수 없이 만든 영화"라고 하면서
난색을 표했다. 하지만 나는 꼭 이 영화를 상영하고 싶다고 버
텼다. 그의 말대로 상업적인 데가 있지만 어쨌든 대단히 잘 만
든 영화이고 게다가 장 가뱅의 최고의 연기를 볼 수 있는 작품
이다. 결국 그는 양보했다, 나의 '영국적인' 취향을 심히 개탄해
하면서. 나는 몇 년 후에 시네마테크가 이 영화를 정기적으로

상영하는 것을 보고 마음속으로 대단히 기뻐했다.

개막식에서 랑글루아는 내셔널 필름 씨어터의 무대에서 인사를 하기로 되어 있었다. 직전에 그와 제임스 퀸과 내가 대기실에 앉아 있을 때였다. 갑자기 랑글루아는 누군가 검은색 구두약을 가진 사람이 있느냐고 물었다. 나는 깜짝 놀랐다. 그는 그때까지 자기 구두에 대해 신경쓴 적이 한 번도 없었기 때문이다. 하지만 어시스턴트 매니저가 구두약을 어디서 구해 왔다. 그는 다리를 접더니 발목에 구두약을 발랐다—양말에 난 큰 구멍을 가리려고 한 것이었다.

이 특집은 대성공이었다. 데이비드 톰슨은 다음과 같이 썼다. "1960년 6월 런던의 내셔널 필름 씨어터에서의 프랑스 영화특집 3부에서 〈롤라 몽테스〉는 현존하는 가장 좋은 프린트로상영되었다. 이 특집 자체가... 나와 다른 모든 사람들이 감사해야 할 종류의 것이다. 무엇보다도 이 특집은 르누아르를 그에게 정당한 자리로 되돌려놓았다. 게다가 이 특집은 다른 몇몇 중요한 인물들도 소개해주었다. 그것은 새롭게 등장한 누벨 바그의 경향과도 합치하는 것이어서 프랑스 영화의 지속적인 테마와 바이탤리티를 강조하는 결과가 되었다."[1]

랑글루아는 프랑스 영화 특집의 준비를 위해 몇 번에 걸쳐 런던에 왔다. 하지만 체재 중에 그는 BFI와 시네마테크의 계약서를 작성하는 데 많은 시간을 보냈다. 그가 복잡한 합의서 문항을 작성하면 내가 그것을 번역했다. 당시 나는 그가 무엇을 위해 이렇게 시간을 들여 문서를 만드는지 이해하지 못했다. 나중에 나는 이것이 그가 FIAF와의 결별을 준비하기 위해 한 것이라는 걸 알았다. 이제 FIAF는 정말로 국제적인 것이 되어 6개 대륙 모두에 그 회원이 있는 조직이었다. 그는 FIAF를 떠나

더라도 BFI와의 관계는 계속 지속될 수 있도록 준비하고 있었
던 것이다.

　랑글루아의 FIAF 탈퇴는 이 조직과 그것의 내부항쟁의 비
화 중에서도 중대한 의미를 갖는 것이었다. 그가 자신의 발로
나간 것인가 아니면 쫓겨난 것이라고 보아야 할 것인가? 그 답
을 찾는 것은 어려운 일이다. 더 어려운 문제는, 그가 나가려고
했든지 아니면 다른 회원들이 그가 나가길 바랐든지 간에, 그
이유는 어떤 것인가 하는 것이다. 이에 대해서는 여러 해석이
있지만 그것들은 서로 모순되는 면이 있고 애초에 확인하기도
쉽지 않다.
　그 해석 중의 하나는 FIAF의 외부인사인 S. 프레데릭 그로
닉이 내게 해준 이야기이다. 그의 말에 따르면 FIAF에는 사실
상의 불법행위나 도덕적으로 인정되기 힘든 일을 하는 회원들
이 몇 군데 있었다는 것이다. 만약 랑글루아가 FIAF에 계속 남
아 있다면 이러한 행동들은 그에게도 영향을 미칠 수 있다는 것
이다. 랑글루아는 채플린이나 히치콕 같은, 그에게 자신들의 필
름을 기증한 감독들을 전면적으로 신뢰하고 있었다. 예를 들어
채플린이 그에게 자신의 모든 질산염 필름과 네가를 보존해달
라고 했을 때 랑글루아는 다음과 같이 말했다. "오케이. 하지만
하나의 조건이 있어요. 커다란 벙커를 하나 제공할 테니 거기에
모든 필름을 넣고 열쇠로 채운 다음 당신이 직접 열쇠를 가지
고 가세요." 아카이브의 세계에는 참으로 많은 채플린의 프린트
가 돌아다니고 있어서 랑글루아는 혹시라도 그 출처가 의심적
은 프린트가 자신에게서 나온 것이라는 의심을 받고 싶지 않았
던 것이다.

"하지만 다른 이유도 있다"고 그로닉은 말한다. "랑글루아
는 예술가 기질이 강한 인물이고 그래서 의견이 다를 때 그것을
잘 마무리하지 못하는 편이다. 그런데 그는 필름을 구하는 데
있어서는 아주 유리한 위치에 있었다. 특히 미국영화를 구하는
데 있어서는 더 그랬다. MPAA에 소속되어 있는 회사들의 유럽
사무실과 중동 사무실은 다 파리에 본부를 두고 있었고 그들은
랑글루아를 좋아하고 있었다. 그래서 가령 미국영화의 스웨덴
어 자막판이 스웨덴에서 상영이 끝나고 다시 파리의 본부로 돌
아오게 되면 그걸 랑글루아에게 보내기도 했다. 그런데 아카이
브가 없는 나라라면 별 문제가 없겠지만 아카이브가 있는 나라
에서는 자기 나라 자막을 붙인 프린트가 자국의 아카이브가 아
니라 랑글루아에게 간다는 것은 역시 기분이 나쁠 수밖에 없다.
이것이 불화가 생긴 원인 중의 하나가 되었고 우리는 이 문제에
대해 필요 없게 된 프린트가 있으면 몇 벌은 시네마테크에 보내
더라도 나머지는 그 나라의 아카이브에 예치해두라고 해서 이
문제를 해결하려고 했다. 당시는 지금보다 더 많은 프린트를
개봉할 때 사용하던 시절이었다—아주 작은 나라에서도 5벌에
서 많으면 10벌까지 사용하기도 했는데 지금은 한두 개의 프린
트로 해결해버리고 한다. 하지만 근본적인 문제는 다른 아카이
브들이 필름 획득에 있어 얼마나 윤리적인가 하는 문제였다. 프
린트를 구하기 위해 모든 수단을 강구한다는 면에서 그들의 처
지가 30년대의 랑글루아보다 더 나쁜 것은 아니라고 본다. 하
지만 그 사이에 무언가가 바뀌었다. 텔레비전의 출현으로 옛날
영화들의 가치가 올라갔고 점차 예전보다 훨씬 많은 해적판들
이 유통되기 시작했다."

"그렇게 되면서 우리는 몇몇 아카이브들이 프린트를 복사

하는 것에 대해 점점 신경을 쓰게 되었다. 특정한 아카이브를 굳이 언급하고 싶지는 않다. 하지만 나는 다른 나라에서 프린트를 빌린 다음에 이것을 복사하는 서유럽의 아카이브를 여섯 혹은 일곱 군데 정도 꼽을 수 있다. 그들이 이 프린트를 상업적으로 사용하는 것은 아니므로 프린트의 오용誤用은 아니지만 그럼에도 그들이 저작권 소지자에 대한 존경심을 저버리고 있다는 것은 틀림없다."

"게다가 그들은 이 프린트를 영구히 자신들이 소유하고 관리하려고 했다. 랑글루아와 나는 이런 일이 없도록 하려고, 특히 정부가 나중에 우리의 권한을 뺏는 일이 있어서는 안 되겠다는 생각에서, 프린트 장기대여extended loan deposit라는 개념을 생각해내기도 했다. 예를 들어 우리는 메트로 영화사와는 이상적이라고 생각하는 방식의 계약을 맺었다. 그들은 랑글루아에게 그들의 프린트 한 편에 대해 일 년에 1프랑으로 대여해주는 것으로 했다. 그리하여 저작권자의 권한을 합법적으로 남겨두는 것이었다."

그로닉의 이야기 배후에서 랑글루아와 다른 아카이브 간에 기본적인 차이점이 있다는 것을 알 수 있다. 랑글루아에게는 영화의 저작권 소유자에 대해서는 그에 상응하는 존경을 보여야 한다는 믿음이 있었다. 하지만 다른 많은 아카이브들은 저작권이라는 자본주의적인 시스템에 경의를 보여줄 필요가 없다는 태도를 공공연히 드러냈던 것이다. 그들의 입장에서 보면, 위대한 영화들은 이 세계에 속하는 것이고 보고 싶어 하는 사람들은 누구든 볼 수 있어야 한다는 생각이었던 것이다. 게다가 아카이브 중에는 그 이상을 지향하는 곳도 있었다. 그로닉에 따르면 레이몽 보르드는 유네스코의 회의에 참석해(그는 이 회의에

서 동독의 아카이브의 어드바이저 자격으로 참석했다) 만약 어떤 영화
가 어느 한 나라에서 상영되었다면 그것은 이미 그 나라의 문
화유산의 일부가 된 것이므로... 따라서 다른 나라로 옮겨져서
는 안 된다는 이론을 펼쳤다고 한다.

랑글루아는 이에 반대하는 입장이었다. 채플린 같은 인물
에게 자신의 저작권이 없었다면 〈뉴욕의 왕〉이나 〈백작부인〉
같은 후년의 작품을 제작하는 데 필요한 돈을 마련하지 못했을
것이고, 적절히 자신의 영화를 리바이벌 상영함으로써 그 자금
을 나중의 영화제작에 쓸 수 있었다고 보기 때문이다.

랑글루아가 FIAF와 결별한 것에 대한 또 다른 설명은 시
네마테크 스위스의 수장인 프레디 브아슈가 말한 것이다. 그는
랑글루아와 가장 친한 친구이기도 하면서 동시에 랑글루아의
비판자 중의 한 명인 레이몽 보르드(툴루즈 시네마테크)의 친구이
기도 하다.

"그의 FIAF 탈퇴는 그다운 변덕이라고 생각한다. 그는
FIAF에서 자기 방식대로 일을 운영하려 했다. 거기에서 비공식
적인 장을 마련해 자신이 원하는 것을 손에 넣으려 했다. 그의
원칙은 분할한 다음에 지배하는 것이었다. 당시 FIAF는 창립
멤버나 초기 멤버들과 다른 사람들을 맞이해 그 폭을 넓히려고
하던 때였다.* FIAF는 상당히 발전했고 특히 랑글루아가 나간

---

● FIAF는 창설시의 4개의 회원에서 30개 이상의 회원을 갖는 조직으로 커졌
다. 중요한 영화제작국가 중에는 3개의 아카이브를 가진 곳(이탈리아의 경우
에는 밀라노, 로마, 토리노)도 있었다. 우루과이와 같은 작은 나라에서도 2개
의 아카이브가 있었다. FIAF에 참여하고 있는 회원들을 국가별로 보면 아르
헨티나, 오스트레일리아, 오스트리아, 브라질, 불가리아, 캐나다, 중국, 콜럼비
아, 체코슬로바키아, 덴마크, 이집트, 핀란드, 동독, 서독, 헝가리, 이란, 일본,
모로코, 네덜란드, 노르웨이, 페루, 폴란드, 포르투갈, 스페인, 유고슬라비아

다음에 더 발전한 것이 사실이다. 오늘날 FIAF는 더 이상 '영화애호가들'에 의해 만들어진 것이 아니라 오히려 영화기술자들에 의해 만들어진 조직이 되었다. 나는 이것을 비난의 의미로 사용한 것이 아니라 어떤 질적인 변화가 있었다는 것을 말하기 위해 하는 것이다. 1960년의 총회는 참으로 FIAF 역사의 큰 전환점이었다. 랑글루아는 FIAF가 너무도 관료적이 되어 필름을 교환하는 것에 대해 이야기하기보다는 규칙이나 절차를 토의하는 데 더 시간을 많이 쓰고 있다는 인상을 받았을 것이다. 바로 그 순간에 벨기에 시네마테크의 르두가 FIAF 내부에서 일정한 지위를 확보하게 되었다. 랑글루아는 FIAF가 이런 방향으로 간다면 자신은—FIAF의 외부에서—그냥 혼자서 하는 게 좋겠다고 결심을 했다. 그가 총회에서 나갈 때 나는 그를 따라갈 수밖에 없었다. 나는 시네마테크 프랑세즈와 조직적으로 연결되어 있는 입장이었기 때문이다. 그러나 나는 누구도 왜 랑글루아가 FIAF를 떠나야 했는지 그 정확한 이유를 설명할 수 있는 사람은 없다고 생각한다."

"앙리는 불법적인 복사라는 문제에 대해 너무도 신경을 쓰고 있었다. 그리고 나는 그가 자신이 가진 유니크한 컬렉션을 권력을 잡기 위해 사용했다고 말하지 않을 수 없다. 하지만 르두는 점차 FIAF 모임에서 중요한 인물이 되었으며 결국은 랑글루아로부터 FIAF를 빼앗으려고 하는 인물이 되었던 것이다. 나는 불법적으로 프린트를 거래하는 많은 시네마테크가 있다는—있었다는—것을 알고 있다. 벨기에가 그중의 하나였다고 생각하지는 않는다. 르두는 저작권을 존중했다. 하지만 일이란

등이 있었다.

것은 자신의 의지에 어긋나는 방향으로 전개되는 경우가 많다. 내가 정직하다고 생각한 사람에게 프린트를 빌려주었는데 엉뚱하게도 나중에 내가 트러블에 엮이게 되는 일도 있었다. 그것은 우연히도 채플린 영화였다. 동유럽의 시네마테크들은 채플린의 〈파리의 여인〉의 해적판을 유통시키면서 그 대가로 자신들이 희망하는 영화를 달라고 하기도 했다. 하지만 나는 이러한 문제가 이 분열의 진정한 원인이라고 생각하지는 않는다."

"내가 기억하기로는 그 총회의 초반부터 르두와 랑글루아 사이에 서로 가시 돋친 대화가 오갔다. 랑글루아는 자신의 서류를 다 챙기더니 제스처와 함께 '이런 상태로는 나는 FIAF를 떠날 수밖에 없다'고 했다. 우리들 중 몇몇이 그를 따라 나왔는데 그것은 나와 도쿄의 가와키타 부인과 이스트만 하우스의 제임스 카드였다. 우리는 걸어 나가면서 '앙리가 옳다'고 생각했다. 하지만 꼭 그렇지만은 않다는 생각도 한 편으로 있었다. 그는 이전에도 퇴장하겠다고 위협한 적이 있었으며 이 1960년의 경우에 그는 누군가가 돌아와 달라고 하면서 쫓아오기를 기대했던 것도 사실이라고 생각한다."

"하지만 그렇게 하는 사람은 없었다. FIAF의 사무담당인 마리옹 미셸은 FIAF가 시네마테크로부터 완전히 독립적이지는 않다고 느끼고 있었다. 미셸 부인은 자신이 FIAF의 어떤 문서에는 접근할 수 없다고 하면서 이러한 것은 문제가 된다고 하면서 항의했다. 그리하여 스톡홀름 총회 후에 집행위원회는 모임을 가졌고 여기서 투표를 통해 랑글루아에 대한 불신임을 통과시켰다."

브아슈는 계속 말했다. "하지만 FIAF와의 결별이 그에게 큰 타격이었다고 생각하지는 않는다. 그와 시네마테크의 위신은 참으로 큰 것이어서 다른 모든 아카이브들은 그와 필름 교환에 관한 합의서를 체결해놓은 상태였다. 오히려 나와 같은 사람들이 훨씬 힘든 입장에 있었다. 스위스 시네마테크는 FIAF의 모든 멤버들과 단절되게 되었고 기댈 곳은 랑글루아밖에 없는 상황에 빠진 것이다. 하지만 그는 함께 일하기가 쉽지 않은 사람이다. 말하자면 나는 고립되었지만 그는 고립되지 않은 상태인 것이다. 특히 동유럽 국가들에 대해서 더욱 그랬다. 그들의 눈에는 파리의 위신은 참으로 대단한 것이어서 모두 필름을 랑글루아에게 보냈지만 나에게 보내는 경우는 전혀 없었다. 한번은 나는 러시아인들에게 필름을 빌려달라고 요청했었다. 그들은 '당신은 FIAF 멤버가 아니지 않는가. 당신이 FIAF에 돌아온다면 그때 정식으로 관계를 맺을 수 있을 것이다'고 하는 것이다. 그러면서도 그들은 여전히 랑글루아에게는 필름을 보내고 있었다."

"결국 나는 랑글루아에게 내가 그나 가와키타 부인이나 제임스 카드와 같은 입장에 있지 않다는 것을 설명해야만 했다. 나는 스위스에 혼자 있으며 르두를 포함한 모든 사람들이 나와 거래하기를 거부하고 있다. 나는 랑글루아에게 말했다. '나는 다른 아카이브들과 관계를 가져야 한다. 나는 당신과 같은 입장이 아니다. 아무도 로잔느에 있는 나에게는 관심이 없다. 나는 FIAF에 돌아갈 수밖에 없다.' 그는 말했다. '그렇게 해. 나는 문제 없으니까.' 거기에다가 그는 나름 마키아벨리적인 데가 있어 내가 FIAF로 돌아간다면 자신과 FIAF 사이에 아주 적절한 중개역이 될 수 있다고 생각한 것 같다."*

---

* 나는 실제로 랑글루아가 1961년 총회에 대해 다음과 같이 말한 것을 기억

"레이몽 보르드는 나의 개인적인 친구였다. 나는 그가 50년대에 툴루즈에서 시네마테크를 시작한 것을 보고 거기에 가서 그와 에티엔느 쇼메통(이 두 사람들은 미국의 필름 느와르를 처음으로 정의하고 찬미한 책을 함께 쓰게 된다)을 만났고 이들이 랑글루아와 연락하도록 했다. 그런데 그 이후의 그들의 관계에 대해 내가 뭐라고 말하기가 불편하다. 랑글루아와 보르드는 서로 상대방이 자신의 필름을 훔쳐갔다고 하면서 비난하고 있다. 서로가 상대방에게 필름을 맡겼는데 둘 다 돌려주지 않은 것이 아닌가라고 짐작을 할 뿐이다."

"보르드는 처음에 랑글루아에 대해 상당한 존경심을 가지고 있었다. 나는 그가 랑글루아나 메리 미어슨을 위해서라면 무슨 일이라도 할 것 같은 시절을 기억한다. 그는 정말로 시네마테크 프랑세즈에 대해 헌신적이었다. 하지만 그가 어느 정도 권위를 얻었다고 생각하면서, 그리고 FIAF의 프랑스 멤버로서 자신이 시네마테크 프랑세즈를 대체할 수 있다고 생각하면서, 아주 고약한 태도를 보이기 시작했다. 거기에는 분명 증오가 있음에는 틀림없는 것이지만 그것은 차라리 애증에 가까운 것이라고 생각한다. 나는 항상 여기에 거대한 열정이 있다고 생각한다. 하지만 나는 보르드가 랑글루아에 대한 증오를 표현한 방식은 너무 거친 것이었다고 생각한다. 그것이 물론 그에게는 열정일 수 있겠지만 말이다."

"총회에 대해 다시 말하자면 나는 랑글루아가 FIAF를 다른 방식으로 조직하려는 르두에 대해 위협을 느끼고 있었다고 생

한다. "그 총회는 내가 없음으로 해서 더 눈에 띄게 될 거야. 거기에다가 내 스파이가 있으니까 더 그렇지."(리차드 라우드)

각한다. 그리하여 뭔가 구실을 찾아서—정확히 무엇인지는 생각이 나지 않는다—그는 '나는 떠날 거야'라고 말했다. 하지만 그들이 자신을 말릴 것이라는 기대도 하면서 말이다. 르두는 보다 잘 짜여진 조직을 원했다—랑글루아 시대에는 사실 조직이라고 할 것이 없었다. 항상 그때그때의 기분에 따라 운영되었다고 해도 과언이 아니다. 르두는 카탈로그의 문제나 보존의 방법론 등에 대해 문제를 제기했는데 이것은 랑글루아가 별로 심각하게 생각하지 않은 문제였으며 생각했다고 해도 르두처럼 테크노크라트적인 방식은 전혀 아니었다. 어쨌든 랑글루아가 떠난 것은 FIAF의 전환점이 된 것은 틀림없다. 이제 그것은 더 이상 '영화광'들의 모임이 아니게 된 것이다."

"나는 랑글루아를 사랑하는 사람이지만 그럼에도 때로는 정말 견디기 어려울 때가 있다. 그는 변덕이 심해 마치 버릇없이 자란 아이 같은 데가 있다. FIAF는 권위가 있는 국제적인 조직이 되길 원했지만 이것이 그에게는 불편했다. 이들은 FIAF의 정관을 프랑스 정부에 제출하기를 원했다—물론 이건 랑글루아는 반대하는 것이었다. 이들은 FIAF가 보다 엄격한 조직이 되기를 원했다."

"이 모든 것을 다시 시작한다면 어떻게 하겠냐고? 물론 그래도 나는 랑글루아와 함께 떠났을 것이다. 내가 가진 모든 것은 랑글루아에게 빚진 것이며 어떤 의미에서는 그가 FIAF를 테크노크라트의 조직이 아니라 친한 사람들이 모인 단체로 두고 싶었던 것은 맞는 것이라는 생각도 든다. 나는 1972년이 되어서야 FIAF로 돌아갔다."

랑글루아의 탈퇴와 함께 FIAF의 창설멤버들은 다 떠난 셈이 되었다. 올웬 본은 전쟁 중에 이미 BFI를 떠났다. 프랑크 헨젤은 개인적인 삶으로 돌아갔다. 아이리스 배리는 종신 명예회장이라는 직함을 받았지만 그녀는 1951년에 뉴욕 현대미술관에서 은퇴했다. 그녀는 자신이 불치의 암에 걸렸다고 생각했고 유럽으로 돌아가 죽으려고 마음을 먹었다. 하지만 운명은 그녀가 예상했던 것보다는 친절한 것이어서 그녀는 1969년까지 살았고 남프랑스의 파양스에서 타계했다.

그녀의 말년에 나는 그녀를 종종 만날 기회가 있었다. 한번은 런던에서 그녀와 조셉 로지 부부와 저녁을 먹은 적이 있었다. 식사가 진행됨에 따라 그녀는 약간 술기운이 올라온 것 같았다. 그녀는 말했다. "나는 앙리를 배신했어. 그는 내 친구였는데 말이야. 하지만 어쩔 수 없었어. FIAF가 더 중요한 것이었으니." 그녀는 스톡홀름의 총회에 참석한 적이 없으니 나로서는 그녀가 말하는 '배신'이 무엇인지는 확실히 알 수는 없었다. 하지만 명백히 그녀가 랑글루아에 대해 죄책감에 비슷한 감정을 가지고 있는 것은 틀림없어 보였다.

마가레타 아커마크가 말한 바에 따르면 랑글루아는 파양스에 있는 아이리스 배리의 무덤에 기념비를 세우려고 했다고 한다. 결국 이 일을 성사시키지는 못했지만 그가 시도를 했다는 것은 틀림없다. 뉴욕의 현대미술관에는 어디에도 배리의 업적에 합당한 모뉴먼트가 전혀 없다. 아커마크는 미술관의 상층부 인사들에게 말해 영화부문의 스터디 센터에 배리의 이름을 넣으면 어떻겠느냐고 설득해보려 했다. 하지만 미술관에 재정적인 기부를 한 사람에게만 그런 특권이 부여된다는 대답을 들었다고 한다. 아이리스 배리가 그처럼 그녀의 인생에서 큰 부분을 바쳤다고 하는 것은 여기서는 별 관계가 없는 것으로 여겨진다는 것이다.

시네마테크가 FIAF와 가진 연결이 끊어질 무렵 파리에서는 새로운 시대가 열렸다. 아마도 시네마테크의 역사에 있어 가장 빛나는 7년간이라고 할 만한 것이 시작되는 것이다.

내가 랑글루아와 보낸 시간 중 가장 즐겁고 충실한 것은 레스토랑에서 함께 보낸 시간이었다. 그의 사무실에서 이야기하는 것은 그리 즐거운 것이 아니었다. 전화가 거듭 울리고 항상 작은 소란이 있었다. 결국 나는 파리에 와서 랑글루아와 만나는 가장 좋은 방법은 점심 식사를 함께 하는 것이라는 걸 알게 되었다.

60년대 초에 우리들은 쿠르셀 가의 사무실 근처에 있는 르비니라는 식당에 자주 갔다. 그곳은 아주 즐거운 곳으로 거기 사람들은 랑글루아를 항상 환대를 해주었다. 하지만 그곳에 가기 전에 항상 《프랑스 스와르》의 이른 판을 산다는 의식이 있었다. 전갈자리인 랑글루아는 매일 거르지 않고 점성술 칼럼을 읽었다. 그가 이것을 얼마나 믿고 있는지는 알 수 없었다. 그는 신문에서 얼굴을 든 다음 낮은 신음소리를 낸다. "내가 맞았어. 시네마테크에는 틀림없이 스파이가 있어." 때로는 그는 슬픈 듯이 신문을 아래로 내리면서 말하기도 했다. "이 여자는 감을 잃은 것 같아. 이 칼럼니스트 말이야. 오늘 이야기는 전혀 맞는 게 하나도 없군." 내가 생각하기에는 랑글루아는 자신이 이미 알고 있는 것이나 생각하고 있는 것을 확인하기 위해서만 점성술을 사용한 것 같다. 점성술을 믿느냐 아니냐에 상관없이 점성술에 어울리는 타입이라 할 수 있는 사람이 있다. 랑글루아는 흔히 전갈자리의 특징이라고 하는 것에 잘 들어맞는다. 즉 직관적이고 자존심이 세며 격렬한 성격을 가지고 있다. 전갈자리는 특별히 격렬한 개인주의자이며 반항적인 타입이고 쉽게 화를 내며 폭력적인 경향이 있다.

한번 상대가 좋은 사람이라고 생각하면 모든 것은 바뀐다. 상당히 상대를 의심하고 있는 경우에도, 일단 상대를 인정하면 그는 충직하고 관대한 사람이 된다. 그리고 음식은 그의 기분을 진정시켜주었다. 그의 큰 체격에서 상상할 수 있듯이 그는 정말로 많이 먹었다. 하지만 랑글루아가 아니라 다른 비만형의 인간이라면 아마도 불쾌감을 느끼거나 혐오감을 느낄 수 있는 경우에도, 그의 경우에는 그 대화가 주는 흥분 때문에 그가 뚱뚱한 사람이라는 것을 거의 의식하지 못하게 된다.

랑글루아가 예전에는 그렇게 바짝 마른 편이었는데 점차 살이 찌게 된 것에 대해서는 여러 이론들이 있다. W. H. 오든은 그럴듯한 설명 중의 하나를 제공해준다. "남성의 비만은 성적인 경쟁에서 탈락하고 싶다는 생각, 그리고 자신의 내부에서 모친과 아이를 결합시킴으로서 감정적으로 자족하고 싶다는 생각이 육체적으로 표현된 것이다. 그리스인들은 나르시스를 마른 젊은이로 생각했지만 나는 이것은 틀린 생각이라 본다. 나는 그를 배가 나온 중년사내라고 본다. 그는 이것을 공적으로 드러내는 것에 대해 부끄러워하지만 개인적으로는 자신을 깊이 사랑하고 있다. 얼핏 보면 자신을 내세우지 않는 아이처럼 보이지만 그는 혼자서 모든 것을 견디고 있는 것이다."[2] 반면,《선데이 타임스》(1980년 4월 6일)에서 오든의 이 말을 인용했던 갓프리 스미스는 살찐 사람들 중에는 비만을 선택함으로써 미리 자신의 죽음을 선택하는 사람들이 있다고 말하고 있다. 하지만 어떤 심리학자들은 비만이 '영양의 오르가즘'에 기인하는 것이라고 생각한다. 음식이 섹스를 대신하고 있다고 말하는 것이다.

점심을 먹으면서 그가 내게 던지는 첫 질문은 항상 "내게 해줄 재미있는 가십이 있어?"였다. 나는 그가 FIAF와의 트러블 이전에는 어떠했는지 모르지만 그 이후에 그를 만나면 항상 BFI에서 무슨 일이 벌어지고 있는지 궁금해했다. 특히 그의 호적수인 어네스트 린드그렌이 무엇을 하는지(혹은 무엇을 하지 않고 있는지)를 알고 싶어 했다. 이런 작은 뉴스들을 랑글루아는 아주 중요하게 여기는 편이어서 나는 그를 만나기 전에 항상 머릿속에 간단한 리스트를 만들곤 했다. 내가 "글쎄요, 특별히 변한 것은 없어요"라고 하면 그가 실망할 것이 틀림없었기 때문이다.

내가 파리를 방문하는 목적은 대개 내셔널 필름 씨어터에서 상영할 프로그램에 대해 도움을 요청하는 것이었다. 하지만 이러한 질문은 메인 코스가 끝나고 디저트를 주문한 다음에야 가능했다. 일이 항상 순조롭게 진행되지는 않았다. 그가 특정한 프로그램에 대해 나를 도와주기로 동의하고 그의 머릿속에 있는 순간검색시스템으로 프린트가 어디에 있는지 확인한 다음에도 내가 언제 프린트를 보낼 수 있는지 아니면 어떻게 보낼 것인지를(외교행낭을 이용할 것인지, 비행기로 보낼 것인지, 수출입 허가나 세관을 통과하는 절차를 피하기 위해 침대차를 이용할 것인지 등) 따지고 물으면 짜증을 내고는 했다. 비록 그는 내가 미국인이라는 걸 잘 알고 있었지만 (아니 그렇기 때문에 더) 내게 짜증이 나면 곧잘 "당신네들 영국인들은 말이야..."하면서 이야기를 시작하곤 했다. 물론 내셔널 필름 씨어터는 시네마테크처럼 운영되지는 않는다. 우리의 관객들은 실제로 상영된 영화가 예고된 영화인 것에 오히려 깜짝 놀라도록 훈련된 관객들은 아니다. 우리는 4주 혹은 6주 전에 상영할 영화제목 및 날짜, 입장권을 예약

하는 양식까지 들어간 소책자를 발송해야 했다. 랑글루아는 이런 것을 고려하는 것을 머릿속에서 거부하는 사람이다. 하지만 파리에서는 일주일 전에 상영작품을 공지하며 그의 관객들은 무엇을 상영하든 (불만을 품지 않고) 그것을 기대하도록 훈련이 된 관객들이다. 내가 그의 도움을 받을 수 있는 유일한 방법은 그저 아이처럼 부탁하는 수밖에 없었다. "이건 내 잘못이 아니오. 나는 그들을 위해 일할 수밖에 없어요. 그들 방식에 맞추어 일을 해야만 해요." 이것이 그의 잠재적인 부성본능을 일깨우기도 한다. 그는 반은 경멸하듯이, 반은 안심시키려는 듯이 말한다. "걱정하지 마. 시간 내에 프린트를 받을 수 있을 테니." 그러다가 우리는 필름을 받게 된다—대체로 아슬아슬하게. 하지만 어쨌든 시간에 맞춰 받은 것은 사실이다.

이처럼 점심을 먹는 의식은 변하지 않았지만 식당은 중간에 바뀌기도 했다. 한 번은 그냥 자동적으로 르 비니로 향하려고 했지만 랑글루아가 말했다. "아냐, 거기 가지마. 거긴 질이 떨어졌어. 이제는 쿠르셀로 가." 나는 그곳이 더 낫다는 인상은 받지 못했다. 나중에 케네스 앵거가 왜 랑글루아가 9개월에 한 번 정도로 식당을 바꾸는지에 대해 이야기를 해주었다. 그는 식당에서 바로 계산하지 않고 항상 자기 계정에 달아놓으라고 했다. 그런데 나중에 청구서가 날아오면 그는 항상 돈이 부족하곤 했다. 재미있는 것은 그는 이 돈을 결국은 다 완납하긴 하지만 이렇게 외상값이 생기게 되면 그 가게에 더 이상 가지 않는다는 것이다. 그는 청구서의 금액이 너무 높은 것, 그리고 이미 먹어버린 음식에 대해 계속 신경 써야 한다는 것에 대해 (전혀 합리적인 이유라고 할 수 없지만) 분개했던 것이다.

사실 그는 거의 항상 현금을 전혀 가지고 다니지 않았다.

만약 그와 내가 어딘가 특별한 곳에(그가 외상을 할 수 없는 곳) 가게 되면 사무실을 나설 때 메리가 달려와 그의 상의 주머니에 백 프랑짜리 지폐 몇 개를 집어넣어주곤 했다. (그녀가 우리와 함께 가는 경우는 거의 없었다. 그녀는 우리들을 사무실에 남겨두거나 아니면 앙리가 없는 시네마테크에 혼자 있으려고 했다.)

큰 규모의 프랑스영화 특집을 한 일 년 후인 1961년 가을에 나는 런던에서 비스콘티 회고전을 기획했다. 대부분의 프린트는 영국 내에서 조달했지만 〈센소〉의 경우에는 문제가 있었다. 영국에서 구할 수 있는 유일한 프린트는 〈조신하지 않은 백작부인The Wanton Countess〉이란 제목으로 단축판인 데다가 더빙판이었다. 앙리가 다시 도움을 주었다. 그는 말했다. "베니스 영화제에서 코멘치니와 밀라노 시네마테크에 수배를 해놓을 테니 걱정하지 말아." 실제로 그렇게 되었다. 나는 간단한 메시지를 받았는데 그것은 내가 베니스에서 런던으로 돌아오는 기차에서 밀라노에 도착할 때까지 깨어 있기만 하면 된다는 것이었다. 실제로 도착하는 곳은 밀라노의 중앙역도 아니었다. 왜냐하면 심플론-오리엔트 급행은 밤에 운행할 때는 교외에 있는 역에 정차하기 때문이다. 그 정차역인 밀라노-람브라테에서 내가 창문을 열면 필름 캔이 들어올 것이라는 것이다. 이건 내게는 참으로 이상한 약속처럼 느껴졌다. 나로서는 프린트가 거기 제때 도착할지도 확신할 수 없고 게다가 프린트를 가져온 사람이 그 짧은 정차시간에 날 찾을 수 있을지도 의심스러웠다. 하지만 역에 들어서서 내가 창문을 열자 나는 텅 빈 플랫폼에 한 사내가 열 개 정도의 필름 캔을 옆에 두고 있는 것을 보았다. 그는 그것을 들어 올려서 내게 넘겼고 나는 그것들을 화물을 싣는 그물망에 올려놓았다. 그렇게 해서 오리지널판 〈센소〉를 무사히 런던까지 가지고 갈 수 있었다.

1962년에 이르면 우리는 이미 두 개의 식당을 거쳤고 라 사 브와<sup>La Savoie</sup>라는 곳으로 승격했다. 이곳은 전에 우리가 갔던 곳에 비하면 상당히 좋은 식당이었다. 바로 거기에서 내가 런던에서 한 세 개의 가장 큰 프로그램을 기획할 수 있었다. 첫째는 프리츠 랑의 회고전이며 둘째는 장 르누아르의 완전한 회고전이고 셋째는 약간 비의적이지만 그럼에도 매력적인 프로그램으로 '도브첸코와 30년대 소비에트 영화'였다. 다시 한 번 랑글루아의 가능한 한 모든 것을 모은다는 원칙이 귀중한 결과를 만들어냈다. 도브첸코의 초기 유성영화 중에는 〈이반〉이란(〈이반 뇌제〉나 〈이반의 어린 시절〉과 혼동하지 않기 바란다) 작품이 있었는데 관련 문헌에 따르면 그리 성공적인 영화가 아니었던 것으로 보인다. 하지만 어쨌든 랑글루아는 러시아로부터 이 영화를 입수했다. 영화를 보니 왜 당시 사람들이 좋아하지 않았는지가 이해가 되는—플롯이나 구조의 면에서 문제가 있었다—작품이었지만 그럼에도 대단히 아름다운 작품이었다. 그리고 랑글루아 덕에 우리는 (고인이 된 로버트 바스<sup>Robert Vas</sup>와 함께 기획했다) 30년대의—러시아의 영화사에서 그리 대단한 시대로 여겨지지 않는 시대이다—미지의 걸작들을 발견할 수 있었던 것이다.

르누아르 회고전을 준비하는 것은 아주 재미있는 일이었다. 우리는 전설적인 마담 드와넬*을 상대해야 했는데 그녀는 프랑스에서 르누아르의 모든 작품에 대한 권리를 관리하고 있었다. 그녀는 프로쇼 거리에 있는 르누아르의 집에 살고 있었

---

● 트뤼포는 그의 '안트완느 드와넬' 시리즈에서 장-피에르 레오가 맡은 인물의 이름을 그녀의 이름에서 따온 것이다. 〈4백번의 구타〉, 〈도둑맞은 키스〉 등등.

다. 르누아르의 이 집만큼 예술가의 집으로서 잘 어울리는 곳도 아마 없을 것이다. 이 집은 언덕 위의 반원을 그리는 거리에 위치하고 있었는데 바로 근처 '누드 쇼'가 펼쳐지는 피갈 거리와는 막다른 길로 인해 그 연결이 끊어진다. 이 작은 '거리'에 있으면 파리에서 수마일 떨어진 어느 시골에 와 있는 기분이다.

물론 랑글루아는 나만 도와주고 있었던 것은 아니다. 윌름가의 영화관을 운영하는 것 외에도 그는 여러 필름 아카이브의 회고전을 조직했으며 칸느와 베니스의 회고전도 기획해주었다. 1962년에 그는 칸느에서 초기 미조구치 영화를 묶어서 상영했는데 많은 비평가들에게 이 프로그램은 영화제의 하이라이트였다.

랑글루아는 또한 내가 내셔널 필름 씨어터에서 했던 '비엔나 학파School of Vienna'라는 프로그램을 도와주었다. 이 기획의 아이디어는 오스트리아라는 나라가 특별히 대단한 영화적 성과물을 갖고 있는 것은 아니지만 놀랄 만큼 많은 수의 위대한 감독들이 비엔나라는 도시에서 태어났거나 자랐다는 사실에서— 스트로하임, 랑, 파브스트, 스턴버그 등—출발한 것이다. 게다가 이들의 재능은 다 개별적인 것이지만 그럼에도 배경에는 공통된 세계관이 보인다는 것이다. 사멸해가는 오스트리아-헝가리 제국에서 나온 것으로 보이는 시니시즘, 바로크적인 것이나 퇴폐적인 것에 대한 매혹 등이 있고 게다가 스트로하임과 스턴버그의 경우에는 약간 변태적인 에로티시즘의 감각이 있다. 대부분의 프린트는 시네마테크에서 왔으며 특히 나는 사운드를 집어넣은 〈웨딩 마치〉를 상영할 수 있어서 정말 기뻤다. 이것은 영국에서 처음 상영하는 것이었다.

그는 내가 빌리려는 영화들을 항상 인정해주는 쪽은 전혀 아니어서, 대개 나의 '영국적인' 취향을 한참 질책한 다음에, 슬그머니 빌려줄 것을 승낙하곤 했다. 그리고 그는 자주 내게 보았으면 좋겠다는 영화가 있다고 말했고 이 영화들의 상영을 해주겠다고 했다. 그런데 문제는 상영이 원래 예정대로 되는 경우가 별로 없었다는 것이다. 한 번은 소비에트 영화를 기획할 때 나와 로버트 바스는 무려 4일 연속 영화를 보지도 못하고 시간을 낭비한 적이 있었다. 낙담한 바스는 그냥 런던으로 돌아가는 게 좋겠다고 내게 말했다. 우리는 결국 영화를 보지 못할 것 같다고 그는 말했다. 나는 말했다. "너무 실망하지 말자. 조금 기다려보자고." 그래서 결국 우리는 보아야 할 영화를 다 볼 수는 있었다. 이틀에 걸쳐 우리는 아침 10시부터 밤 9시까지 꼼짝도 하지 않고 영화를 보아야 했던 것이다. 우리 입장에서는 이 상영을 5일 정도에 걸쳐 해주었다면 얼마나 좋았을까 생각했다—그렇다면 영사기사에게 주어야 하는 추가의 비용도 들지 않았을 것이니 랑글루아에게도 좋았을 것이다. 하지만 그는 결코 이런 식으로 일하지 않았다. 말하자면 일부 저널리스트들이 그렇듯이 그는 마감시간이 다가와야만 일을 할 수 있는 그런 인물이었다. 마감이 다가오면 그때부터 아드레날린이 분출하고 여기저기 전화를 해서 일을 빨리 전개시킨다.

이와 비슷하게 그는 어떤 편지에 대해서도 좀체 답장을 하지 않았다. 무엇보다도 그는 자신의 글로 흔적을 남기는 것을 아주 싫어해서 마치 이 흔적들이 "그를 추궁하는 데 사용될 수 있다"고 믿는 것 같았다. 거기에다 그는 이탈리아인과 같은 태도를 가지고 있었다. 정말로 다급한 일이라면 전보를 치거나 전화를 하겠지 하는 태도 말이다. 그가 편지를 쓰는 것을 꺼리는 또 다른 이유로는 비서에게 이를 받아쓰게 하는 경우에도 타자기가 아니라 반드시 손으로 쓰도록 해야 했기 때문이다. 비서가 써나갈 때 어깨 너머로 쓰는 내용을 계속 확인해야 하기 때문이었다.

1962년 랑글루아는 멜리에스의 그림, 세트, 스틸 사진의 전시회를 루브르에서 했다. 다음이 메리가 줄곧 하는 말이었다. "우리들이 드디어 루브르에서 전시를 하게 된 거예요." 명목상으로는 그녀의 말은 틀린 것은 아니다. 전시회는, 정확히 말하자면, 루브르 박물관이 아니라 루브르 궁전의 한 건물인 장식 박물관에서 하는 것이었다.

전시회가 열리기 전날 나는 진행상황을 보러 갔다. 심야에 랑글루아는 약간 뒤로 물러서서 가운데의 전시실을 한참 쳐다보고 있었다. 그러다가 갑자기 선언했다. "처음부터 다시 해야겠어. 전부 다 잘못됐어." 나는 그가 미쳤다고 생각했다. 내게는 전혀 문제가 없는 것으로 보였다. 목수들과 다른 기술자들은 표정이 어두워졌다. 이들은 밤새 일해야 된다는 것을 깨달았기 때문이다. 다음 날 오전 11시에 전시회는 오픈할 예정이었다. 그 시간에 다시 전시회에 간 나는 현장에 들어가는 순간 랑글루아가 옳았다는 것을 인정하지 않을 수 없었다. 새로운 배치가 전날 밤에 본 배치보다 훨씬 더 효과적인 것을 알았기 때문이다. 미술평론가인 아네트 마이클슨은 이 전시회에 대해 이렇게 썼다. "내가 지금까지 본 최고의 전시회 중 하나일 것이다. 창의적인 내용으로 사람들을 경탄하게 하는 라이프 워크의 재구성을 이룩했으며, 그 안을 걷고 있으면 마치 정령과 변신들로 가득 찬 숲속을 걷는 것 같다."[3] 하지만 이 경우에도 랑글루아는 바로 자신이 원하는 것을 해내지는 못한 것이다. 역시 이번에도 그에게는 마감시간이 필요했던 것이다.

랑글루아와 메리 미어슨에게 있어 새로운 재능을 발견하는 것만큼 기쁜 일은 없었다. 많은 젊은이들이 자신들의 16밀리 필름을 가지고 시네마테크의 사무실에 찾아왔으며 그럴 때마다 항상 이 영화들을 영사해서 보았다. 물론 누군가의 소개를 받고 오는 경우에는 더 관심을 가지고 보기도 했다. 1962년에 네스토르 알멘드로스라는 쿠바 출신의 망명자가 랑글루아를 만나러 왔다. 하바나 필름 클럽을 쿠바의 시네마테크로 바꿀 때 랑글루아가 원조를 한 적이 있었고 그는 그때 랑글루아를 만난 적이 있었다. 알멘드로스는 2, 3년간 파리에서 '가짜 학생'으로 살았다. 그는 용기를 내서 쿠바에서 몰래 가져온 그의 영화 〈해변의 사람들Gente en la Playa〉을 가지고 그를 만나러 갔다. 쿠르셀 가의 건물에서 사적인 시사회가 열렸다.

메리 미어슨이 판정을 내렸다. "이건 시네마 베리테로군." 그녀는 바로 이 '운동'의 리더인 장 루슈에게 전화를 했다. 하지만 그는 아프리카에 체재 중이었다. 나중에는 그는 내 영화를 보고 마음에 든다고 했다. 게다가 인류박물관에서 상영하는 영화 중에 넣어주기도 했고 피렌체에서 열리는 민족학 페스티벌에 초청해주기도 했다. 파리에 돌아온 나는 나의 시대가 왔다고 생각했고 조만간 프랑스 영화계에서 일하게 될 것이라고 기대했다.[4]

하지만 이것은 그렇게 간단히 되지는 않았다. 2년 내에 네스토르 알멘드로스는 옴니버스 영화인 〈파리 여기저기Paris Seen by...〉의 장 두세와 에릭 로메르의 에피소드에서 조명을 맡으면서 프랑스 경력을 시작했다. 그때부터 그는 로메르의 모든 영화의 촬영을 맡게 되었고 나중에도 트뤼포의 영화도 촬영하기 시작했으며 테렌스 맬릭의 〈천국의 나날들〉의 촬영으로 국제적인 명성(과 오스카상)을 획득했다.

　내가 랑글루아를 존경하며, 심지어 사랑한다고까지 말해도 된다고 생각하지만, 내가 그를 위해 일할 수 있다고는 생각해본 적이 없다. 물론 그와 함께 일하는 것은 가능하다. 시네마테크에서 그의 아래에서 일한다는 것은 개인적인 생활을 완전히 포기한다는 것을 의미했다. 앙리가 당신을 필요로 할 때 항상 그의 곁에 있어야 한다. 그 자신이 개인적인 생활이란 걸 가지고 있지 않았다. 그와 메리는 온전히 시네마테크만을 위해 사는 것이나 다름없었으며 그들은 다른 사람들은 다를 수 있다는 것을 이해하지 못했다. 앙리도 내가 느끼는 것을 알고 있었을 것이며, 그가 오랫동안 나를 위해 여러 가지 것들을 해주었지만, 그의 곁에서 일을 할 수는 없을 것이라고 알고 있었던 것 같다. 결국 그는 내게 일을 해보겠느냐고 제안을 하지는 않았다. 적어도 나는 그가 그런 제안은 한 적이 없다고 생각한다. 60년대 중반에 한 번 그는 내게 BFI에서 얼마를 받고 있는지 말해줄 수 있느냐고 물어본 적이 있었다. 나는 그에게 대답을 했고 그는, 마치 머릿속에서 어떤 생각을 지워버리려는 듯이, 고개를 흔들었다. 그 시점에서 그는 내게 그와 함께 일해보지 않겠냐고 말하려고 했던 것일까? 물론 그럴 수는 있다. 그가 고개를 흔든 것은 내가 이미 알고 있는 것을 확인한 것에 지나지 않는 것이다. 즉, BFI에서의 급료가 아주 대단한 것은 아니지만 랑글루아가 내게 줄 수 있는 것보다는 훨씬 높다는 것 말이다.

　물론 때때로 나는 랑글루아와 점심이 아니라 저녁을 먹기도 했는데 그럴 때면 메리도 함께 오곤 했다. 그리고 그녀는 우리의 대화를 리드하려고 했다. 랑글루아가 내게 부성적인 역할을 했다면 메리는 우리 두 사람에게 모성적인 역할을 했다고 할 수 있다. 하지만 1962년 이후로는 이런 모든 대화는 새로운 발전의 계획에 대해 말하는 것에 온전히 바쳐졌다. 샤이요 궁에 새로운 극장을 여는 것에 대해 말하게 된 것이다. 윌름 가의 극장을 계속 유지하면서 두 번째 극장을 열기로 한 것이다. 이제 하룻밤에 세 편의 영화 상영을 기획해야 하는 것이 아니라 여섯 편의 영화의 상영을 생각해야 하는 것이다. 샤이요의 새로운 극장은 시네마테크의 단골고객들뿐 아니라 새로운 고객들에게 만족을 줄 수 있는 것이 되어야 했다. 식사를 하는 것은 이 두 사람에게서 최고의 것을 끌어내는 기폭제가 되는 것 같았다. 오래된 문제의 해결책이 나오는가 하면 새로운 아이디어가 떠오르기도 한다. 모든 것들은 랑글루아와 메리가 생각하기에 시네마테크의 역사에서 전환점이 될 수 있는 것에 의해 지배되어야 하는 것처럼 보였다.

# 8

## 국가 대 앙리 랑글루아

1963년 6월 샤이요 궁에 새롭게 단장한 시네마테크의 멋진 홀이 오픈했다. 이 궁전의 초석은 나폴레옹에 의해 다져진 것인데 이 홀은 마침 그 자리에 세워진 것이다.

이 장소를 확보할 수 있었던 것은 메리의 수완 때문이라고 랑글루아는 생각했다. 첫째로는 메리가 1937년에 이 건물을 설계했던, 영향력 있는 건축가인 칼뤼 씨를 잘 알고 있다는 것이다. 하지만, 메리가 아무리 힘을 쓴다고 하더라도, 드골 정부의 문화부 장관인 앙드레 말로의 도움이 없었다면 홀을 건축하는 데 드는 비용을 정부로부터 염출해낼 수는 없었을 것이다.

오프닝은 참으로 성대한 것이었다. 공화국의 근위대가 홀과 계단에 정렬했다. 복도에는 지노 세베리니의 그림, 페르낭 레제의 태피스트리, 장 아르프의 조각 등이 배치되었다. 포스터는 빅터 바사렐리가 디자인했다. 그리고 후안 미로가 만든 휘장이 현장에 배치될 예정이었지만 아쉽게도 제때 도착하지 못했다.

샤이요 궁에 상영관을 마련한 것의 중요성은 절대 과소평가될 수는 없다. 첫째로는 시네마테크가 카르티에 라탱의 보헤

미안적인 분위기에서 벗어나 세느 강 우안에 오게 된 것이며,
두 번째로는 이제 시네마테크가 국가적인 모뉴먼트 안에 자리
를 잡게 됨으로써 그 자체도 국가적인 어떤 것으로 기능하기
시작했다는 점이다. 마지막으로는 녹색의 사과를 떠올리게 하
는 멋진 카페트가 깔린 상영관은 파리에서 가장 편안한 의자,
거대한 스크린, 최신의 영사시설(16밀리, 35밀리, 70밀리)을 갖추
어 시네마테크에서 상영하는 영화들의 가치에 합당한 장소가
되었다. 여기는 윌름 가의 극장보다 훨씬 커서 4백30석의 좌석
이 있었다. 50석에 불과했던 메신느 거리에 비하면 천양지차라
할 만하다. 하지만 나중에 깨닫게 되는 것이지만 이 새로운 홀
이 60년대의 랑글루아의 커다란 골칫거리가 된다는 것을 염두
에 둘 필요가 있다. 랑글루아가 카르티에 라탱의 구석진 곳에
있는 한 아무도 그를 질투하는 사람이 없었지만, 샤이요 궁에
오게 되자 시네마테크는 사람들이 갑자기 질투할 정도로 매혹
적인 것이 되었다. 샤이요 궁의 상영관은 국가로부터 커다란 지
원이 없이는 존재할 수 없는 곳이었다. 새로운 홀에 상당한 예
산을 투입한 정부는 시네마테크를 어떻게 운영할 것인가에 대
해 보다 큰 발언력을 가져야 한다고 생각했다.

랑글루아는 새로운 상영관의 개관을 기념하기 위해 세 개
의 연속기획을 마련했다. 우선 첫째로는 뮤지엄으로 기능하는
시네마테크라는 생각이 항상 그에게 있었기 때문에 영화의 전
사前史에서 중요한 인물 중의 한 명인 프랑스의 과학자 에티엔느
쥘 마레에게 바치는 전시회를 마련했다. 마레(1830~1904)는 사
진총이라 불리는 것을 고안한 인물로 이 기계는 10분의 1초 단
위로 연속사진을 찍을 수 있었고 이를 통해 인간이나 동물이
어떻게 움직이는지를 보여줄 수가 있었다. 그는 현재 우리가

'영화감독'이라고 말로 이해하는 것에서 보자면 어떤 의미에서
도 영화감독이라고 할 수 없는 인물이다. 하지만 캘리포니아의
에드워드 머이브릿지의 말에 따르면 그의 실험이 영화로 향하
는 길을 열었다고 할 수 있다. 마레의 '크로노토그래프'는 회화
에도 큰 영향을 미쳤다. 따라서 랑글루아는 지노 세베리니, 막
스 에른스트, 마르셀 뒤샹 등의 작품도 함께 전시해서 이러한
것을 제대로 보여주려고 했다.

　개관 기념으로 마련한 두 번째와 세 번째 프로그램은 각각
'미국영화 입문'과 '일본영화 입문'이었다. 이 특집은 동시에 열
린 것으로 일본 쪽은 6월에서 8월까지였고 미국은 6월에서 10
월까지에 이르는 것이었다. 미국 쪽은 로체스터의 이스트만 하
우스(제임스 카드)와 협력한 것이었고 일본 쪽은 일본의 필름 라
이브러리(가와키타 부인)와 협력한 것이었다. 그리하여 미국의 프
로그램에는 '조지 이스트만 하우스에의 트리뷰트'라는 부제가
붙었으며 일본의 프로그램은 '일본의 필름 라이브러리에의 트
리뷰트'라는 부제가 붙었다. 그리고 두 프로그램 모두는 '문화
부 장관 앙드레 말로의 후원'이라는 형식으로 제공되었다.

　새로운 홀은 매일 밤 3편을 상영하는 형식으로 시작되었다
(나중에 오후 3시의 마티네 상영이 추가된다). 여기에다 월름 가의 극
장도 여전히 상영을 하고 있었으므로 매일 6편(나중에 7편)에서
선택하게 된다.• 이러한 폭넓은 선택의 가능성은 예전에는 존
재하지 않았던 것이다. 월름 가나 메신느 거리에서 그러했듯이,
샤이요에서는 각 영화는 한 번밖에 상영되지 않았다. 상영의 사

---

● 마치 이것으로 충분하지 않다는 듯이 샤이요에서는 가끔 심야상영을 하기
도 했다.

전 공지는 그리 자주 하는 편이 아니었다. 신문이나 잡지를 통해 일주일에 한 번 정도 공지되는 것이 전부 다였다.

　미국영화 특집이나 일본영화 특집과 같은 큰 행사의 경우 영화에 대한 정보를 담은 소책자가 발간되었지만 개별적인 영화의 상영일자 등은 기재되지 않았다. 방대한 수의 영화(일본영화는 1백30편, 미국영화는 2백50편)는 시네마테크의 기존의 기능으로는 벅찬 것이어서 관객들은 샤이요나 월름 가에 도착하고 나서 영화가 취소되었다는 것을 알게 되는 경우가 잦았다. 물론 대체로 상영되는 작품들이 원래 예고되었던 작품 못지않게 흥미로운 경우가 많기는 했다. 외국영화의 경우에는 반드시 프랑스어 자막이 붙은 프린트가 아닌 경우도 있었으며, 자막이 전혀 없는 경우도 실제로 있었다. 하지만 이런 것은 큰 문제가 되지 않았다. 개막 첫째 날부터 샤이요의 홀에는 누구도 예상하지 못했던 대관중이 몰려왔던 것이다.

　샤이요의 상영관 개관 및 개관 프로그램 진행으로 엄청나게 바쁜 상황임에도 불구하고 랑글루아는 다른 일을 할 시간을 찾아냈다. 나는 제1회 뉴욕 필름 페스티벌의 준비로 아주 바쁜 형편이어서 《사이트 앤 사운드》의 부편집자인 톰 밀른에게 파리에 가서 '진정한 아방가르드'라는 제목의 프랑스영화 특집을 위한 준비를 해달라고 부탁했다. 이 중에는 영국에서 40년 이상 상영되지 못한 영화들도 많이 포함되어 있었다. 푀이야드의 〈방피르〉 완전판, 〈팡토마〉와 〈쥬덱스〉의 발췌, 강스의 〈도와줘요!〉와 〈나폴레옹〉, 레옹스 페레의 〈파리의 아이들〉, 르누아르의 〈나나〉 등이 포함되었다. 랑글루아와 메리는 샤이요의 상영관으로 바쁨에도 불구하고 밀른이 영화를 선택하는 것, 그리고 프로그램 노트를 작성하는 데 필요한 작품들을 다 볼 수 있도록 해주었다. 런던에서의 이 특집은 대성공으로 마무리되었다. 최대의 성공은 〈방피르〉의 상영이었다. 이 작품은 토요일 오후 4시에 시작되어 중간에 휴게시간을 두고 11시에 끝이 났다. 대부분의 관객이 마지막까지 남았다. 나는 영화가 끝날 때 이처럼 열정적인 박수소리를 들은 적이 없었다. 밀른이 이 특집의 소개에 쓴 대로 "이것은 단순히 죽은 영화가 되살아난 것 이상이다. 반세기를 넘어서 이 영화는 우리에게 하나의 계시로 다가온다." 그리고 물론 이 계시는 랑글루아와 시네마테크의 공적이다.

*

뉴욕 필름 페스티벌은 공연 예술을 위한 링컨 센터Lincoln Center for the Performing Arts가 BFI와 손을 잡고 조직한 것이다. 이 영화제는 1963년에 시작된 것으로 런던 필름 페스티벌과 제휴하는 영화제로 개최되었다. 나는 이 두 영화제 모두의 프로그래밍을 담당했다. 링컨 센터에서는 첫 해에는 회고전을 하지 않았지만 1964년에는 이러한 시도를 해보기로 했고 나는 뉴욕에서 상영된 적이 없는 (적어도 합법적으로는) 브뉘엘의 〈황금시대〉를 마음속으로 결정해두고 있었다. 랑글루아는 열의를 가지고 도와주려고 했으며 이 영화의 상영권은 원래의 프로듀서(노아이유 자작)에게서 그가 위탁을 받은 상황이었으므로 흔쾌히 프린트를 보내주겠다고 했다. 하지만 〈황금시대〉는 한 시간 조금 넘는 영화로 다른 무언가를 더해야만 한 편의 상영 프로그램이 될 수 있었다. 이 해의 프로그램 책자에는 〈황금시대〉에 같이 상영하는 작품에 대해 '추후에 공지'라고만 되어 있다. 실제로 이때에 상영된 것은 랑글루아가 자신이 가지고 있는 뤼미에르의 필름 중에서 새롭게 편집해서 새 프린트를 만든 것이다. 그는 님 근교에 오리지널 네가에서 프린트를 만들 수 있는 작업실을 가지고 있었는데 손상되거나 쭈그러든 장면이 있어도 프레임별로 프린트할 수가 있었다. 시간이 많이 걸리는 단조로운 작업이며 비용도 상당히 들지만 제대로 해내기만 하면 영화는 낡은 홈무비 같은 느낌이 없어지고 원래의 필름이 가진 아름다움이 제대로 살아난 것이 된다.

　이 뤼미에르 편집판의 상영은 교육적으로 의미가 있었다. 〈황금시대〉를 보기 위해 많은 관객들이 몰려왔고 이 사람들은 이 뤼미에르의 몽타쥬에 좀 짜증이 난 것 같았다. 스토리도 없는데다가 그 구조도 명확하지 않았기 때문이다. 랑글루아는 이 상영을 위해 파리에서 와 있는 상태였다. 뤼미에르 편집판이 상영되는 도중 관객들의 반응에 분노와 슬픔을 느끼면서 나는 상영관인 필하모닉 홀에서 나왔다. 랑글루아는—그도 홀을 들어갔다 나왔다 한 것 같다—그랜드 프로므나드에서 나와 마주쳤고 그는 왜 그렇게 침울한 표정을 하고 있느냐고 물었다. 나는 그에게 상영 중에 낄낄대고 웃거나 집중을 못하는 관객들이 많아 화가 났다고 말했다. "자네는 화내서는 안 돼"라고 그는 말했다. "자네가 안에 있었다면 다음 장면은 루이 풀러가 불꽃 댄스를 추는 것이라고 타이틀 제목이 나오는 것을 보지 않았나?" (루이 풀러Loïe Fuller는 1900년경에 '스커트' 댄스와 밝은 조명의 무대로 파리를 정복했던 미국의 댄서. 로댕의 모델이기도 했다.) "그건 나도 봤어요." "그렇다면 관객들이 그걸 보고 숨을 들이키는 것을 듣지 않았나? 그 전설의 댄서의 실제 모습을 볼 수 있다는 기대감과 흥분으로 숨을 삼키는 것 말이야." "물론 그걸 들었지만 그래봤자 관객의 10퍼센트 이하 아닌가요?" 랑글루아는 나를 향해 내 말을 부정하듯이 손가락을 흔들면서 말했다. "이걸 잊지 말기 바라내. 자네는 항상 관객의 10퍼센트를 향해 프로그래밍을 하는 것이야. 자네가 이 10퍼센트의 관객을 기쁘게 해주는 한 아무 문제가 없는 것이야.”

1964년의 회고전이 아주 성공적이었기 때문에 우리는 다음 해에는 세 편의 영화를 랑글루아에게서 가져왔다. 우선 첫째로는 많은 사람들이 미국에서 처음으로 상영한다고 생각한 〈방피르〉였다. 사실 이 영화는 1920년 이전에 상영한 적이 있었다고 한다. 뉴욕에서도 이 영화는 런던에서처럼 일종의 계시와 같은 역할을 했다. 링컨 센터에서 7시간 가까운 영화를 상영한다는 것은 미친 짓으로 여겨졌다. 한다고 해도 별로 오는 사람도 없을 것이며, 온 사람들도 끝까지 보지는 않을 것이라 생각했다. 하지만 사람들의 예상은 틀린 것이 되었다. 관객들이 몰려왔으며 그중에는 도시락을 지참한 사람도 있었다. 많은 관객들이 끝까지 보았다(홀을 나갔다가 들어왔다 하는 일부가 있기는 했지만). 그리고 영화가 끝나자 박수소리가 그치지 않았다. 미국이 드디어 푀이야드를 발견한 것이다.

두 번째 영화는 사운드판 〈웨딩 마치〉였고 세 번째 영화는 버스터 키튼의 〈세븐 찬스〉였다. 이 영화는 키튼의 작품에서 별로 중요한 것으로 여겨지지 않았고 아이리스 배리가 보존할 필요가 없다고 생각했던 작품이다. 우리는 이 작품을 ‘버스터와 베케트’라고 이름 붙인 3편으로 이루어진 프로그램에서 상영했는데 다른 두 편은 키튼을 스타로 만든 캐나다의 단편 〈철도여행자The Railroader〉와 키튼 주연, 사무엘 베케트 각본의 영화 〈영화Film〉(알란 슈나이더 감독)이었다. 이 두 편에 대한 반응은 조금 애매한 데가 있었지만 〈세븐 찬스〉는 확실히 관객들의 열광적인 반응을 얻었다.

▲ 앙리 랑글루아의
　어머니 안니 루이즈와
　아버지 구스타브

◀ 젊은 시절의 랑글루아

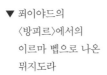

▶ 30년대 초반의
　 랑글루아(왼쪽)와
　 조르쥬 프랑쥬

▼ 푀이야드의
　 〈방피르〉에서의
　 이르마 벱으로 나온
　 뮈지도라

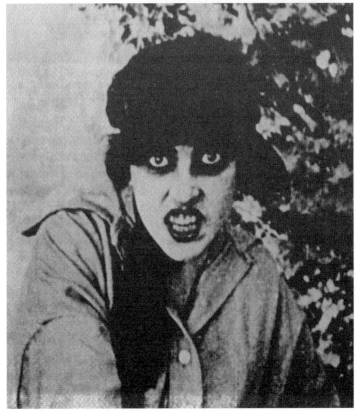

◀ 메리 미어슨
   1940년경

▼ 아이리스 배리
   1940년경

▲ 런던의 내셔널 필름 씨어터에서의 랑글루아(1969년)

◀ 로테 아이스너(왼쪽)와 메리 미어슨

▼ 〈도둑맞은 키스〉 촬영 현장에서
왼쪽부터 프랑수아 트뤼포,
장 피에르 레오, 랑글루아

▼ 〈와일드 차일드〉 촬영 현장에서
왼쪽부터 프랑수아 트뤼포,
마르셀 베르베(프로듀서), 랑글루아,
주인공인 장-피에르 카르골

▲ 1928년의 루이즈 브룩스

◀ 1964년의 루이즈 브룩스

▲ 랑글루아와
앙드레 말로(왼쪽).
1959년 시네마테크에서
열린 샤를르 파테
전시회에서

◀ 글로리아 스완슨과
랑글루아. 1974년
시네마테크에서

▲ 진 켈리가 지켜보는 가운데 잭 발렌티로부터
　오스카 특별상을 받는 랑글루아. 1974년

다음 해에는 르누아르의 〈암캐La Chienne〉의 상영을 결정했다. 페스티벌을 알리는 광고에도 등장했으며 프로그램 노트에도 집어넣었다. 하지만 우리는 결국 상영을 취소했다. 상영권의 문제는 여름에 해결을 했고 링컨 센터에서는 영화에 영어자막을 넣기 위한 비용까지 낸 상태였다. 하지만 상영이 거의 다가왔을 때 하킴 브라더스 프로덕션이 리메이크의 권리를 사기 위해 이 영화의 원작 희곡의 판권을 가지고 있는 출판사에 천만 프랑을 지불했던 것이다(이미 한 번 프리츠 랑이 〈스칼렛 스트리트〉라는 제목으로 리메이크를 만든 적도 있다). 랑글루아는 이러한 경과에도 불구하고 프린트를 보내주었지만 필름 자체가 피해를 입을 수도 있다고 걱정하고 있었다. 만약 우리가 상영을 강행한다면 하킴 브라더스는 프린트뿐 아니라 오리지널 네가까지 파기를 요청할 수 있다는 것이다. 랑글루아는 위험을 무릅쓰길 원치 않았다. 결국 우리는 상영을 취소했다. 하지만 하킴도 결국 리메이크판을 만들지는 못했다. 그들은 여러 감독들을 이 프로젝트에 끌어들이려 했지만 계속 거절당하고 만 것이다. 영화감독들은 어느 누구도 르누아르와 랑 두 사람과 경쟁하기를 바라지 않았던 것이다.

한편 나는 런던의 내셔널 필름 씨어터를 프로그래밍하는 데 일 년 중 8개월 정도를 쓰고 있었다. 나는 그곳에서 랑글루아와 함께 한 마지막 큰 기획은 1965년의 아벨 강스 회고전이었다. 여기 만약 시네마테크가 그의 프린트를 수집하지 않았다면 완전히 역사 속으로 사라져버렸을 감독이 있는 것이다. 강스 자신도 1968년 《르 몽드》에 기고한 글에서 다음과 같이 말하고 있다. "랑글루아 덕분에 나의 초기작들은 폐기되지 않고 살아남을 수 있었다. 〈슬픔에 빠진 어머니Mater Dolorosa〉, 〈10번 교향곡〉, 〈유독가스Les Gaz Mortels〉, 〈살 권리The Right to Life〉, 〈바르브루스Barberousse〉, 여기에다 〈바퀴〉의 만 미터 판본 등이다. 그리고 더 중요하게는 1927년의 〈나폴레옹〉의 경우 최후의 3면 스크린 부분을 갖춘 26개 릴로 된 판본은 랑글루아가 아니었다면 사라져버렸을 것이다."[1] 랑글루아가 이 모든 영화들을 보존하고 보여줄 수 있었기 때문에 누벨 바그의 젊은 감독들은 1950년대에 강스를 발견할 수 있었고 리베트, 트뤼포, 고다르는 강스를 〈나폴레옹〉과 〈바퀴〉의 감독으로뿐 아니라—이 영화들은 역사책에 기록되는 작품들이다—사운드 시대에 접어들어서도 중요한 영화를 만든 감독으로 인식할 수 있었던 것이다. 두 번째 뉴욕 필름 페스티벌과 8회 런던 필름 페스티벌은 강스의 마지막 장편인 〈시라노와 다르타냥〉을 상영했지만 그리 큰 성공을 거두지는 못했다. 나는 여전히 이 작품이 훌륭한 작품이라 생각하지만 우리가 특별히 만든 영어자막판 프린트는 그 이후 분실되고 말았다. 아마도 우리가 강스 회고전 이후에 이 영화를 다시 보여줄 수 있었다면 제대로 된 평가를 얻었을 수 있지 않았을까 생각한다. 어쨌든 1965년 런던에서의 강스 회고전은 많은 사람들을 놀라게 했으며 이것은 1967년 뉴욕에서 다시 반복되었다. 링컨 센터의 도서관/박물관에서 뉴욕 필름 페스티벌의 '스페셜 이벤트'로서 상영되었다.

이것은 페스티벌에서 큰 규모의 회고전을 처음으로 시도한 것이었다. 우리는 도서관에서 8편의 영화를 상영했으며 필하모닉 홀에서는 시네마테크가 보유하고 있는 최장판 〈나폴레옹〉을 상영했다. 이것의 성공이 미국에서의 강스 재평가의 기운을 시작하게 했으며 그 정점은 14년 후에 완전판 〈나폴레옹〉이 최후의 3면 스크린과 교향악단의 음악이 곁들여지는 형태로 라디

오 시티 뮤직홀에서 상영한 것이었다. 아홉 번의 상영 모두 매
진되는 대성황을 이루었으며 이후 미국 전국을 순회하게 된다.
이 프린트는 영화작가이자 영화사가인 케빈 브라운로우Kevin
Brownlow가 시네마테크, BFI 아카이브, 다른 소스 등을 사용해 공
들여 복원한 것이다. 런던에서 초당 20프레임으로 상영했을 때
(이것은 이 영화가 1927년 파리의 오페라 하우스에서 처음 공개될 때 그
렇게 했다) 이 영화는 다섯 시간에 이르는 것이었다. 하지만 미국
에서 상영될 때에는 초당 24프레임으로 상영되어 네 시간 짜리
영화가 되었다.(20년대 후반 미국에서 개봉한 판본은 단축판이었다. 고
작 80분 정도에 지나지 않는 것이었다.)

　이 시기에 랑글루아와 뉴욕 현대미술관은 잠정적이긴 하지
만 우호적인 관계를 맺었다. 이 둘의 관계는 아이리스 배리가
나가고 리차드 그리피스가 영화부문의 책임자가 된 다음에 악
화되었었다. 이 두 사람은 서로 상대방에 대해 좋은 감정을 가
지고 있지 않았다. 랑글루아는 그리피스가 게으른 데다가 영화
에 대해서도 별 관심이 없는 인물로 생각했다. 당시 현대미술
관은 일주일에 고작 영화 한 편을 상영하는 식이었고 그나마도
자신들이 가지고 있는 고전 중에서 선택했다. 반면 그리피스는
랑글루아에 대한 경멸을 숨기지 않았다. 그는 한 번은 내게 침
을 튀기면서 말한 적이 있다. "그 사람은 말이야... 아카이브 전
문가도 아니고 역사가도 아니야, 그냥 영화애호가에 지나지 않
아." 내가 랑글루아에게 이 말을 했을 때 랑글루아는 '애호'라는
말이 비판의 의미로 사용될 수 있다는 것에 아주 재미있어 했
다. 결국 그가 이런 말을 하는 것이 랑글루아가 그를 우습게 여
기는 게 근거가 있다는 것을 입증하는 셈이 되었다. 1966년에
영화부문을 윌라드 반 다이크가 맡으면서 이 둘의 관계는 다소

호전이 되었고 1967년에는 시네마테크와 현대미술관은 이 두 기관의 필름 교환의 30주년을 기념하는 프로그램을 마련했다. 이 프로그램은 뉴욕에서는 시네마테크가 보유하고 있는 미국 영화(미국에서는 사라진 것으로 여겨지는 작품들)를 상영하고 파리에 서는 현대미술관이 보유하고 있는 희귀한 미국영화를 상영하 는 것으로 이루어졌다.

바깥세계에서 보기에는 랑글루아와 시네마테크 프랑세즈 에게는 별다른 문제없이 모든 것이 순조롭게 잘 진행되는 것처 럼 보였다. 국가는 샤이요 궁에 커다란 극장에 세워주었다. 거 기에다가 새로운 프린트 구입을 위해 큰 금액(2백40만 프랑)을 지불해주었다. 그래서 랑글루아는 프로그래밍의 보좌역으로 베 르나르 마르티낭이란 재능 있는 젊은이를 고용할 수 있었다. 여 기서 '보좌'란 중요한 의미를 담고 있는 말이다. 랑글루아는 일 주일 분의 상영작 리스트를 만드는 것을 즐겼다. 마르티낭과 함께 앉아 (나중에는 시몬 미즈라히가 이 일을 맡게 된다) 그래프용지 의 빈칸에 하나씩 작품을 기입하는 것이다. 그의 가장 큰 즐거 움은 저녁의 상영작들을 결정하는 것으로 6시 반에 상영되는 영화는 8시 반이나 10시 반에 상영되는 영화와 어떤 식으로든 비밀스러운 연결을 가지도록 했다. 그것은 같은 감독, 같은 스 타, 같은 스튜디오 같은 누구나 쉽게 알 수 있는 그런 것이 아 니다. 그는 관객이 이 연결을 알아챌 수 있는가 아닌가 하는 것 은 전혀 문제로 삼지 않았다. 왜냐하면 그는 이러한 배치에서 관객들이 무의식중에 몽타쥬라는 표현형식을 배울 수 있다고 믿었기 때문이다. 마르티낭도 물론 여러 제언을 랑글루아에게 했다. 그 제언 중의 몇 개는 분노의 함성에 의해 묵살되곤 했지만 그러다 15분 후에 조용히 수용되어 용지의 빈칸에 기입되기도 했다.

또 마르티낭은 랑글루아가 선택한 영화가 실제로 사용가능한지 아닌지, 외국의 아카이브나 혹은 국내의 필름 단체에 대출해 준 것은 아닌지를 체크해야만 했다. 또 마르티낭은 필름이 어느 보관고에 있는지도 체크해야 했으며 운송용 차량의 리스트도 작성해야 했다. 여러 필름들이 브와 다르시에서, 레 릴라(파리의 근교)에서, 다른 보관소에서 오기 때문이다. 또 필름을 다른 아카이브나 보통의 배급업자로부터 빌리는 경우도 있었다. 옮기는 도중에 필름에 손상이 가기도 하며 간혹 뒤바뀌는 경우도 있어 이에 대한 대비도 있어야 했다. 이런 문제들이 다 해결 가능하다고 확신이 서게 되면 이미 상영시간을 게재할 예정인 주간지의 마감시간에 겨우 맞춰서 이를 복사해서 보내게 된다. 초창기에 랑글루아는 이 모든 일을 자신이 혼자서 다 해야 했다. 이제는 정부의 지원을 받아 그를 도와주는 사람을 고용할 수 있게 된 것이다.

하지만 이 관대한 것처럼 보이는 지원에는 숨겨진 가시가 있었다. 1964년에 정부는 시네마테크의 기능에 있어 자신들의 대표권이 보다 더 반영되어야 한다고 결론을 내렸다. 그리하여 첫 조치로 정부가 선정한 8명의 대표가 집행위원회에 참여하게 되었다. 원래 집행위원회는 시네마테크의 총회에서 선출된 8명의 위원으로 구성되는 것이었고 총회 자체는 시네마테크에 필름이나 이에 부수하는 것(대본이나 포스터 등)을 기증한 사람들을 중심으로 구성되는 것이었다. 규정상으로는 총회는 일 년에 한 번 개최되는 것이었지만 모든 회원들이 참가할 수는 없는 것이어서(상당수가 외국인이었다) 대리의 시스템을 채용했다. 랑글루아와 미어슨은 이를 통해 80명에서 90명에 이르는 사람들의 투표권을 행사할 수 있었고 그리하여 집행위원회의 위원들을 선출하는 데에도 강한 영향력을 발휘할 수 있었다.

그 후 집행위원회에 새로 16명이 선출되었다. 절반은 옛날부터 있었던 위원들이 선정한 것이고 나머지 절반은 새로운 위원들이 선정한 것이라고 하지만 실질적으로는 정부에서 뽑은 사람들이다. 하지만 랑글루아에게 가장 큰 타격은 그의 일을 두 개로 분할한다는 결정이었다. 그때까지 그는 시네마테크의 사무총장이었지만 1964년에 그의 일을 두 개로 나뉘어 예술/기술 부문과 행정/재정 부문의 두 개의 국을 두고 랑글루아가 전자의 디렉터(국장)이 되고 클로드 파브리지오라는 인물이 '낙하산 인사'로 내려와 후자의 디렉터를 하는 것으로 되었다. 공식적으로는 이 두 사람의 지위는 동등한 것으로 되었다. 파브리지오는 영화의 경험은 거의 없는 쾌활한 젊은이로 행정의 경험은 상당히 있었다. 하지만 그의 자질이 어떻든 간에 이것은 말이 안 되는 상황이었다. 예술/기술을 행정/재정과 분리하는 것은 인위적인 것에 지나지 않는다. 왜냐하면 전자의 어떠한 결정도 후자에 영향을 미치지 않을 수 없고 그 역도 마찬가지이기 때문이다. 오랫동안 독자적으로 일을 해왔던 랑글루아로서는 시네마테크 안에 자신과 동격의 인물이 있다는 것을 흔쾌히 받아들일 수가 없었다.

실제로 상당히 골치 아픈 일이 되었구나 하고 내가 느낀 것은 랑글루아가 자신이 쓰는 단 1프랑도 정당한 근거가 있다는 것을 보여주어야 한다는 불평을 1964년 칸느 영화제에서 했을 때이다. 처음에 나는 그가 과장하고 있다고 생각했지만 악명 높은 엘브로네르 보고서Heilbronner Report를 읽고서는 사태가 그가 말한 것보다 더 악화되었다는 것을 깨달았다. 엘브로네르 씨는 회계감사관이었다. 그는 1965년 4월에 재정부의 요청으로 시네마테크의 운영에 관한 장문의 보고서를 제출했다. 이 두꺼운 등사판 인쇄의 문서는 3색으로 이루어진 페이지가 있었다. 첫 컬러 페이지는 엘브로네르의 이의 제기로 이루어져 있다. 두 번째 색은 이에 대한 랑글루아의 응답이고 세 번째 색은 랑글루아의 주장에 대한 엘브로네르의 평가였다. 간혹 그는 랑글루아의 해명을 받아들이기도 했지만 대체적으로 그의 주장에 대해 부정적이었다. 어쨌든 이 문서는 대단히 불공평하고 오해를 불러일으키기 쉬운 문서였다. 예를 들어 랑글루아는 칸느 영화제에서 사용한 비용에 대해 지출명세서를 제출했다—택시비로 5달러, 팁으로 4달러, 호텔에서 특별한 팁으로 5달러, '개인용' 음료대 3달러, 총계 17달러. 이에 대해 이 보고서는 영수증이 없으므로 이 지출에 의심스러운 구석이 있다는 것이다. 이것은 명백히 랑글루아를 괴롭히려는 시도라고 하지 않을 수 없다. 어느 누가 호텔의 포터에게 팁에 대한 영수증을 달라고 한단 말인가?

하지만 이것은 시작에 지나지 않았다. 엘브로네르는 시네마테크는 합리적인 방식으로 조직화되어 있지 않다고 보고했다. 이유는 우선 '조직의 구조를 명문화하지 않았다는 것'으로, 직원의 정확한 직무를 알기 힘들고 조직도도 없다는 것, 게다가 랑글루아와 파브리지오의 책임의 분담에 대해서도 서로를 존중하지 않는다는 것, 랑글루아는 집행위원회에서의 자신의 지위를 이용해 많은 회원들로부터 대리인의 자격을 얻었다는 것 등을 꼽았다. 그런 비난의 일부는 근거가 있는 것이었다. 수집품의 제대로 된 목록이 없다는 것 같은 점이다. 카탈로그에는 2만 5천 개의 파일 카드가 필요한데 제대로 만들지 않았다고 그는 불평을 했다.(하지만 어떻게 그가 이걸 알겠는가?) 하지만 비판의 대부분은 그가 시네마테크의—혹은 필름 아카이브에 대해—운영에 대해 전혀 이해하지 못한다는 것을 보여줄 뿐이었다. 엘브로네르는 시네마테크가 초대 및 접대에 지나치게 많은 예산을 쓰고 있다고 보았다. 이것은 "그 목적이 예술적 유산의 보존에 있는 것이지 결코 PR에 있는 것이 아닌 조직"으로서는 결코 정당화될 수 없는 것이라고 보았다. 그는 랑글루아가 감독이나 배우들에게 베푸는 접대가 대개 필름의 기증이라는 결과를 얻어낸다는 것을 이해하지 못했다. 이 필름들은 아예 다른 곳에서 구할 수 없거나 구한다 하더라도 상당한 비용이 드는 것들이다. 랑글루아는 감독들을 파리에 불러와 리셉션을 여는 것이 프린트를 만드는 것이나 비상업적인 권리를 얻는 것보다 더 싸게 먹힌다는 것을 강조했다. 빈센트 미넬리는 시네마테크에서 성대한 대접을 받은 후에 17편의 필름을 기증했다.

엘브로네르의 가장 어리석은 비판은 앞에서 본, 뤼미에르 필름들을 님 근처의 브와이에 현상소에서 인화한 것에 관한 것이다. 엘브로네르는 60년이나 된 네가에서 프린트를 만드는 것이 얼마나 힘든 작업인가를 전혀 이해하지 못했다. 코닥에서 현상을 하면 미터당 30상팀으로 프린트를 뽑을 수 있는데 브와이에에서는 미터당 32에서 35상팀을 청구했다고 그는 비판했다. 이것은 마치 리차드 아베든 같은 유명한 사진작가에게 그의 필름을 동네 사진관에서 현상하라고 하는 것과 같은 것이다. 그는 또 시네마테크가 상영 시에 프로듀서나 저작권 보유자의 서면으로 된 동의서를 받지 않았다는 것도 비난했다. 랑글루아는 그의 공식적인 회답에서 전화로 확인만 하면 될 정도로 암묵적인 동의를 받은 상태이며 자신은 MPAA(미국영화협회)의 신뢰를 얻고 있으므로 여러 측면에서 이들의 보호를 받고 있다고 말했다. 엘브로네르는 이러한 절차는 "전혀 만족스러운 것이 아니고" 시네마테크의 상영도 프로듀서의 관용에 기대서는 안 되고 의무적인 프린트 기탁 방식이 바람직하다고 주장했다. 하지만 미국의 영화사들은, 다른 곳도 그럴 것이지만, 시네마테크에 기탁할 프린트를 만들기 위해 몇백만 달러를 쓰는 것을 원하지 않을 것이다. 영화의 법률적 기탁은 출판사가 국립도서관에 대해 행하는 법률적 위탁제도와 유사한 것으로 정당화될 수 있다는 주장이 있지만 여기서 간과해서 안 될 점은 필름의 프린트 비용은 책 가격의 수백 배 이상이라는 점이다. 또 다른 무지에서 나온 비판 중의 하나는 샤이요 궁과 윌름 가의 좌석점유율이 너무 낮다는 것이었다. 가령 1965년의 경우 윌름 가는 45%, 샤이요 궁은 36%였다. 영화 비즈니스를 전혀 모르는 사람이라면 이것이 상당히 낮다고 생각할 수도 있다. 하지만 이 숫자는 서방세계의 상업영화관 어디보다도 높은 수치이다. 기이하게도 랑글루아는 이 점을 전혀 지적하지 않았다. 그는 그저 시네마테크는 알려지지 않은 영화 혹은 인기가 없는 영화도 상영할 의무가 있다고 말했으며 이러한 '인기가 없는 영화'도 시간이 지남에 따라 관객에게 발견되는 경우가 있다고만 대답했다.

이 엘브로네르 보고서는 1964년에서 1968년에 걸쳐 시네마테크를 위협하게 되는 선전공세의 단서에 지나지 않는다. 확실히, 프랑수아 트뤼포가 말한 대로, 예술을 중앙집권화하고 사상의 통제를 확실히 하려고 하는 드골 정권의 전반적인 시도의 한 측면이었다. 예를 들어 드골 정권의 재정부 장관인 미셸 드브레는 이전에는 1만 달러의 자본으로 영화제작사 설립을 인정했지만 이제는 6만 달러가 필요하다고 했다. 왜 그랬던 것일까.

트뤼포는 이것이 정부가 영화제작을 집중화하기를 원했기 때문이라고 말한다. 소수의 프로듀서와 소수의 배급업자만 남게 되면, 이들은 업계에서 더 강력한 존재가 될 수 있고 정부 입장에서는 통제가 훨씬 쉬워진다. 다른 말로 하면 신경 써야 하는 치즈의 수를 줄인다는 것이다. 드골은 다음과 같은 유명한 말을 한 적이 있다. "4백 개 이상의 치즈가 등록되어 있는 나라를 어떻게 통치한다는 말인가?"

말로는 한동안은 정부의 공격이 최악인 경우에도 랑글루아를 보호해주었지만 점점 그에게 등을 돌리기 시작했다. 어떤 사람들의 말에 따르면—랑글루아도 그렇게 믿었다—이것은 말로의 잘못이 아니라고도 한다. 그의 스태프들로부터 적절한 조언을 얻지 못했기 때문이라는 것이다. 어떤 사람들은 이 모든 책임을 말로에게 퍼붓기도 했다. 트뤼포는 말로가 문화부 장관으로 전혀 어울리지 않는 사람이라고 했다. 더 나아가서, 고다르처럼 랑글루아에 대한 말로의 처우에 격분할 뿐 아니라 정보부 장관(M. 부르쥬)에 의한 자크 리베트 영화 〈수잔느 시모냉, 디드로의 수녀〉[그냥 〈수녀〉로 불리기도 함]에 대한 상영금지에 대해 분노한 사람도 있다. 이 금지 처분은 검열위원회가 이 영화를 통과시켰음에도 상급기관에서 이를 파기시킨 결과이다. 고다르는 이를 조정하려고 했지만 실패하자 말로에게 공개서한을 썼다. "당신이 나의 면회 요청도, 전화도 거부한 것이 나로 하여금 눈을 뜨도록 했다. 나는 내 영화 〈결혼한 여인〉이 당신에 의해 구원을 받았을 때 당신이 용기가 있는 사람이라고 생각했지만 이제 당신이 〈수녀La Religieuse〉의 금지를 승인한 것을 보니 그저 겁쟁이라고밖에 생각할 수가 없다. 1966년의 드골 정권의 문화부 장관이 1789년의 백과전서파[디드로]를 두려워한다는 것은 참으로 불행한 일이다. 이 편지는 내가 당신에게 마지막으로 말하는 것이 될 것이고 앞으로 당신하고 악수를 할 일도 없을 것이다. 내가 왜 이렇게 하는지 당신은 이해하지 못할 것이다."

이 '공개서한'은 1966년 4월 《누벨 옵세르바퇴르》에 게재되었다. 이보다 앞서 1월에 시네마테크에서 뤼미에르 회고전이 열렸을 때 고다르는 말로의 "절대적인 지원"을 받고 있는 당국의 사람들이 랑글루아에게 한 "비참한 대접"에 대해 비판하면서 특히 다음과 같은 태도를 지적했다. "그들은 몇 편의 뤼미에르의 프린트의 가격이 비싸다고 투덜댄다. 하지만 이 프린트가 얼마나 대단한 것인가는 이제 여러분들이 보게 될 것이다. 랑글루아는 그가 선택한 현상소 때문에 비난을 받아야 했다. 하지만 오페라 극장의 천장을 채색할 때에 에콜 드 파리의 예술가가 사용한 물감에 대해 무엇을 썼느냐고 다투는 것은 어느 누구도 상상하지 않을 것이다."(파리의 오페라 하우스의 천정에 새로운 벽화를 그리도록 말로가 샤갈에게 주문을 한 것에 대한 언급이다.)[2]

물론 행정적인 절차를 중시하는 사람에게는 랑글루아가 상당히 다루기 힘든 사람으로 보이는 것은 사실이다. 음모론적이고 비밀주의적인 랑글루아는 시네마테크에 항상 '스파이'가 있다고 굳게 믿고 있었다. 아르헨티나의 영화감독인 넬리 카플란은 랑글루아와 메리가 자신을 바티칸의 스파이라고 믿은 나머지를 그녀를 '비우호적인 인물persona non grata'로 만들어버린 것을 뒤늦게 알았다. 나는 이 문제에 대해 항의했다. "이봐요, 앙리. 바티칸이 왜 시네마테크를 염탐할 필요가 있겠어요? 그리고 하필이면 왜 넬리 같은 유대인을 사용하겠어요?" 대답은 이미 준비되어 있었다. "그들은 우릴 쭉 염탐하고 있어. 내가 어떤 필름을 갖고 있는지 알고 싶어서 견딜 수가 없는 것이지. 왜 유대인을 쓰냐고? 그건 우리를 혼란에 빠뜨리려고 그러는 거야." 이러한 확신에 대해 뭐라고 대답해야 할지 알 수가 없었다. 60년대 초의 어느 날 나는 그가 준비 중인 어느 기획전에 대해 이야기를 꺼냈다. 그러자 그는 갑자기 화를 내면서 말했다. "당신한테 누가 그 얘기를 했어? 누가? 이 건물에는 분명히 스파이가 있다니까." 나는 말했다. "하지만, 앙리. 그건 당신이 내게 어제 한 얘기예요." "아" 그는 말하고 아무 말도 하지 않았다. 이제 파브리지오가 맡은 행정/재정의 국장으로서의 역할은 정확히 여기서 일어나는 일을 '염탐'해 그것을 정부에 보고하는 것이었다.

하지만 마르크 알레그레(영화감독이면서 60년대에 시네마테크의 회장이었다)는 1967년 4월에 말로에게 보고서를 보내 랑글루아를 지지했다. 그는 효율적인 조직이 되어야 한다는 것을 인정했지만 그것이 건설적인 것이 되어야지 시네마테크를 질식하게 하는 것이 되어서는 곤란하다고 했다. 그는 말했다. "시네마테크의 운영 방법이 관습적인 것이 아니라고 하더라도 그것이 제대로 작동하고 있다는 것은 틀림없다." 1962년에 보유하고 있는 필름은 배로 늘어났고 1967년에는 세 배가 되었다. 1962년 말에 시네마테크는 대략 9백 편의 영화를 상영했다. 1964년에 이르면 일 년에 2천 편의 영화를 상영했다. 1964년까지 매표수입도 해마다 늘어났다. 하지만 1965년에서 1967년에 걸쳐, 정부의 간섭이 늘어나면서, 이것은 크게 감소했다. 새로운 프린트를 만드는 데 대한 정부의 지원금이 1965년 말에 소진되고 해외의 감독들을 초청하는 것이 격감하면서 시네마테크의 위신, 홍보, 관객 수 등의 측면에서 하락세를 보여주게 되었다고 지적했다.

알레그레는 시네마테크의 모든 이니시어티브에 대해, 집행위원회나 회장의 모든 결정에 대해, 정부의 간섭이 심해 실행 가능한 것도 불가능한 것이 되어버린다고 말했다. 그는 장기적으로 영화 박물관을 건립하기 위한 자금지원을 요청했고 정부는 시네마테크가 결코 개인적인 목적을 위해 운영되는 것이 아님을 인식하기 바란다고 요청했다. 그는 말했다. "시네마테크에 행정가가 필요한 것 이상으로 이것을 활성화시킬 사람이 필요하다. 바로 이런 이유로 시네마테크의 내부적인 일에 대한 정부의 지속적인 간섭은 중단되어야 한다."[3]

어느 정도 예상한 것이지만 알레그레의 보고서는 무시되었다.

하지만 랑글루아는 정부의 공격과 견제라는 문제에만 매달려 있지는 않았다. 비록 1965년에 이르면 새로운 프린트를 만들기 위한 보조금도 고갈되고 말지만 랑글루아는 사람들을 놀라게 하기에 충분한 작품들을 이미 손에 넣은 상태였다. 1967년 그는 하워드 혹스의 거의 완전한 회고전을 해냈다.

하워드 혹스는 루이즈 브룩스가 나오는 〈항구의 아가씨〉를 본 이래로 그가 가장 좋아하는 감독 중의 한 사람이었다. 조셉 맥브라이드의 말을 들어보자. "랑글루아는 혹스의 여러 작품들을 보존하고 상영하는 일에 있어 결정적인 기여를 했다. 만약 그가 없었다면 앤드류 새리스가 1961년과 62년에 8천 단어로 된 작가론 '하워드 혹스의 세계'를 쓰면서 직면한 공백을 후대의 비평가들이 결코 메꾸지 못했을 것이다. 새리스는 〈무화과 잎Fig Leaves〉이나 〈항구의 아가씨〉 같은 무성영화도, 초기의 사운드영화도 보지 못하고 이 글을 썼던 것이다."[4] 하지만 프랑스 비평가들은—특히 나중에 영화작가가 된 사람들은 더욱—운이 좋았다고 할 수 있다. 리베트, 트뤼포, 로메르, 고다르, 샤브롤 등은 모두 혹스로부터 엄청난 영향을 받았다. 리베트가 말한 대로 "혹스는《카이에》학파에 '고전적인 미국영화에서 최고의 것'을 가르쳐주었다. 특히 혹스가 가진, 다양한 장르를 자신의 것으로 인격화하는 재능은 커다란 영감을 우리에게 주었다." 하긴 이런 생각이 없었다면《카이에》의 '젊은 용자들Young Turks'이 자신들을 '히치콕-혹스주의자'로 지칭하는 일도 없었을 것이다.

하지만 상당히 오랜 기간에 걸쳐 혹스에 대한 랑글루아의 태도는 미국의 비평가들이나 큐레이터들에게는 이해하기 힘든 것이었다. 랑글루아가 1939년에 처음 미국을 방문했을 때 그는 〈천사만이 날개를 가지고 있다〉라는 제목의 굉장한 영화를 보았느냐고 만나는 사람마다 물어보곤 했다. 대부분은 약간 곤혹스러하거나 아니면 그저 재미있어 하면서 적당히 넘겨버리고 말았다. 물론 대답은 "노"였다―아무도 이 영화를 본 적이 없었고 이들이 생각하기에 이것은 그저 할리우드의 그저 그런 영화 중의 한 편에 지나지 않는다. 1962년이 되어서 셜리 클라크가 파리에 와서 그녀의 〈커넥션The Connection〉을 상영했을 때 그녀는 내게 의아해하면서 물었다. "랑글루아는 내게 〈천사만이 날개를 가지고 있다〉를 보았느냐고 물어보더군요. 어렸을 때 보았을 수도 있지만 기억이 나지 않는다고 말했어요. 왜 그 사람은 그 영화가 그렇게 대단하다고 생각하는 거죠? 그냥 그런 할리우드 영화 중의 하나가 아닌가요?" 글쎄, 꼭 그렇게... 나는 적당히 얼버무렸다. 일 년 후에 클라크는 이 영화가 텔레비전에서 방영될 때 이것을 보았고 그녀는 랑글루아가 옳다는 것을 인정해야만 했다.

마찬가지로 랑글루아는 60년대 초반에 뉴욕 사람들은 유럽인들이 왜 니콜라스 레이나 조셉 로지의 영화에 대해 그처럼 흥미를 갖고 있느냐고 자주 묻는다고 말했다. "시간이 지남에 따라 유럽인들이 맞다는 것이 증명되었다. 빅토르 쇠스트롬의 〈바람〉이나 폐요스의 〈도회의 우수Lonesome〉에 대해 유럽인들의 판단이 맞았던 것처럼 말이다." 랑글루아는 이렇게 덧붙였다. "반면 프랑스영화 중에는 프랑스보다 미국에서 더 평가되는 작품들이 있다. 이 경우에는 뉴욕이 맞다." (가장 드라마틱한 것은 마르셀 파뇰의 경우일 것이다. 그는 프랑스에서는 대단치 않게 여겨진 반면 미국에서 〈빵집의 여자〉와 〈마리우스〉, 〈파니〉, 〈세자르〉의 3부작은 큰 인기를 끌었다.)

혹스에 대한 프랑스인들의 애정은 시네마테크에서의 끊임없는 상영에 의해 거의 무조건적인 것이 되었다. '거의'라고 내가 표현한 이유는 1967년 혹스의 회고전에서 이런 경험을 한 적이 있기 때문이다. 랑글루아가 〈여비서 프라이데이His Girl Friday〉의 새 프린트를 상영한 밤의 일이다. 이 프린트는 자막이 없는 것이었고 우리는 이 영화가 미국영화의 역사에서 가장 대사가 빠른 영화라는 걸 기억할 필요가 있다. 상영 전에 관객들은 상당히 기대감에 젖어 있었고 첫 번째, 두 번째 릴까지 여전히 이것은 이어졌다. 하지만 영어를 제법 잘 아는 사람들도 끊임없는 계속되는 재담을 따라가는 것은 쉬운 일이 아니다. 관객들은 점점 산만해지기 시작했고 나중에는 불만을 가지는 것 같았다. 나는 맑스 브라더스의 영화 〈덕 수프〉의 한 장면을 떠올렸다. 구르초가 받은 편지를 하포가 빼앗는다. 하포는 그것을 개봉해서 보다가 화가 나서 찢어버린다. 왜 이런 일을 했냐고 그루초가 치코에게 묻자 치코는 대답한다. "글을 읽을 수 없어화를 낸 거야." 관객들은 그들이 무언가를 놓치고 있다는 것을 안 것이다. 특히 관객 중에 일부 미국인이나 영국인이 계속 웃고 있어 더욱 그걸 부채질한 것이다.

때때로 랑글루아는 재정적인 이유로 할 수 없는 기획을 파리 이외의 곳에서 하기도 했다. 그는 해외나 지방에서 회고전이나 전시회를 위한 자금이 주어지는 것이면 그 기회를 놓치지 않았다. 이러한 일 중에서 가장 대단한 것이 1966년 칸느 영화제에서 실현되었다. 그에게 주어진 장소는 놀랍게도 호텔 마르티네즈의 대형 무도장이었다. 이 기획의 목적은, 랑글루아가 발표한 대로, 1895년 12월의 뤼미에르의 상영회의 70주년을 기념하는 것뿐 아니라 랑글루아가 오랜 기간 갈망해왔던 '영화의 대박물관'의 실현을 위해 시네마테크가 발견하고 보존했던 재산의 일부를 보여주는 것이기도 했다.

랑글루아에게 주어진 공간을 고려할 때 연대기적으로 배치하는 것은 불가능해 보였다―무도회장은 너무 큰 데다가 쉽게 분할할 수 있는 것이 아니었다. 그래서 그는 파리 해방 직후에 루브르가 한 것처럼 큰 전시실을 두세 개 사용해 약간 무작위적으로 배치하는 방법을 택했다. 이때 루브르에서는 원시파들과 인상주의자, 앵그르와 멤링을 함께 하는 식으로 배치했다. 그 결과로, 랑글루아의 표현대로, 이 미궁을 통과하는 데 있어 단서가 되는 것은 '영화예술의 단일성'이라는 것이 된다. 마르티네즈에서의 전시는 몇 개의 종류에 의해 그룹이 나누어졌다. 역사영화, 표현주의 영화, 미래주의 영화, 슬랩스틱의 세계 등등. 랑글루아는 또 〈팡토마〉와 제임스 본드 시리즈 사이에 그리고 빅토랭 자세의 〈프로테아〉와 조셉 로지의 〈모데스트 블레

즈〉 사이에 어떤 연관이 있다는 것을 드러내려고 했다. 그는 병
치juxtaposition의 예술(어떤 의미에서는 이것은 영화의 핵심이다. 즉, 몽타
쥬이다)의 대가였다. 우리는 〈칼리가리 박사의 밀실〉의 스틸 사
진, 의상, 세트 디자인의 곁에 〈상하이에서 온 여인〉에서 사용
된 소도구를, 드레이어의 〈잔 다르크의 열정〉의 곁에 브레송의
〈잔 다르크의 재판〉을 보게 된다. 랑글루아는 영화예술의 보편
성을 보여주면서 미래의 영화 박물관이 어떤 모습일 것인가에
대한 힌트를 주었던 것이다.

   그해의 칸느에 내가 도착했을 때 랑글루아는 나를 반강제
적으로 잡아끌면서 자신의 일을 도와달라고 했다. 오프닝은 다
음 날 오전이었다. 그는 몇 달 전부터 이 전시회를 기획하고 있
었지만 아무것도 준비가 된 것 같지 않았다. 적어도 그렇게 보
였다. 랑글루아는 내게 레이블을 준비하라고 명령했다. 그는 내
가 수작업에 별로 뛰어나지 않다는 것을 알고 있었다. 그래서
나는 새벽 4시까지 타자기로 레이블을 치는 작업을 했다. 한편
급하게 끌어 모은 친구들과 동료들이 옆에서 일하고 있었다. 이
들은 패널을 건 다음에 랑글루아의 판단을 기다렸다. 그가 "노"
라고 하면 다시 다른 장소를 찾아 옮기다가 그의 생각이 바뀌
면 다시 원래 장소로 돌아가기도 했다. 나는 이전에 랑글루아의
전시를 두 번 봤지만(루브르에서의 멜리에스 전시회, 국립 근대미술관
에서의 대규모 전시회) 내가 잠자리에 들 무렵—개막까지 정확히
일곱 시간 남았을 때이다—여전히 제대로 된 것처럼 보이지 않
았고 나는 이번에는 랑글루아 자신이 너무 무리한 것을 추진했
다고 깨달을 것이라고 생각했다.

   하지만 나는 틀렸다. 다음 날 오전에 도착해보니 전날의 엉
망으로 보이던 상황은 대단히 멋진 것으로 변모해 있었다. 페널

로페 휴스턴은 다음과 같이 썼다.

> 스틸과 포스터. 대본, 스케치, 의상, 메카니컬한 소도구들. 약
> 간 무질서한 분위기 속에서도 이 전시회는 사람들이 시네마테
> 크의 개성에 대해 갖는 이미지를 매혹적으로 반영하고 있다. 그
> 정 가운데에는 앙리 랑글루아라는 인물이 자리를 잡고 있는 그
> 런 곳으로 말이다. 잔뜩 주름이 지고 낡은 의상들—스트로하임
> 의 〈웨딩 마치〉의 유니폼, 〈이반 뇌제〉의 체르카소프의 거대한
> 부츠, 〈바람과 함께 사라지다〉에서 비비안 리가 입었던 회색과
> 녹색의 드레스(아니 하얀색과 녹색이 아니었던가?), 게다가 유리
> 구슬이 부착된 이브닝 드레스도 있다. 이것들은 놀랄 만한 노
> 스텔지어를 우리가 갖도록 한다. 대본들에서는 사트야지트 레
> 이의 아름다운 그림을 볼 수 있고, 고다르의 갈겨쓴 대문자를
> 볼 수 있으며, 위대한 거장들의 오자 투성이의 글씨를 볼 수 있
> 다. 나는 이런 유의 전시회로서 이처럼 매혹적인 것을 본 적이
> 없으며 이것을 꼭 런던에서 할 수 있었으면 한다. 키튼의 모자,
> 미조구치 겐지의 데스 마스크, 찢겨진 그리피스의 계약서. 이것
> 들은 역사가 없는 예술이라고 여겨지는 영화가 우리에게 안겨
> 주는 예기치 못한 감동의 증거물이 되고 있다.[5]

이러한 성공에도 불구하고 정부는 여전히 랑글루아의 목을
조르고 있었다. 그는 1964년에서 1967년까지 시네마테크의 총
회를 소집하지 않았다. 1967년의 마르크 알레그레의 보고서는
무시되었고 재정부에서는 모든 보조금을 "시네마테크가 재조
직될 때까지" 정지해버리고 말았다.

위험을 감지한 랑글루아는 다국적 오일채굴회사인 슐룸

베르거의 사장인 장 리부를 집행위원회에 데려왔다. 두 사람
은 1958년 리부의 인도인 아내인 크리슈나가 칸느 영화제의 단
편부문 심사위원을 할 때 알게 되었다. 이들은 아주 가까운 사
이가 되었다. 랑글루아와 메리는 파리에서 이 부부와 자주 만
났으며 앙리는 보졸레에 있는 이들의 별장에 놀러가기도 했다.
(어느 여름에 그는 요리스 이벤스와 하룻밤을 지내려고 이곳에 갔다. 그
리고 결국 한 달 가까이 머물게 된다. 이벤스는 랑글루아가 그의 샤갈 영
화를 만드는 것을 도와주려고 했던 것인데 리부 별장의 큰 당구대는 아주
유용했다고 말하고 있다.)

랑글루아는 몇 년에 걸쳐 그의 문제를 리부와 이야기했지
만 리부는 1967년까지는 그저 친절한 상담자의 역할에 머물고
있었다. 그러다가 랑글루아는 자신이 행정적인 전문지식이 필
요하다는 것을 깨달았다. 12월 18일에 리부는 랑글루아를 동반
하고 말로, 알레그레와 미팅을 가졌다. 리부에 따르면, 말로는
이 자리에서 재정부 장관인 미셀 드브레가 시네마테크가 재정
문제에 대해 말하는 것을 전혀 듣지 않는다고 화를 내고 있으
니 그를 진정시키도록 도와달라고 했다고 한다. 리부는 두 개
의 조건을 받아들인다면 그들이 할 수 있는 모든 것을 하겠다
고 말했다. 첫째는 시네마테크의 독립을 유지하는 것이고 둘째
는 랑글루아를 원래의 지위인 사무총장으로 재임명하는 것이
다. 말로는 이 조건을 받아들였다. 리부는 말한다. "그래서 우리
는 그가 원하는 것을 해주기로 했다. 집행위원회의 과반수 이상
의 표가 정부측 대표로 가도록 한 것이다."

하지만 말로는 약속을 지키지 않았다. 리부는 다음과 같
이 덧붙였다. "솔직히 말하자면 말로는 결코 좋은 행정가가 아
니었다. 재정이나 예산에 대해서도 전문성이 없었다. 거기에다

가 말로에게 자꾸 랑글루아를 쫓아내라고 부추기는 관료들이
일부 있었다. 특히 국립영화센터(CNC)의 디렉터인 앙드레 올로
André Holleaux가 그 선봉이었다. 그는 사실상 랑글루아의 축출을
지휘하는 사람이었는데 그는 시네마테크를 CNC의 지배를 받
는 조직으로 하기를 원했다." 또 다른 한 사람은, 리부는 그 이
름을 밝히지는 않는데, 말로의 부하 중의 한 명으로 드브레와
말로 사이의 분쟁을 조장하는 '혐오할 만한' 역할을 했다. 이를
통해 랑글루아를 내쫓고 자신이 시네마테크를 넘겨받는 것이
목적이었다고 한다. 오랜 시간에 걸쳐 자신에 대한 '음모'가 진
행되고 있다는 망상을 가졌던 랑글루아는 이제 대단히 현실적
인 '음모'의 희생양이 될 위기에 처하게 된 것이다.

# 9

## 시네마테크를 위한 투쟁

이른바 랑글루아 사건은 1968년 2월 9일에 시작해서 4월 22일에 끝났다. 하지만 여왕의 목걸이 사건이 1789년 프랑스 혁명의 하나의 원인이었듯이 랑글루아 문제도 실제로는 4월 22일에 끝난 것이 아니라고 할 수 있다. 왜냐하면 1968년의 이른바 5월 '사건'—학생들의 폭력적인 시위를 프랑스에서는 조심스럽게 이렇게 불렀다—은 랑글루아 문제의 필연적인 연장이었기 때문이다.

2월 9일 시네마테크 프랑세즈에서는 집행위원회의 미팅이 있었다. 새 의장인 피에르 므와노(그는 드골 정권의 문화예술국장이었다)가 처음에는 랑글루아를 열정적으로 옹호하는 발언을 했다. 하지만 그 결론에서는, 시네마테크의 예술 및 기술 부문의 디렉터인 랑글루아는 피에르 바르뱅Pierre Barbin에 의해 대체되어야 한다고 제안했다.

바르뱅은 유명한 인물은 아니었지만 두 개의 단편 영화제를 조직해 나름 명성을 얻은 바 있다. 그 두 개의 영화제는 하나는 투르 영화제, 또 하나는 (애니메이션을 주로 상영하는) 앙시 영화제였다. 조르쥬 골드파인에 따르면, 바르뱅은 1968년 1월 투르 영화제에서 자신이 곧 시네마테크의 디렉터가 될 것이라고 말했다고 한다. 제작자인 피에르 브롱베르제도 같은 말을 들었다. 골드파인은 이 말을 듣고 세 시간 만에 랑글루아에게 전화를 해서 이 사실을 말했다. 랑글루아는 이를 가볍게 받아들였다. 그는 자신을 공격하는 큰 세력이 있다고만 말했다. 하지만 그는 자신의 지위가 변화할 수 있다는 것에 대해 약간 체념한 듯이 보였다. 그는 농담하듯이 골드파인에게 바르뱅을 위해서 일하게 될 것인데 기분이 어떠냐고 말했다.

문화예술국장과 반대하는 입장이었던 위원회의 멤버들은 므와노의 제안에 놀라서 투표를 2주일 연기해줄 것을 요구했다. 이 연기 요청은 므와노에 의해 거절되었고 위원회의 멤버들은 바로 투표를 하도록 지시를 받았다. 투표에 들어가기 직전에 앙드레 말로는 디렉터에 피에르 바르뱅, 공동디렉터에 레이몽 마이예를 제안했다고 앙드레 올로가 발표했다. 즉 바르뱅이 랑글루아의 지위를 계승하고, 관리 및 재정국장 파브리지오의 지위를 마이예가 계승하는 것이다. 나아가서 올로는, 장관이 랑글루아가 장래에도 시네마테크에 가능한 협력을 해주는 것이 중요하다는 것을 인식하고 있으며 조만간 그에게 주어질 역할에 대한 통지가 있을 것이라는 점도 이야기했다.

이런 갑작스러운 전개에 회의장은 크게 소란스러워졌으며 위원회 회원 32명 중 8명은 투표를 거부하고 퇴장했다. 퇴장한 사람들은 이본느 도르네, 드니스 르마르퀴에, 위베르 드비에, 루이-에밀 갈리, 알렉상드르 카멘카(얼마 전 시네마테크에 부회장으로 선임되었다), 장 리부, 앙브루아즈 루, 그리고 프랑수아 트뤼포였다. 직후에 투표가 열렸고 바르뱅과 마이예가 선출되었다.

그날 오후 이 두 명의 새로운 디렉터들은《카이에 뒤 시네마》의 말을 빌리자면, '작은 기습부대'를 동반한 채로, 쿠르셀가의 랑글루아의 사무실에 들어갔다. 이들은 사무실 열쇠를 바꾸었고, 밖의 보도에 있던 메리 미어슨에게 해고 통지를 보냈다. 마리 엡스탱은 시네마테크에서 일을 하고 있었는데 무슨 일이 일어났는지 전혀 모르고 있었다. 심야가 다 되어 일이 끝나서 나가려고 했더니 나갈 수가 없다는 것을 알게 되었다. (엡스탱은 랑글루아의 승인을 얻어 바르뱅 체제 아래에서도 시네마테크에 머물렀다. 랑글루아를 알고 있는 사람들에게는 왜 그렇게 했는지 명백했다. 그는 무엇이 일어나고 있는지 자신에게 보고해줄 신뢰할 만한 사람이 필요했던 것이다. 그리고 역으로 바르뱅 쪽도 무엇이 어디에 있는지를 알고 있는 그녀가 필요했던 것이다.)

올로는 시네마테크의 문제는 이제 다 해결되었다고 생각하고 휴가를 얻어 스키를 타러 갔다. 하지만 그는 곧 다시 돌아오게 된다.

2월 10일, 토요일. 대부분의 신문들이 이 갑작스러운 변화에 대해서 보도했을 뿐만 아니라 격렬하게 비판했다. 투쟁이 시작된 것이다. 40명의 영화감독들—그중에는 강스, 트뤼포, 레네, 프랑쥬, 고다르, 크리스 마르케르, 알렉상드르 아스트뤽, 샤브롤, 브레송, 르누아르, 에릭 로메르, 장 루슈 등이 있다—은 문화부의 결정에 격렬하게 항의했을 뿐만 아니라 자신들은 '바르비노테크(바르뱅이 운영하는 시네마테크)'에서는 자신들의 영화를 상영하는 것을 결코 용납하지 않을 것이라고 했다. 몇 시간 만에 프랑스 영화계 거의 전체가 랑글루아 옹호로 돌아섰다. 《카이에 뒤 시네마》는 전 세계의 영화감독들에게 보이콧에 참가해달라고 요청하는 전보를 보내기 시작했다. 프랑스영화 역사상 처음으로 여러 경향을 갖는 감독들 전체가, 젊은 세대든 늙은 세대든 간에, 하나로 결집한 것이다. (몇몇 기권한 사람들이 있었다. 마르셀 레르비에, 로제 레엔하르트, 르네 클레르 등)

문화예술국에서 나온 유일한 반응은 당혹한 듯한 공식 발표문이었다. 이 발표문은 다음과 같은 내용이었다. '앙리 랑글루아의 진력에 의해 서서히 그 자산을 확충해나간 시네마테크는 이제 대단히 중요한 조직이 되었기 때문에 더 이상 지난 20년간 해왔던 아마추어적인 방식으로는 운영을 계속하는 것이 불가능하다고 본다.'

2월 11일, 일요일. 모든 신문이 랑글루아 옹호로 통일되었다. 우익인 《주르날 뒤 디망슈》에서 공산당 기관지인 《위마니테》까지 다 똑같은 논조였다. 《카이에》는 보다 많은 전보를 보냈고 그 전보에 대한 답신이 들어오기 시작했다.

2월 12일, 월요일. 프랑스 역사상 가장 길고 가장 격렬한 언론 캠페인이 트뤼포, 샤브롤 등 여러 저널리스트에 의해 시작되었다. 누벨바그 초기의 최대의 논쟁가였던 트뤼포는 그의 신랄함을 잃지 않았다. 주간 신문인 《콩바》에서 그는 앙드레 말로를 직접적으로 비판했다. 그는 그동안 문화부가 무언가 잘못된 일을 하면 그것은 말로의 잘못이 아니라 재정부 장관인 미셸 데브레의 잘못이라고 믿어왔다고 했다. 하지만 이번의 결정은 명백히 말로의 결정이라는 것이 틀림없다고 트뤼포는 썼다.

이때까지 60명 이상의 감독이 보이콧 청원에 서명했으며, 감독의 저작권 승계자들—장 비고의 딸을 비롯해 12명의 상속자와 저작권 소지자—도 이에 가담했다. C.G.T(프랑스 노동총동맹)도, 랑글루아의 해임은 다른 문제와 마찬가지로 문화적인 영역을 정부의 지배하에 두려 하는 현 정권의 시도라고 말하면서 랑글루아를 적극적으로 옹호했다.

하지만 이날 있었던 일 중에 가장 중요한 것은 윌름 가에서 오후 6시부터 10시까지 열렸던 자발적 집회였다. 영화감독, 비평가, 영화팬 등 2백에서 3백 명 정도가 모여 집회를 한 것이다. 이들은 영화 상영에 들어가려는 사람들에게 상영중지에 협력해달라고 호소했다. 이들은 어느 정도 성공을 거두었다. 6시 반의 상영에는 겨우 7명만 입장했다. 그리고 해외에서의 반응이 도착하기 시작했다. 니콜라스 레이, 조셉 로지, 로베르 플로리, 빈센트 미넬리, 로베르토 로셀리니 등. 이들 모두는 자신들의 영화를 시네마테크에서 상영하는 것을 허용하지 않겠다고 말했다.

알렉상드르 아스트뤽의 항의가 아마도 가장 적절한 것 중 하나라 할 수 있을 것이다. 그는 다음과 같이 말했다. 시네마테크에서의 랑글루아는 드골 지지자에게 드골과 같은 존재라는 것, 그리고 감독들이 시네마테크에 프린트를 주었다고 해도 그것은 X, Y 혹은 Z에 대해서 준 것이 아니라 앙리 랑글루아에게 준 것이라는 점을 지적했다. 그리고 그는 예언하기를, 감독이나 배급업자들이 이 운동에 지속적으로 참여할 것이므로, 바르뱅 씨는 할 일이 하나도 없을 것이라고 했다. 그는 자신이 결정적인 두 개를—다름 아닌 필름과 관객을—결여한 조직의 수장이 되었다는 것을 깨달을 것이라고.

2월 13일, 화요일. 바르뱅은 시네마테크의 직원 40명을 해고하고 《피가로》에 성명을 발표했다. "랑글루아의 해임에 대해 사람들이 말하는 것은 틀린 것이다. 이것은 단지 조직의 재편성에 지나지 않는다. 나로서는 랑글루아가 내가 선의를 가진 사람이란 것을 이해해주기를 바랄 뿐이다."

랑글루아 자신은—이것은 아마도 그가 취할 수 있는 최선의 방책이겠지만—신문, 라디오, 텔레비전 등에 어떠한 발표도 하지 않았다. 실제로 이 사건의 전체를 통해 그는 침묵을 지켰다. 하지만 그는 전화 통화를 하는 것으로 아주 바쁜 시간을 보내고 있었다. 트뤼포, 고다르, 샤브롤, 루슈는 다음 날 오후 6시 샤이요 궁에서 기자회견을 할 것이라고 발표했다. 그 사이에 해외로부터 많은 전보가 쏟아졌고 이것들은 신문에 보도되었다. 프리츠 랑, 오슨 웰즈("앙리 랑글루아의 해임에 대단히 마음이 아프며 이 독단적인 결정에 최대한 강력한 언어로 항의한다. 시네마테크에서 나의 영화 상영은 별도의 통지가 있지 않는 한 있을 수 없는 일이 될 것이다"), 찰스 채플린("예술의 우월성이란 대의를 위해 앙리 랑글루아의 해임에 항의하는 리스트에 나의 이름을 올리지 않을 수 없다")에게서 전보가 왔다. 배우들의 항의도 이어졌다. 알랭 들롱, 마를렌느 디트리히, 시몬느 시뇨레, 델핀 세리그, 이브 몽탕, 미셸 시몽(그는 바로 전날 윌름 가에서 연설을 했다) 등.

새로운 이사회는 시네마테크의 극장을—샤이요 궁과 윌름 가 둘 다—당분간 폐쇄한다고 발표했다. "시네마테크는 전면적인 재편성의 과정에 있으며… 극장은 재고조사를 위해 당분간 문을 닫을 것이다."

2월 14일, 수요일. 이날은 경찰들의 곤봉이 맹활약한 날이다. 트뤼포가 《콩바》지에서 요청한 것에 맞추어 3천 명 정도가 샤이요 궁 상영실 근처의 트로카데로의 정원에 모였다. 이들은 오후 6시부터 샤이요 궁의 집회에 참가할 예정이었다. 하지만 오후 3시에 30대 정도의 경찰대의 차가 도착해 주위를 포위하고 사람들이 샤이요 궁 입구에 접근하지 못하도록 저지했다. 텔레비전의 카메라도 현장에 자리 잡았다(외국의 것이었다. 이곳

의 광경은 프랑스의 텔레비전에서는 방송이 허가되지 않는 것이었기 때문
이다). 작은 책자가 배포되었고 이어서 거대한 집단이 샤이요 궁
의 상영실을 향해 트로카데로의 정원을 지나서 동쪽으로 움직
이기 시작했다. 이들은 바로 경찰의 저지선과 마주하게 되었고,
고다르를 제외하면, 어느 누구도 이 선을 넘어서지 못했다.

그리하여 데모대는 전열을 정비한 다음 교통을 차단하면서
프레지당 윌슨 거리를 향해 움직였다. 다른 길로 상영실에 접근
하려고 했던 것인데 알베르 드 망 거리의 모퉁이에 이르렀을 때
새로운 경찰대가 다가오는 것이 보였다.

여기서 경찰들이 공격을 가하기 시작했다. 트뤼포와 고다
르는 가벼운 상처를 입었으며, 베르트랑 타베르니에의 얼굴은
피로 물들었고, 안느 마리 르와는 손목을 다쳤다. 그리고 여러
사람들이 거리에 쓰러진 상태였다. 그중 한 명은 헬렌 스코트로
그녀는 왕년의 공산당 조직담당이었다. (《버라이어티》기자인 로버
트 호킨스가 놀라서 그녀를 일으켜 세우려 하자 그의 동료인 진 모스코비
츠는 안심하라는 듯이 말했다. "걱정하지 마. 그녀는 이런 것을 수도 없이
경험해 본 사람이어서 자네가 일으켜 세우면 큰 소리로 외칠 거야. '사코
와 반제티에게 정의를!'")

오후 8시가 되자 고다르는(그는 난투 중 자신의 검은 안경을 잃
어버렸다) 해산을 명령했다. 하지만 여기서 해산해버리면 승리
를 얻었다고는 할 수 없다. 여기서 장 루슈는 위대한 예지를 발
휘해 모여 있는 사람들에게 말했다. 이것은 문화혁명의 첫 걸음
이며, 젊은이들의 최초의 의식의 고양이고, 프랑스인들의 삶을
모든 면에서 통제하려고 하는 정부의 시도에 대한 거부라고. 드
골 장군 자신의 말을 사용해 말하면 시네마테크의 아이들은 한
개의 전투에 진 것에 지나지 않다—결코 전쟁에서 진 것이 아니

다. 저널리스트인 앙리 샤피에는 랑글루아가 이제 자유를 상징하는 인물로서 하나의 상징이 되었다고 말했다.

그러는 사이에도 외국에서 계속 전보가 들어왔다. 린지 앤더슨, 엘리아 카잔, 아나톨 리트박, 루이스 브뉘엘, 카렐 라이즈, 사무엘 풀러 등.

2월 15일, 목요일. 시네마테크의 집행위원회는 만남을 가졌고 《르 몽드》의 보도에 따르면 피에르 므와노는 랑글루아에게 중요한 책임을 줄 것이며, 그리하여 그가 자신의 일을 계속하는 것을 허용할 생각이라고 발표했다. 랑글루아에게 영화박물관을 만들 기회를 제공하며, 거기서 전시회를 감독하고 영화연구와 실험의 센터를 준비하도록 할 것이라고 했다. 이것은 정부가 처음으로 유화적인 태도를 보여준 것이었다. AFP(Agence France-Presse) 통신은 전날의 사건을 되도록 최소화해서 보도하려고 했지만 (시위대는 2, 3백 명에 지나지 않았다든가 그중 몇 사람은 머큐로크롬을 발라서 마치 피를 흘리는 것처럼 위장했다는 등) 신문은 여전히 랑글루아에게 우호적인 태도를 지키고 있었다. 경찰은 자신들을 이처럼 엉망이고 불유쾌한 상황에 빠지게 만든 것에 대해 문화부의 담당자에게 격렬하게 화를 냈다는 말도 있었다.

2월 16일, 금요일. 트뤼포, 고다르, 루슈, 샤브롤은 이미 친親랑글루아 운동에서 중요한 역할에 해왔지만 여기서 보다 조직적인 보이콧을 실행하기로 결정한다. 이들은 장 르누아르를 명예회장으로 내세우고 '시네마테크 프랑세즈 옹호위원회'를 발족시켰다. 알랭 레네가 회장, 앙리 알르캉과 피에르 카스트가 부회장, 고다르와 리베트가 사무국장, 트뤼포와 자크 도니올-발크로즈가 재무담당을 맡기로 했다. 오후 6시에 이들은 스튜디오 악숑이란 영화관에서 기자회견을 열었다.

이리하여 8일간의 시네마테크 투쟁이 끝났다. 이로부터 이어지는 몇 주간은 그리 드라마틱하지는 않다. 2월 20일에 또 한 번의 시위가 있었다. 쿠르셀 가에서 프랑수아즈 로제와 장 마레가 인솔하는 수백 명의 시위대가 데모를 했다. 같은 날 오후 AFP는 피에르 바르뱅이 새로운 시스템을 도입하기 위해 잠시 미국에 갈 예정이라고 보도했다. 이 새로운 시스템에서는 프랑스에서 개봉된 모든 영화에 대해 그 제작자는 시네마테크 프랑세즈에 프린트를 한 벌 제출하는 것을 법적으로 의무화하는 것을 골자로 하는 것이다. 3일 후 이 미국행은 취소되었다. 같은 날 므와노는 기자들에게 랑글루아가 얼마나 열악한 조건에서 프린트를 보존하고 있는지를 보여줄 목적으로 브와 다르시에 있는 보관고를 방문하자고 제안했다. 다음 날《피가로》는 두 장의 사진을 게재했다. 한 장은 녹슨 필름 캔들이 산처럼 쌓여 있는 것이고 다른 한 장은 므와노가 필름 캔 안을 열어 변질된 필름을 보여주고 있는 것이다.《르 몽드》는 이것이 '안내원이 딸린 여행'에 지나지 않는다고 비판했다. 정부가 기자들에게 보여주고 싶은 것을 보여준 것에 지나지 않는다는 것이다. 물론 랑글루아의 지지자들은 시네마테크가 많은 녹슨 캔을 가지고 있다는 것을 잘 알고 있지만 그중에는 대단히 양호한 상태로 보존되어 있는 필름도 많다는 것을 잘 알고 있다.《르 몽드》는 랑글루아는 자신에게 제공되는 필름이 어떤 상태이든지 받아들였으므로 그가 보존하고 있는 필름 중에는 입수할 때 이미 변질된 것도 상당히 있었다는 점을 지적했다. '제대로 된' 아카이브라면 보관고에 들어오면 바로 체크하는 것이 맞지만 랑글루아에게는 이것을 수행할 인력도, 시간과 돈도(같은 것이지만)

없었다는 것이다. "랑글루아가 없었다면 한 편의 필름도 없었을 수도 있다"고 므와노는 말했다. "하지만 바로 그 때문에 어떤 영화들은 참으로 개탄할 상황에 놓이게 된 것이다." 그는 그 '어떤 영화들'이 몇 편이나 되는지는 결코 말하지 않았다.

말로도, 랑글루아와 마찬가지로, 사건이 벌어지고 난 후 줄곧 침묵을 지켰다. 그는 사건 발생 2주 후인 2월 24일, 하원의 질문서에 답하는 형식으로 《정부관보Journal Officiel》에 성명서를 발표했다. 이것은 사실 이 문제에 대해 정부가 공표한 유일한 공적인 발언이었다. 이것은 다음과 같이 시작한다.

"시네마테크의 내부 사정에 대해 잘 알고 있는 사람들은 그곳의 설립자 및 그 협력자들이 이런 종류의 공공기관의 운영에 필요하다고 인정되는 기본적인 사항들을 충족시키고 있지 못하다는 것을 알고 있었다. 특히 CNC(국립영화센터)가 시네마테크가 소유하고 있는 영화의 편 수 및 그 타이틀을 알아내려 했지만 결국 그걸 해내지 못했다. 또 그들이 가지고 있는 필름에 관해 그 사용 및 소유에 대해 법적인 근거도 불확실한 것이 많았으며 어디에 보관되어 있는지도 불명확한 점이 많았다."

이것은 어느 정도 맞는 말이었다—랑글루아는 거의 천성적으로 비밀주의적인 경향이 강했으며, 정부든 누구든 간에, 자신이 무엇을 가지고 있는지를 남들에게 알려지기를 원하지 않았다. 게다가 그는 자신이 가지고 있는 필름의 출처를 드러내지 않도록 극도의 주의를 기울였다. 이것은 사실 그에게 필름을 맡긴 사람이 반드시 그 필름에 대해 권리를 가진 사람이 아닌 경우가 있었기 때문이기도 하다. 이것은 불법인가? 물론 대답은 '예스'다. 하지만 랑글루아의 마음에서 이것은 일시적으로 불법일 뿐이다. 그에게는 필름이 거기 있다는 사실이 제일 중요했다. 왜냐하면 거기에 필름이 있다면 언젠가는 상영할 수 있기 때문이다. 결국에는 그것은 '퍼블릭 도메인(공공의 것)'이 되거나 혹은 법적인 문제가 정리되는 때가 올 수 있는 것이기 때문이다.

말로의 성명서의 나머지 부분은 최근 몇 년간 정부가 이미 여러 번 말했던 것—시네마테크를 제대로 운영되는 공공서비스 기관으로 한다는 계획—을 그저 반복할 뿐이다. 말로는 다음과 같은 말로 결론을 짓고 있다. "서적의 수집은 결정적인 변환이 없는 한 국립도서관[비블리오테크 나쇼날Bibliothèque Nationale]이 되지는 않는다. 같은 말을 시네마테크에 대해서도 할 수 있다. 랑글루아가 특출한 서비스를 제공했던 것은 틀림없다. 하지만 그는 자신이 좋아하는 것은 지나칠 정도로 많이 했지만, 자신이 좋아하지 않은 것은 충분히 제공하지 못했다... 그가 자신을 도와주겠다고 한 것을 거부한 사람들의 리스트는 대단히 긴 것이 되려고 한다."

그때부터 다시 말로는 침묵을 지켰다. 그는 자신이 결국 패했다는 것을 알았을까? 자신이 틀렸다는 것을 알았을까? 아니면 모든 것을 원래대로 내버려두는 것이 낫겠다고 생각한 내각의 다른 멤버들의 압력이 거셌던 것일까? 아마도 그랬을 수도 있다. 게다가 바르뱅의 옹호자들도 인정하고 있는 대로 바르뱅도 이 일에 맞는 투사형의 인물이 아니었다. 프와느조차 '천재 넝마주이'라고 불렸던 랑글루아와 같은 사람과 맞섰을 때 충분히 공격적으로 나올 수 있는 그런 인물이 아니라는 것이다. 어쨌든 그는 이 투쟁이 얼마나 폭력적인 것이 될 수 있는지, 얼마나 광적인 열정을 방출할 수 있는지 전혀 상상을 하지 못했던 것이 틀림없다. 그는 아마도 정부가 뒤에 있으니 잘못될 리가 없을 것이라 생각했을 것이다. 그리고 이 점이 바로 '랑글루아 사건'의 핵심이라 할 수 있다. 많은 사람들이 왜 이 사건이 5월의 '사건'으로 연결된다고 보는지도 바로 이 점에 있다. 랑글루아 사건은 프랑스인들에게 드골, 드브레, 말로의 독재적인 정부에 대해 성공적으로 대항할 수 있다는 것을 보여주었던 것이다.

두 명의 중요한 소비에트 감독—그리고리 코친체프와 세르게이 유트케비치—이 랑글루아의 해임에 대해 항의하고 시네마테크의 회원으로서 새로운 총회의 개최를 요구한 것이 랑글루아에게 큰 도움을 준 것은 사실이다. 하지만 진정으로 그를 구원한 것은 미국의 영화회사들이었다. S. 프레데릭 그로닉에 따르면 MPAA(파라마운트, 폭스, 워너 등)의 회원사들은 시네마테크 투쟁이 절정에 도달했을 때 그에게 자신들을 대표해 앙드레 말로를 개인적으로 방문할 권한을 주었고, 그가 자신의 계획을 철회할 생각이 없다면 미국의 영화사들은 자신들의 필름을 모두 회수할 것이라고 통고하라고 했다는 것이다. 그로닉은 내게 말했다. "나는 이미 시네마테크에 대한 필름의 인도를 중지시켜 놓은 상태였다. 이 방문을 앞두고 말이다. 단 한 피트의 필름도 미국의 스튜디오에서 시네마테크로 가서는 안 된다고 해놓았다. 미국의 영화사들은 그런 점에서는 아주 규율이 잘 잡혀 있다. 그래서 나는 말로에게 우리가 모든 필름들을 회수할 것을 심각하게 고려하고 있다고 말했다."

"말로는 정말로 기습을 당한 것 같은 표정이었다"고 그는 내게 말했다. "그는 이 문제를 실제로는 잘 이해하지 못하고 있었다. 그는 지방에 이른바 '메종 드 퀼투르(문화의 집)'을 만드는 데 열중하고 있었고 그가 생각하고 있는 것은 시네마테크가 이상적인 프로그램 공급처가 될 것이라는 정도였다. 영화는 사람들을 끌어들이는 데 가장 좋은 상품이니까. 이 사람들에게 미키 마우스를 보여준다고 하면 '메종 드 퀼투르'는 바로 만원이 될 수 있다고 생각했을 것이다."

"말로는 정말로 우리가 이걸 행동으로 옮길 생각인지 물었다. 나는 그에게 확고한 결심도 하지 않은 채로 장관을 찾아오는 짓을 하지는 않는다고 대답했다. 말로는 우리의 위협이 아주 심각한 것임을 이해했다. 그걸로 모든 것이 끝났다. 바로 이것이 정부의 랑글루아 해임 계획을 결정적으로 좌절시킨 것이었다."

"당신의 방문은 언론에 보도되지는 않았던 것으로 안다." 내가 말했다.

그는 대답했다. "전혀 보도되지 않았다. 우리는 미국의 영화사가 마치 프랑스 정부에 최후통첩을 보내는 식으로 보여지길 원하지 않았으니까."

"하지만 당신은 실제로는 그렇게 한 것이 아닌가?"

"뭐 그런 식으로 볼 수는 있을 것이다. 나로서는 그저 우리의 재산을 지키려고 노력했다는 정도로 이해하고 있다."

그로닉은 말로를 찾아간 날짜는 정확히 기억하고 있지 못했다. 하지만 3월 6일 이전임에 틀림없는 것으로 보인다. 왜냐하면 그날《르 몽드》는 새로운 총회가 4월 22일에 열릴 것이며 '랑글루아 사건'의 해결을 위한 중대한 진전이 있을 것이라고 보도하고 있기 때문이다.《르 몽드》의 기자는 그로닉의 방문을 어렴풋이 눈치채고 있었던 것일까? 아니면 말로의 측근으로부터 방향전환이 있을 것이라는 이야기를 들었던 것일까? 어쨌든 그들은 이 문화적 영웅들의 투쟁이 랑글루아의 승리로 끝날 것이라는 걸 감지하고 있었던 것 같다. 프랑스인들이 문화적 영웅들에 대해 커다란 관심을 기울인다는 것은 굳이 언급할 필요도 없다. 말로도 당연히 이 문화적 영웅 중 한 사람이다—그의 소설, 그의 영화 〈희망〉, 레지스탕스 투사로서의 명성, 프랑스 산문의 대가, 빼어난 예술론 등. 하지만 랑글루아 문제에 대해서 보면 말로와 같은 수준의 문화적 영웅들이 국내외를 불문하고 랑글루아 편에 섰던 것이다. 공산주의자인 아라공이 있었고 보수파인 아누이가 있었다. 롤랑 바르트, 사무엘 베케트, 시몬드 드 보부아르가 있었다. 알렉산더 칼더와 트루만 카포티. 앙리 카르티에 브레송. 마그리트 뒤라스와 셸라그 델라니. 막스 에른스트, 유진 이오네스코, 폴린 케일, 윌프레도 람, 피에르 망데스-프랑스, 노만 메일러, 파블로 피카소, 레이몽 크노, 앤드류 새리스, 장-폴 사르트르. 수잔 손택과 엘리오트 스타인. 빅터 바사렐리와 이아니스 크세나키스. 지식인과 예술가의 참으로 인상적인 국제적인 리스트라고 하지 않을 수 없는데 이것은 《카이에 뒤 시네마》에 실린 것이다.

여기에다가 랑글루아가 FIAF와 다투고 있음에도 불구하고 여러 외국의 아카이브들이 이 투쟁에 참여했다. 스위스, 캐나다, 이탈리아, 일본, 러시아, 이란, 독일, 뉴욕 현대미술관의 영화부문 등. 베니스와 뉴욕의 영화제 디렉터들도 참여했고 뉴욕의 필름메이커스 코옵도 참여했으며 미국감독협회도 참여했다.

어떤 정부도 쉽게 기권하지는 않는다. 체면은 지켜야 하는 것이다. 그래서 정부가 제안한 첫 해결책은 시네마테크를 분할하는 것이었다. CNC의 디렉터인 올로는 4월 16일 텔레비전에 출연해 랑글루아를 프로그램의 책임자로 두면서 다른 사람이 필름 보존의 책임자가 되는 방안을 생각하고 있다고 말했다. 명백히 이것은 받아들이기 힘든 것이다. 이 두 개의 기능은 상호의존적인 것이기 때문이다. 4월 18일에 시네마테크 프랑세즈 옹호위원회는 이 타협안을 거부했다. 4월 21일 일요일에 문화부는 정부가 시네마테크의 부채를 짊어진 후에 집행위원회의 정부 측 위원이 사퇴할 것이라고 발표했다. 시네마테크는 다시 그 회원들의 것으로 되돌아간 것이다.

그리하여 4월 22일 월요일에 총회가 열렸다. 현명하게도 그가 자리를 잠시 비운 사이에 랑글루아는 사무총장으로 재선되었다. 이것으로 사건은 완전히 끝났다. 정말로 끝난 것일까?

정부가 떠남에 따라 다시 돈은 고갈되었다. 확실히 국가는 최소한도의 책임은 지려고 했다. 하지만 그것은 샤이요 궁의 조명 및 난방비와 다른 몇 개의 비용을 부담하는 것에 지나지 않았고 시네마테크는 자신의 자산 외에는 아무것도 없는 상태로 다시금 돌아갔다. 샤이요 궁 이전에, 정부가 랑글루아로 하여금 큰 그림을 생각하라고 재촉하기 이전에, 랑글루아는 나름 잘 해나갔던 것이다. 이제 그는 돈을 마련하기 위해 이전보다 더 많은 시간과 에너지를 써야 한다.

# 10

## 대서양을 넘어서

처음 자금을 지원해주겠다는 제안은 전혀 예상치도 않은 곳에서 왔다. 몬트리올의 써 조지 윌리엄스 대학[현재는 콘코디아 대학으로 이름이 바뀌었다—옮긴이]의 교수인 세르쥬 로직 Serge Losique이 제안을 한 것이다. 랑글루아는 로직이 1950년 파리에서 학생이던 시절 처음 만났으며 1952년경에는 아주 친한 사이가 되었다. 로직은 1957년 파리를 떠나 몬트리올로 갔다. 그리고 이들의 행로는 1967년 로직이 시네마테크의 몬트리올 통신원이 될 때까지 교차하지 않게 된다. 1968년에 로직은 랑글루아가 해임되었다는 뉴스를 접하자마자 그에게 전화를 걸어 "랑글루아, 이제 그들이 당신을 쫓아냈으니 몬트리올로 오시오"라고 했다. 랑글루아의 첫 반응은 아주 부정적인 것이었다. "당신 미쳤어? 나는 독학자야. 바칼로레아도 통과를 못했다고. 그런데 나에게 학생들을 가르치라고?" 로직은 다음과 같이 회고했다. "하지만 그가 해임되자마자 그를 도와주겠다고 한 것에 그는 상당히 감동을 받은 것 같았다. 나는 그에게 제안을 할 만한 권한이 사실 없었다. 나는 어딘가에서 돈을 구한 다음 대학의 여러 위원회 등 절차를 다 거쳐서 그를 일하게 하려고 했다. 그는 한 달 후에 내게 전화를 했다. '잘 생각해봤는데 받아들일 생각이 있어.'"

"물론 그는 1968년 가을의 새 학기까지는 수업을 시작할 수 없었다. 그는 9월에 첫 수업을 위해 도착했고 그로부터 3년간 이곳에 왔다. 그는 3주에 한 번꼴로 왔는데 목요일 밤에 도착해서 일요일 밤에 돌아갔다. 그는 '영화의 역사'라는 과목을 가르쳤는데 명확히 강의계획표를 마련해서 하지는 않았다. 1968년과 1969년에는 7백 명이 들어갈 수 있는 대형 강의실에서 수업을 했다. 첫날 그는 말했다. '나는 교수가 아니다. 가르치는 법도 모른다. 그러니 먼저 뤼미에르와 멜리에스를 보여주겠다.' 학생들은 처음에 상당히 놀랐지만 랑글루아의 경우에 굳이 노트를 할 필요가 없다는 것을 이해했다. 그가 무엇을 하려는 것인지 이해하게 되자 이제는 아예 노트를 하고 싶어 하지 않았다. 그만큼 학생들은 랑글루아와 그가 보여주는 영화들에 빠져 들어갔던 것이다."

"아카데미의 요구에 맞추려면 시험을 보지 않을 수 없다. 그런데 그는 처음에는 학생들에게 실기적인 것을 요구했다. '몬트리올의 기차역에 가서 카메라를 설치하고 뤼미에르가 라 시오타에서 했던 것처럼 역에 들어오는 기차를 찍도록.' 필기시험의 경우에는 나와 함께 문제를 만들었다. 한 번은 칸느 영화제 기간에 호텔에서 성적처리를 하느라 바빴던 기억도 난다. 실제로 최종적으로 점수를 준 것은 나였다. 그는 대학의 세계가 어떻게 돌아가는지 전혀 모르는 사람이었다."

"그는 내게 가르친다는 의무를 짊어지다 보니 영화에 대해 더 많이 알게 되었다고 말했다. 학생들의 질문이 그로 하여금 생각을 하게 했던 것이다. 강의는 세 시간 정도 진행되었는데 다 끝난 다음에 그는 열 명에서 열다섯 명 정도를 데리고 자신의 호텔방으로 가서 계속 강의를 하기도 했다. 이것은 참으로 힘든 일이었다. 토요일에는 아침 10시에 강의를 시작해 심야에야 끝나곤 했다."

"그의 도착은 항상 드라마틱했다. 매번 필름을 가지고 왔기 때문에 나는 항상 공항에 나갔다. 가지고 온 필름을 세관에서 통과시켜야 했기 때문이다. 한번은 그가 반입신고를 하지 않고 나오려고 하다가 체포되기도 했다. 세관직원들은 그가 터키의 혁명가라고 생각했던 것이다!"

"간혹 우리는 그에게 일등석 티켓을 끊어주기도 했다. 그의 체격으로 보아 일반석은 역시 불편할 수밖에 없었기 때문이다. 다행스럽게도 그는 다음과 같은 장점이 있다. 그는 비행기가 오를리 공항에서 이륙하기도 전에 잠이 들어버린다. 그는 어디서나 잘 수 있었고 아무거나 잘 먹는 편이었다. 하지만 1968년경에는 그리 건강이 좋다고는 할 수 없었다. 그는 통풍이 있었고 심장도 약한 편이었다. 몬트리올에서 그는 그의 말로는 '시골 의사'라고 했던 사람—닥터 로리에—을 만나게 되었다. 그는 이 사람을 전적으로 신뢰했다. 그런데 다시 강의 이야기로 돌아가자면 그는 정말로 대단했다. 그는 항상 다른 이야기를 했었다. 했던 이야기를 반복하는 일은 전혀 없었다. 하지만 3년 강의를 한 후 그는 그만하겠다고 했다. 나는 학기에 단 한 번 와서 3주 정도 있으면 어떻겠냐고 제안했지만 그는 자신에게 그럴 힘이 없다고 했다. 그는 지쳤다고 했다. 그는 아메리카를 사랑했다. 정확히 말하자면 (캐나다와 미국을 포함하고 있는) 북아메리카를 사랑했다. 많은 유럽인들이 생각하듯이, 그는 이 곳을 넓은 개

척지라고 생각했다. 이곳에서는 모든 것이 가능하다고 생각했다."

이어서 미국에서도 그에게 접촉했다. "《워싱턴 포스트》에 실린 '전설적인 랑글루아가 온다'라는 제목의 기사를 기억한다. 미국인들에게 가장 인상적인 것은 그가 강력한 정부에 맞서 이겼다는 것으로, 이는 그의 인기에 엄청난 공헌을 했다. 드골에게 이긴 것을 보면 틀림없이 대단한 사람일 거라고 모든 사람들이 생각했다." 랑글루아가 미국에서 처음으로 한 일은 워싱턴의 스미소니언 박물관에서 일련의 강연을 한 것이었다. 나중에 그는 하버드에서 강연을 하게 된다.

랑글루아가 톰 존스턴과 그의 프랑스인 아내인 미레이유를 만난 것은 1968년 추수감사절 디너로, 장소는 여성 다큐멘터리 감독인 넬 콕스의 뉴욕 집에서였다. 당시에는 이 만남이 중요한 것이 될 것임을 아무도 몰랐다. 콕스는 존스턴과 같은 켄터키 출신으로 어린 시절부터 알고 지내는 사이였으며 존스턴이 드류 어소시에이츠에서 일하면서는 더 자주 보게 되었다. 드류 어소시에이츠는 다큐멘터리 제작팀으로 로버트 드류, 리차드 리콕, 돈 펜베이커 등이 참여하고 있었다. 존스턴은 UN의 건너편에 있는 극장에서 영화를 보여주는 비영리단체 '아이The Eye'에도 참여하고 있었다. 주로 단편영화를 상영했는데 밤에는 특정한 주제로(예를 들면 브라질 단편 특집 같은) 상영했고 낮에는 UN을 찾아온 관광객들을 위해 여러 단편을 섞어서 상영했다. 이 계획은 원래 44번가에 있는 불타버린 하워드 존슨의 모텔을 사용하는 것이었다—I. M. 페이가 디자인을 담당하고 이들은 포드 재단에서 자금을 얻으려고 했다. 남은 유일한 문제는 필름을 공급받는 것이었다. 그래서 넬 콕스는 랑글루아가 도와줄 수 있지 않을까 생각했던 것이다.

톰 존스턴은 1962년에 드류 어소시에이츠에서 일하기 위해 뉴욕에 왔다. 그는 1963년 케네디 대통령이 암살된 후 그에 대한 반응을 찍은 단편영화 〈11월의 얼굴Faces in November〉의 제작에 참여했다. 이 영화를—영화라기보다는 저널리즘에 가까운 일이었다고 그는 말한다—만들고 있는 도중에 로버트 케네디가 대통령에 입후보할 것을 결심했고 존스턴은 그의 선거운동본부에 들어가게 된다. 그는 곧 뉴욕 선거사무실을 담당하게 되었고 케네디와도 절친한 사이가 되었다. 그 후 그는 케네디의 라틴 아메리카 방문과 아프리카 방문을 진행하게 된다. 그 후 그는 뉴욕시의 베드포드-스투이베슨트 지역에서 경제발전의 프로젝트를 진행했다. 그는 1968년 로버트 케네디가 암살되었을 때 이미 '아이'의 프로젝트를 시작한 상태였으며 이를 계속하기를 원했다. 하지만 영화를 어디서 가져와야 할지 고민하는 상태였다. 바로 그런 이유로 넬 콕스는 그가 랑글루아를 만나도록 했던 것이다.

랑글루아와 존스턴—이처럼 특이한 커플을 상상하기도 힘들 것이다. 존스턴은 키가 크고 핸섬한 데다가 명백히 부유한 집안 출신이다(그의 풀 네임은 토마스 모리슨 카네기 존스턴이다). 참으로 프런티어맨 타입이라고 할 수 있다. 하지만 이들은 금방 친숙한 사이가 되었고 랑글루아는 상대에게 호의를 품게 되면 그가 항상 보여주는 태도를 드러냈다. "자네가 원하는 것이면 무엇이든 줄 수 있어. 그럼 해보자고" 하는 식의 태도 말이다. 그 다음의 만남에서는 이미 무엇을 상영할지를 논의하기 시작했으며 상대를 더 잘 알게 되었다. 하지만 '아이'는 문제에 봉착한 상태였다. 원래 이 프로젝트는 카플란 재단에서 지원을 받았으며 장소는 UN에서 제공을 받은 것이다. 여기에다 포드 재단에서 추가로 지원을 받으려고 했지만 이 지원은 존스턴이 생각한 것처럼 빨리 구체화되지는 않았다.

'아이'를 시작하기 전에 존스턴은 영화 비즈니스에 대해 배울 필요가 있다고 생각해서 몇 달간 하버드 비즈니스 스쿨을 다니기도 했다. 그 다음에 그는 조크 휘트니(존 헤이 휘트니, 저명한 출판업자이자 재산가)* 밑에서 일하게 되었다.

휘트니 또한 영화와 긴밀한 관계가 있던 사람이다. 대부호인 그는 여러 브로드웨이 프로덕션에게 있어 천사와 같은 존재였다. 그는 테크니컬러 영화의 제작을 위해 설립한 파이오니어 영화사의 설립자였고 나중에는 셀즈닉 인터내셔널의 공동경영자의 한 사람이었다. 셀즈닉의 프로젝트인 〈바람과 함께 사라지다〉를 배후에서 지원한 사람이기도 하다. 그는 가끔 영화제작에 참여하기도 했지만 46년간 뉴욕 현대미술관 이사회의 멤버였으며 1946년에서 1956년까지는 자신이 의장을 맡았다.

'아이'의 프로젝트를 여전히 진행하고 있을 때인 1969년 봄 존스턴은 뉴욕 현대미술관의 영화부문 책임자인 윌라드 반 다이크로부터 전화를 받았다. 존스턴은 이미 그를 만난 적이 있으며 그의 아들 중 한 사람도 아는 사이였다. 반 다이크는 만나서 이야기를 해야 한다고 했다. "자네는 '아이'를 할 수 없을 거야." "뭐라고요?" 존스턴은 처음에는 반 다이크가 그가 아직 그럴 능력이 안 된다는 점을 지적하는 것이라 생각했다. 하지만 그런 의미가 아니었다. "자네가 랑글루아와 함께 뉴욕에서 일한다는

---

● 이십몇 년 전에 그는 아이리스 배리가 뉴욕 현대미술관에 영화부문을 설립하는 데 도움을 주기도 했다.

것은 말이 안 되는 거야. 내가 파리에 가서 일을 하는 것이 말이 안 되는 것과 같은 것이지." 존스턴은 깜짝 놀랐다. "여기는 뉴욕이라고요. 당신 말은 마치 당신이 뉴욕을 독점하고 있는 것처럼 들리는군요. 어느 누구도 끼어들지 말라는 식으로 들리는데요." 반 다이크는 말했다. "뭐, 그런 셈이지."

존스턴은 말했다. "나는 이해할 수 없군요. 여기에는 몇 개의 발레단이 있고 몇 개의 오페라 그룹이 있어요. 설마하니 영화에 관해서는 단 하나의 조직—바로 당신네 조직—이 뉴욕을 다 지배해야 한다고 생각하는 것은 아니겠죠. 게다가 당신네들은 영화를 별로 많이 보여주고 있지도 않아요. 그나마도 낮에 상영하는 것이 많아 사람들은 당신네 미술관에 가지도 못합니다. 당신네들은 오히려 랑글루아를 환영해야 한다고 생각해요. 그는 가끔 골치 아플 때도 있지만 그가 파리를 위해 한 일을 생각해보세요. 그와 같은 일을 그는 뉴욕을 위해 할 수 있어요."

반 다이크는 '아이'가 굳이 필요할 것이라 생각하지 않는다는 것, 한다고 해도 별로 좋은 결과가 없을 것이라는 점만을 강조했다. "우리 미술관 활동에 대한 평가만을 저해할 뿐이다"고 그는 말했다. 존스턴은 반 다이크의 말이 틀리다는 확신을 가졌으며 그의 반대에도 불구하고 계획을 밀어붙이기로 했다. 존스턴은 내게 다음과 같이 말했다. "그 후 반 다이크는 조크 휘트니와 데이비드 록펠러에 편지를 보냈다. 휘트니는 그의 공동경영자인 벤노 슈미트를 통해 이 편지를 내게 보여주었다(휘트니는 나의 고용주일 뿐 아니라 집안의 친구이기도 하다). 그 편지는 내 말을 문맥을 무시하고 인용하면서 다음과 같은 것을 말했다. 랑글루아는—'가끔'이라는 말은 빼먹고—골치 아픈 사람이며, 분열적이고 비조직적인 인간이며, 이 모든 노력에 대해 견제가 가해져야 한다고 했다. 이 편지는 전혀 효과를 거두지 못했다. 사실 록펠러, 슈미트, 휘트니는 그저 웃어넘겨 버리고 말았다."

이것은 존스턴이 반 다이크와 처음으로 가진 경합이었다. "나는 그에게 전화해 말했다. '이건 미친 짓이오. 당신이 이렇게 압력을 가하는 방식은 내 결심을 더욱 강하게 할 뿐이고 당신은 더욱 바보처럼 보일 뿐이야.' 그는 분노했고, 집요했으며, 더욱 독단적으로 되어갔다. 그리하여 싸움은 지속되었다. 그는 무슨 일이 있어도 우리가 뉴욕에서 무언가를 하는 것을 저지해야겠다고 생각했다. 나는 랑글루아에게 이 이야기를 다 해주었고 그는 시네마테크와 뉴욕 현대미술관의 갈등의 역사를 내게 말해주었다. 그는 나를 열정과 편집증의 세계에 데려다준 것이다. 하지만 이건 단순한 편집증이 아니었다. 그중 상당 부분은 진실이었다. 우리는 그가 말하는 것을 웃어넘겼지만 곧 우리는 그런 문제가 아닌 걸 알게 되었다."

얼마 후에 포드 재단은 '아이'에 대한 지원을 최종적으로 중지한다는 결정을 내렸다. 하지만 존스턴은 뉴욕의 문화계에서 널리 알려진 인물이었다. 그는 타임 라이프의 간부인 리차드 클러만과 친분이 있는 사이였다. 클러만은 시티 센터 이사회의 위원장이었던 모튼 봄이 죽은 후 그의 자리를 이어받고 시티 센터를 다시 활성화시키려고 애쓰고 있었다. 1970년에 그는 존스턴에게 시티 센터의 새 이사회에 참여하고 거기에 '아이'를 가져오면 그곳의 영화부문의 핵심적인 역할을 할 수 있을 것이라고 시사했다.

랑글루아는 이 계획의 변경에 이의는 없었다. 오히려 '아이'를 55번가에 가져간다는 아이디어는(그곳은 현대미술관에서 2블록 밖에 떨어지지 않은 곳이다) 그의 구미를 당기는 것이었다. 클러만은 랑글루아와 존스턴에게 예전에 메카 템플이었던 55번가의 시티 센터 본부의 지하실에 사용하지 않는 넓은 공간이 있다는 것을 알려주었다. 그래서 랑글루아와 존스턴이 시티 센터의 노 만 싱어와 함께 그 장소에 갔을 때 그는 이곳에 매료되었다. 그 는 언더그라운드라는(이 말의 이중적 의미에서) 아이디어를 좋아 했고 이곳이 파리 센느 강 좌안의 프롤레타리아적이고 보헤미 안적인 분위기를 가지고 있다고 생각했다. 아주 단정한 곳이라 고 할 수는 없지만 주변에는 이웃동네도 있었다. 그는 또 아무 것도 없었던 장소에 새로운 것을 꾸민다는 것에도 매력을 느 꼈다.

그래서 존스턴과 유진 스타비스(그는 1969년부터 '아이' 프로젝 트에 참여했다)는 오펜하이머와 브래디 건축사에 설계를 의뢰했 다. 이 계획의 개요는 세 개의 작은 극장과 작은 전시공간을 마 련하는 것이었다. 점차 '아이'의 프로젝트는 그 형태를 바꾸어 시티 센터 시네마테크라 부를 수 있는 것이 되어갔다.

하지만 이 모든 것은 시간을 필요로 했고 랑글루아는 그리 참을성이 많은 사내가 아니다. 그래서 당시 메트로폴리탄 뮤지 엄의 20세기 예술 부문 책임자인 헨리 겔잘러와 1970년 메트로 폴리탄 100주년 기념 프로그램의 디렉터인 조지 트레셔가 존스 턴에게 랑글루아가 그해 여름의 영화 프로그램을 맡아주면 어 떻겠냐고 제안했을 때 그는 이를 흔쾌히 받아들였다. 이전에 보 스터 대학에서 필름 소사이어티를 운영했으며 컨템포러리 필름 과 제이너스 필름에서도 일했던 유진 스타비스는 랑글루아의 옆에서 상근 어시스턴트로 일하게 되었다.

그 사이에 존스턴은 조크 휘트니에게서 떠나 칠드런스 텔 레비전 워크숍으로 옮겼다. 그는 동시에 시티 센터 시네마테크

의 프로젝트를 위해 위원회를 결성했다. 넬 콕스, 로버트 레드
포드, 조앤 간즈 클루니, 밀턴 글레이저, 아돌프 그린, 헨리 겔
잘러 등이 참여했다. 클러만과 시티 센터는 메트로폴리탄 뮤지
엄의 프로젝트에 반대하지는 않았다. 시티 센터는 가능하면 메
트로폴리탄과 함께 일해야 한다고 생각했으며 시네마테크와
의 계약상의 처리도 다 되었다고 생각했다. 메트로폴리탄은 그
들에게 공간을 주었고—그레이스 레이니 로저스 강당—홍보도
담당하는 것으로 되었다. 시티 센터는 나머지 일을 다 맡는 것
으로 했다. 그 시점에서는 대단히 큰 야심 같은 것은 없었지만
메트로폴리탄, 시티 센터, 랑글루아, 존스턴 모두 이 프로그램
을 여론을 떠보는 애드벌룬으로 생각하고 있었다.

　　메트로폴리탄에서의 상영회는 잘 운영되었다. 예상과 달리
랑글루아는 프린트를 제때 잘 보내주었으며 자신의 가치를 입
증해주었다(단 두 영화만 제때 도착하지 못했는데 그중 한 편은 운송
중 분실되었다). 하지만 이 프로그램은 랑글루아, 존스턴, 스타비
스가 기대했던 정도의 대중적인 성공을 거두지는 못했다. 여기
에는 몇 개의 이유가 있었다. 우선 시기가 좋지 않았고—7월 29
일부터 9월 3일까지였다—메트로폴리탄은 밤에는 가기가 쉽
지 않은 곳이라는 점도 있었다. 또 뉴욕의 관객들은 외국영화
를 자막 없이 보는 데 아직 익숙하지 않다는 점도 있었다. 거기
에다 프로그램이 너무 야심적이라는 면도 있었다. 상영회는 11
개의 소프로그램으로 나뉘어 있는데 어느 것을 보려고 해도 전
체의 티켓을 사야만 했다. 입장료는 높은 것은 아니었지만—10
개 프로그램에 대해 15달러—랑글루아는 대개의 프로그램에서
옛날 영화와 새 영화를 섞어버렸는데 내 생각에 이것은 그리 현
명한 처사가 아니었다. 이것이 아마도 사람들로 하여금 전체 티

켓을 사는 것을 망설이게 했다고 생각한다. 물론 '미국의 웨스턴 이야기'western saga'(버스터 키튼의 〈고 웨스트〉, 제임스 크루즈의 〈커버드 웨건〉, 라울 월쉬의 〈빅 트레일〉, 모리스 투르뇌르의 〈모히칸족의 최후〉, 존 포드의 〈세 악인〉) 같은 동질성이 높은 프로그램도 있었지만 '시리즈 5: 개인주의자들'(두 편의 세실 B. 데밀, 두 편의 루벤 마물리안, 〈국가의 탄생〉, 대릴 자눅에의 트리뷰트, 로베르토 로셀리니의 〈사도행전〉) 같은 프로그램은 너무 절충주의적이어서 많은 관객들을 끌어들이기는 어려웠다. 게다가 상영의 절반이 오후 6시에 시작했는데 이건 뉴욕의 대부분의 사람들에게는 너무 이른 것이었고 특히 더운 날씨에는 더욱 그랬다. 영사도 아주 최적의 수준은 아니었다고 생각한다.

예상할 수 있는 일이지만 뉴욕 현대미술관은 분노했다. 1970년 2월에 이 상영회의 뉴스가 나오자마자 어떤 사람들은 이것을 현대미술관의 영화부문과 뉴욕 필름 페스티벌에 대한 메트로폴리탄과 시티 센터의 기습공격이라고 생각했다.

물론 2주 정도 진행되는 뉴욕 필름 페스티벌은 현대미술관에 비하면 그리 걱정할 것이 많지는 않다. 현대미술관의 사람들은 랑글루아가 메트로폴리탄에서 여름 영화 프로그램을 계속 진행한다면 자신들의 관객이 줄어들고 필름의 공급에도 악영향을 미칠 것이라고 걱정하고 있었다. 랑글루아는 내게도 자신이 하는 일을 명확히 알려주지 않았다. 그는 내게 그저 뉴욕에서 환상적인 '기습'이 있을 것이라고만 말했다. 그는 뉴욕 필름 페스티벌에 대해서는 공평하게 행동했다고 할 수 있다. 그해 칸느에서 그는 내가 페스티벌에 가져가고 싶어 하는 영화는 자신이 메트로폴리탄 프로그램에 집어넣지 않을 것이라고 했다.

실제로 1970년의 뉴욕 필름 페스티벌에서 랑글루아와 시네마테크는 최대의 공헌을 했다고 해도 좋을 것이다. 그는 뤼미에르, 멜리에스, 제카 등 프랑스 무성영화 초기의 걸작들에서 자신이 직접 몽타쥬한 작품을 빌려주었다(이전 칸느에서 상영한 것과 같은 작품이다). 이것은 2시간 이상의 상영시간을 가진 것으로 또 하나의 작품인 〈랑글루아〉와 함께 오후 시간 전체를 비우고 상영했다. 〈랑글루아〉는 엘리아 허숀과 로베르토 게라가 만든 다큐멘터리로 랑글루아 이외에 잔느 모로, 릴리안 기쉬, 잉그리드 버그만, 시몬느 시뇨레, 카트린 드뇌브, 프랑수아 트뤼포, 비바[아녜스 바르다의 1969년 작품인 〈라이온스 러브〉에서 주연한 프랑스 여배우—옮긴이] 등에게 인터뷰한 작품이다.

또 랑글루아는 '영화와 컬러'라는 제목의 특별 프로그램에 11편의 영화를 제공해주었다. (마틴 스콜세지는 컬러영화의 퇴색에 대해 처음으로 경고하고 알려준 사람이 이때의 랑글루아였다고 말하고 있다. 스콜세지는 〈거리 풍경 1970〉으로 뉴욕 필름 페스티벌에 참여했다.) 이중에는 손으로 그리거나 착색을 한 초기의 무성영화(착색을 한 프랑스판의 〈칼리가리의 밀실〉은 너무 상태가 안 좋아 영사기를 통과할 수가 없을 정도였다)가 있었고 전쟁 이전의 컬러영화(프리츠 랑의 〈프랭크 제임스의 귀환〉과 〈웨스턴 유니온〉 같은 작품들)도 포함되어 있었다. 이 영화들은 원래의 질산염 프린트로 상영되었는데 랑글루아가 말한 대로 참으로 아름다운 프린트였다.

이 모든 것을 하면서도, 어떤 이유에서인지, 랑글루아는 캘리포니아 버클리에 있는 퍼시픽 필름 아카이브를 새로 설립하는 데에 힘을 보태주었다. 셸던 르낭은 1967년 (캘리포니아 대학의 한 부분으로) 새로운 아카이브의 설립을 구상했는데 이미 존재하고 있는 단체, 미술관, 아카이브 중 한 군데도 그들을 도와주거나 어드바이스를 해주는 곳이 없었다고 한다. 그러다가 1968년 존 드 메닐의 동료인 시몬 스완이 르낭이 랑글루아를 만날 수 있도록 해주었다. 랑글루아는 항상 그렇듯이 빠르게 결정했다. 그는 자신이 보기에 르낭이 신뢰할 만한 친구라면서 그를 도와주겠다고 한 것이다. (랑글루아가 여기에서 아카이브가 법적으로 인정받을 때까지 어떠한 도움도 거부한 뉴욕 현대미술관을 당황하게 할 목적도 있었다고 짐작할 수는 있을 것이다.) 르낭은 말한다. "우리가 가진 것이라고는 우리의 목적을 진술한 한 장의 종이가 전부였다. 그럼에도 랑글루아는 아카이브가 결국 실현될 수 있다고 믿어주었다. 그리고 본격적으로 도와주기 시작했다. 그는 버클리까지 비행기를 타고 와서 계획을 세우는 걸 도와주었다. 조언을 해주고 영화감독들을 소개해주었다. 나중에 우리를 지원해줄 수 있는 사람들도 소개해주었다. 그리고 필름도 보내주었는데 〈황금시대〉, 〈암캐〉, 멜리에스의 알려지지 않은 작품들 같은 것으로 이것들은 버클리에서는 전혀 상영된 적이 없는 것들이다. 일단 앙리가 우리를 아카이브로 인정해주자 우리는 정말로 아카이브가 되었다. 보증서가 동반된 시네마테크가 된 것이다. 이것은 우리가 새로 시작하는 데 있어 엄청난 힘이 되었다. 랑글루아의 도움이 얼마나 중요했는지는 말로 다 표현하기 힘들 정도이다. 두세 편의 필름, 몇 개의 파일, 임대한 강당, 목표 진술서 정도밖에 없이 출발한 우리에게 그의 도움은 정말로 많은 시간과 돈을 절약하게 해주었다."

대학당국이—법적인 정당화를 위해—시네마테크에 서면에 의한 동의서를 써달라고 하자 랑글루아는 서명을 거부했다. 자신과 르낭 사이의 동의서 이외에는 서명할 수 없다고 했던 것이다. 그는 단체institution와는 절대 상대하지 않으면 오직 사람들만 상대한다고 주장했다. 그 결과 셸든 르낭과 그의 후임인 톰 루디는 대학 당국과 약간의 마찰을 일으키게 된다. 하지만 퍼시픽 필름 아카이브는 지금도 잘 운영되고 있다.

메트로폴리탄에서의 상영회가 끝난 후 랑글루아, 존스턴, 스타비스는 이제 시티 센터의 지하 극장을 위한 계획을 본격화할 준비가 되었다고 생각했다. 하지만 그때 시티 센터는 다른 생각을 하고 있었다. 그들은 이것을 랑글루아에게 바로 알려주지는 않았다. 이것은 부동산 재개발을 활용해 이 모든 비용을 마련한다는 것이었다. 이들은 이 빌딩을 철거한 다음에 그 장소에 거대한 빌딩을 세울 것을 생각했다.

시티 센터의 생각이 상당히 유동적이었던 이 시기에 새로운 전망이 또 등장했다. 시티 센터의 스태프 중 한 명인 로버트 브래니건은 링컨 센터에게는 비비안 보몬트 극장(그는 이곳의 기술 디렉터이기도 했다)이 큰 걱정거리인데 시티 센터가 이 극장을 인수하면 문제를 해결할 수 있다고 제안했다. 뉴욕 시가 보몬트 극장을 개축하는 데 5백만 달러를 낼 의향이 있다고 하니 이를 활용하고 링컨 센터는 극장의 소유권을 시티 센터에 넘기고(일 년에 1달러의 비용으로) 모든 책임도 지도록 하면 된다는 것이었다.

브래니건은 클러만과 링컨 센터의 회장인 존 마졸라가 톰 존스턴과 진 스타비스를 만나도록 했다. 존스턴과 스타비스는 이 아이디어에 대해 별로 좋아하지 않았다. 이들에게 이 건물 자체가 '금박을 입힌' 문화의 상징처럼 여겨졌고 거기에다 주위에는 전형적인 '하얀 코끼리들'['하얀 코끼리의 예술'은 '공식적인 문화'의 의미로 영화 비평가 매니 파버가 처음 제시한 바 있다—옮긴이]이 포진하고 있었다. 클러만은 자신들이 이 건물을 '민주화할 것'

이라고 역설했으며 존스턴도 자신이 시티 센터에 들어간 이상
이 아이디어를 검토해야 할 의무감을 느끼고 있었다.

랑글루아는 이러한 진전에 대해서는 전혀 모르고 있었다.
사실 그는 1970년 봄에 뉴욕을 향하면서 55번가 지하의 극장
이 작업이 시작되었을 것이라고 굳게 믿고 있었다. 명백히 브래
니건이 보몬트 극장에 대해서 한 제안은 개축이 시작되기 바로
전날이었던 같다. 랑글루아는 이것이 변경이 가능하다는 것을
전혀 모르고 있었고 사실 전화로 이야기하기에는 "너무 예민한
문제"이기도 하다. 그는 사람들에게 이끌려 보몬트 극장을 보
게 되자 깜짝 놀랐다. 그는 말했다. "이건 공동묘지야. 공동묘지
라고."

링컨 센터는 보몬트 극장의 적자를 메꾸는 문제로 고민이
많았다. 존스턴과 스타비스는 보몬트를 사용하는 문제에 대해
여전히 별 매력을 느끼지 못하고 있었다. 하지만 클러만은 링컨
센터로부터 압력을 받고 있었다. 그도 야심이 없는 사내는 아니
었으므로 링컨 센터를 곤경에서 구해내고 거기에다가 시티 센
터를 위해 새로운 빌딩을 획득할 수 있는 이 안에 대해 마음을
뺏기고 있던 것이다.

그 당시에 말해지던 것과는 반대로 그 건물에서 연극 극장
을 쫓아낼 생각은 전혀 없었다. 건축가인 오펜하이머와 브래디
가 제안한 아이디어는 지하에 있는 200석의 포럼 씨어터(현재의
미치 E. 뉴하우스 씨어터)를 보몬트 극장의 백스테이지 공간에 그
대로 옮겨버리는 것이었다. 이것은 이 백스테이지 공간이 12개
의 세트가 들어갈 정도로 충분히 넓게 지어졌기 때문에 가능한
일이었다(통상의 레퍼터리 극단이라면 가능하지 않은 일이다).

그런 다음에 지하는 필름 센터로 바꿀 수가 있다. 메인 씨

어터를 인수한다는 계획은 어디에도 없었다. 사무실은 높이가 106피트나 되는 백스테이지를 사용할 계획이었다. 이곳은 원형 파노라마를 위해 디자인된 곳이었다(결국 그렇게 사용되지는 않았다). 하지만 로비는 새로 디자인을 하지 않으면 안 된다. 그리고 메인 씨어터는 극장이 통상 '문을 닫는' 시간에 영화용으로 사용하면 된다.

곧 이어 발생할 분쟁을 고려할 때 랑글루아 자신이 보몬트 가 시네마테크로서는 별로 좋은 장소가 아니라고 생각했다는 것은 아이러니하다. 그곳은 그가 원하던 모든 것의 정반대였다—너무 고급스럽고, 물리적으로는 불편하며, 위압감을 주는 면이 있다. 하지만 랑글루아는 이제 55번가의 지하의 계획은 불가능하다는 것을 이해했으며 깊은 의혹을 가지면서도 새로운 프로젝트에 동의했다.

랑글루아가 이 안을 받아들이자마자 '보몬트를 구하자'라는 운동이 시작되었다. 이것은 예전의 영화제작자였으며 지금은 뉴욕시의 '공원 및 레크리에이션' 담당 위원인 도어 샤리Dore Schary[유명한 영화제작자로 RKO의 대표를 역임하기도 했다—옮긴이]에 의해 시작되었다. 그는 먼저 영화로부터 보몬트 극장을 구해야 한다는 탄원서를 만들었다(헬렌 헤이즈나 에바 르 갈리엔 등의 저명 인사들이 서명을 했다). 시의회에서 공청회가 열렸으며 공적인 논쟁이 다수 벌어졌다. 당시에는 그리 명백하지 않았지만 이 반대의 핵심은 포럼 씨어터를 옮기는 데 있었던 것 같다. 극장의 설계자인 조 밀치너는 시네마테크/시티 센터의 사람들을 "포럼을 포획하는 자들"이라고 불렀다. 그리고 사실 대부분의 뉴욕 사람들은 연극의 극장이 보몬트에서 쫓겨나는 것이라고 잘못 생각하고 있었다.

그럼에도 불구하고 이 일은 그대로 진행될 수 있었다. 그런데 시의회의 중요한 미팅에서 줄스 어빙[배우이자 연출가. 당시 보몬트 극장의 예술감독이었다―옮긴이]이 갑자기 태도를 바꾸어 보몬트의 극단은 아주 좋은 상태이며 어디에서도 지원을 받을 필요가 없다고 한 것이다. 그가 이미 미치 뉴하우스로부터 자금 지원의 약속을 받았기 때문에 이렇게 말한 것으로 짐작된다. 이 자금은 결국 받게 되지만 포럼 씨어터라는 이름은 사라지고 미치 E. 뉴하우스 씨어터로 바뀌게 된다. 그리고 도어 샤리의 위원회는 익명의 그룹으로부터 자금의 지원을 약속받았다고 주장했다. 아이러니하게도 연극 프로듀서인 조셉 팹Joseph Papp[뉴욕의 연극 제작자, 연출가. 뉴욕 다운타운에 있는 퍼블릭 씨어터의 창설자이다―옮긴이]은 샤리 위원회의 견해를 지지했다―하지만 몇 년 후에 그는 보몬트 극장이 얼마나 형편없는 상태에 있는가를 알게 된다. 1971년 말에는 시티 센터 시네마테크를 보몬트에 자리 잡게 한다는 계획은 사실상 무산되었다. 랑글루아는 그리 많이 동요하지는 않았다―반대파들의 격렬한 공격에 상당히 충격을 받기는 했지만 말이다. 하지만 이제 새로운 장소를 찾지 않으면 안 된다.

# 11

## 영화 박물관

랑글루아가 1970년과 1971년의 2년간 그의 시간 모두를 뉴욕에서 사용하고 있었던 것은 아니다. 파리의 일부 사람들이 그의 '뉴욕에서의 주말'이 '파리에서의 주말'로 바뀌었다고 그를 꼬집는 말을 하기는 했지만 말이다. 그가 몬트리올에서 가르치는 일에 어느 정도 마무리를 지었고 여전히 시네마테크를 위해서는 자금의 압박이 있었기 때문에, 그는 파리 대학의 낭테르 분교에서 영화코스를 가르쳐보지 않겠느냐는 장 루슈의 제안에 받아들이기로 했다. 이것은 보수도 괜찮은 편이어서 그는 3년을 가르쳤다. 루슈는 내게 랑글루아가 세금 문제로 크게 화를 냈던 적이 있다고 말했다. 그에게 낭테르에서 가르치는 것에 대해 급료를 주는 것이 정부이므로 그 정부가 그에게 세금을 내라고 하는 것은 말이 되지 않는다고 그는 생각했다는 것이다. 사실 메리 미어슨은 대학이 그의 소득세를 지불해야 한다고 생각했다. 루슈는 화를 내는 이들에게 이 상황을 설명하기 위해 하나의 비유를 들어야 했다. "메리, 이걸 생각해봐요. 누군가의 집에서 당신을 저녁식사에 초대한다고 했을 때 그 사람들이 당신네 택시요금까지 지불할 것이라고 기대하지는 않겠지요?" 이 말을 하자 그녀는 조금 납득이 간 듯했다. 그럼에도 랑글루아는 세금신고용지를 분실해버려 5년 후에 미납이 명백해졌을 때 그는 미납세금에다가 상당한 액수의 벌금까지 물게 된다.

나는 그의 첫 강의를 듣기 위해 파리 교외의 낭테르까지 갔다. 나는 고다르의 〈중국 여인〉이나 그 외 많은 다큐멘터리 영상을 보았음에도 불구하고 낭테르의 공포에 대해 미리 준비가 되지 않은 상태였다. 차를 타고 그곳에 다가가자 나무는 하나도 보이지 않고(예전에는 수목으로 덮여 있는 곳이었지만 대학을 지으면서 모두 잘라냈다고 한다) 황량한 곳에 대학의 콘크리트 건물만 덜렁 서 있었다. 벽은 이미 먼지가 자욱하고 겉이 벗겨지고 있었다. 정부가 파리 교외에 대해 한 것에 대한 고다르의 분노가 참으로 절실한 것이라는 걸 깨달을 수 있었다. 그가 한 말은 정말로 맞는 것이었다. 이날 학생들은 수업료 및 기숙사비 인상과 공간의 부족과 미완성인 도서관에 대해 항의의 시위를 하고 있었다. 실제로 이곳에 한 번이라도 와본 사람이라면 학생들이 이 장소에 대해 항의하는 것이라고 생각할 것이다. 수마일 내에 카페도 하나 없으며 딱히 모일 만한 장소도 없고 그저 보이는 것은 거대한 회색빛뿐이다.

랑글루아의 강의는 훌륭한 것이었다—수업이 끝나자마자 한 학생이 그에게 다가와 역시 파리 대학의 다른 분교인 뱅센느에 와서 강의를 해줄 수 없느냐고 했다. 그러자 그는 대답했다. "아, 그건 힘들어. 시네마테크에서 해야 할 일이 너무 많거든." 사람들은 뱅센느에서 온 학생의 열의를 느낄 수 있었다. 수업은 뤼미에르의 영화에 대한 것이었다. 이것이 학생들을 흥분시

킬 만한 테마가 아닌 것은 누구나 알 것이다. 하지만 랑글루아
는 자신의 열정을 전달할 수가 있었다. 학생들에게 영화를 보여
주고 실제로 영화를 발명한 사람들이 안고 있던 미해결의 문제
가 무엇이었는가를 이해하게 했다. 결론으로 랑글루아는 콜럼
부스 이전에 아메리카가 현실에 존재했던 것처럼 영화의 발명
자가 존재하기 이전에 이미 영화가 존재했다고 말했다. 이 플라
톤적인 관념은 낭테르의 급진적인 학생들에게 그리 어필할 것
이라 생각되지는 않았다.

그럼에도 학생들은 강의 내용을 잘 따라가는 것 같았다. 행
정담당의 조교가 내게 말했다(그리하여 대개의 수업이 어떤지를 짐
작게 했다). "정말 대단해요! 학생들은 강의 중에 전혀 잡담하는
사람도 없었고 심지어 영화 상영 중에도 떠드는 친구가 없더라
고요."

랑글루아에게 있어 1972년 6월의 영화 박물관 개관은 그
의 경력에서 가장 빛나는 업적 중의 하나이며 그가 오랫동안 품
어왔던 꿈의 실현이라고 할 수 있다. 이 아이디어를 그가 처음
가진 것은 전쟁 이전으로 그때부터 포스터, 모델, 스케치, 멜리
에스의 카메라 등 '손에 넣을 수 있는 것은 거의 모두' 수집하
기 시작했던 것이다. 실제로 1936년에 서명된 시네마테크의 최
초의 정관에는 2조에서 중요한 사업내용으로 자료, 사진, 기사,
서적, 원고, 장치의 모형, 악보 등의 보존을 명기하고 있다. 하지
만 이 아이디어가 실제로 어느 정도 구체화한 것은 전쟁 이후였
다. 1949년 메신느 거리는 영화 박물관의 일종의 미니어처라고
할 수 있었다.

지칠 줄 모르는 로테 아이스너의 도움을 받아 랑글루아는

30년 이상에 걸쳐 가능한 많은 것을 모았다. 때로 그는 옥션에서 물건을 구해 오기도 했고 때로는 기증을 받기도 했다. 그리고 아래에서 데렉 프루즈가 말하는 것처럼 그냥 가져오는 경우도 있었다. "영화에 관련된 것이면 무엇이나 그에게는 신성한 것이었다. 그와 로테가 우리 아파트에 왔을 때 이런 일이 있었다. 나는 부엌에 가서 커피를 끓이고 있었는데 그들은 나의 책장이나 선반을 뒤지는 것 같았다. 돌아와 보니 그들은 아르헨티나 감독인 레오폴드 토레 닐슨이 우리 집에 놓고 간 대본을 찾아냈다. 내가 뭐라고 말도 하기 전에 이들은 대본을 봉투에 넣으면서 아주 자연스럽게 '어이, 이거 가져가도 문제 없겠지?' 라고 했다."

제대로 된 박물관이라는 관념은 그에게 아주 중요한 것이었다. 박물관이 문을 열기 십 년 전에 샤이요의 영화관이 공식적으로는 '영화 박물관'이라는 이름으로 불리었다. 랑글루아의 입장에서는 영화 상영은 말로가 말한 '벽이 없는 박물관'의 일부에 지나지 않는 것이다. 거기에 박물관이란 것은 사실상 "이론적인 존재에 지나지 않는다"고 한 엘브로네르의 보고서가 그의 자존심을 많이 상하게 한 것이 틀림없다고 생각한다. 랑글루아는 재정적인 곤란을 돌보지 않고 언제인가는 제대로 된 박물관을 만들겠다고 결심했다. 그가 했던 1955년의 근대미술관의 전시회, 1962년의 멜리에스 전시회, 칸느의 마르티네즈 호텔에서의 전시회 등이 아무리 성공을 거두었다고 해도 그것은 영화를 다른 예술과 같은 위치로 끌어올릴 수 있는 상설박물관을 대체할 수 있는 것은 아니었다.

모든 사람들이 랑글루아와 같은 의견을 가지고 있는 것은 아니다. 예를 들어 프랑수아 트뤼포는 랑글루아가 시네마테크

의 도서관을 다시 열어야 한다고 생각하고 있었다(이것은 1955년
메신느 거리를 떠나고 나서 그냥 상자 속에 넣어둔 채 방치되어 있었다).
수백만 프랑이 박물관 건립에 투여되었다. 《아메리칸 필름》과
의 인터뷰에서 트뤼포는 다음과 같이 말했다.

시네마테크가 만약 무한정한 기금을 가지고 있다면 박물관이
그곳에 들어서는 것에는 전혀 문제가 없다고 생각한다. 개인적
으로 나는 그레타 가르보가 입었던 옷을 전시하는 것이 그렇게
가치가 있는 것이라 생각하지 않는다. 시네마테크의 주된 기능
은 필름의 보존, 특히 질산염 필름의 보존이라 본다.... 박물관
을 짓는 데 쓴 예산이라면 적어도 5백 편 이상의 질산염 프린트
를 안전한 프린트로 복사할 수 있었을 것이다.[1]

하지만 트뤼포의 목적은 보다 깊은 곳에 있었다. 나중에 그
는 내게 말했다. "랑글루아 주변의 사람들은 그에게 아부만을
한다. 예를 들면 '그리피스의 사진 옆에 아스타 닐슨의 사진을
배치할 수 있는 것은 오직 앙리뿐이야' 이런 식으로 말이다. 나
는 이런 것을 믿지 않는다. 빈자리에 스틸 사진을 꽂아두기만
하면 되는 일이다. 가르보의 의상 옆에 〈사이코〉에 나온 해골을
배치해두면 아마도 관광객들에게는 주목을 받을 것이다. 옛날
영사기를 여러 개 놓아두는 것에 누가 그렇게 큰 관심을 보일
것인가? 필름의 보존과 샤이요 초기의 모험적인 필름 프로그래
밍이 박물관을 위해 결국 희생되고 만 꼴이다. 이건 그럴 만한
가치가 있는 일이 아니다."

1960년대에 랑글루아와 함께 일했던 조르쥬 골드파인은
이 박물관은 투탕카멘의 무덤 같은 것이라고 말했다. 랑글루아

는 이를 위해 모든 것을 희생할 생각을 하고 있었다는 것이다. 무언가 영구적인 기념비가 될 만한 것을 남기고 싶었기 때문이라고 말한다. 즉, 피라미드 같은 것 말이다. 그리하여 상영 프로그램이 희생당하게 되었다. 박물관을 위한 재원 마련이 제일 중요한 일이 되면서 관객을 많이 동원할 만한 프로그램이 선택을 받게 되었다. "그는 샤이요에서 모든 시간을 보냈고 상영작은 쿠르셀 가의 사무실에서 전화로 해치워버렸다."

장 리부도 박물관을 만드는 데 가장 큰 기여를 한 부분이 입장료 수입이었다는 점을 확인해준다. 당시 재정적인 면으로 보아 박물관을 짓겠다는 것은 미친 짓이었다고 말한다. 하지만 랑글루아는 자신의 시간이 얼마 남지 않았다고 느꼈던 것 같다. 그는 우선 전람회를 하겠다고 임시로 장소를 빌린 다음 그 '전시회'를 본 사람들이 감동하고 그 결과 그 장소를 계속 사용하는 식으로 할 생각을 했다. 사람들은 감동했다. 하지만 국가나 다른 곳으로부터의 지원은 없었다. 입장료 수입으로는 충분하지 않았으므로 결국 개인적인 수입원에 의존해야만 한다. 최종적으로는 박물관은 빚으로 지을 수 있게 되었다. 그리고 스태프들에게는 기한 내에 임금을 지불할 수가 없었고 랑글루아는 정부의 연금기금에서 자금을 빌리게 되었다. 시네마테크가 거대한 부채를 짊어지게 된 것은 재정의 방만한 운영이나 부정한 거래에 의한 것이 아니다. 리부가 말한 대로 동원할 수 있는 자금을 모두 박물관에 쏟아부은 결과였던 것이다.

하지만 많은 사람들은 박물관은 그만한 가치가 있다고 생각했다. 랑글루아가 그저 페티시즘의 소유자라는 비난(왜 스케치나 의상을 모으려고 애쓰는 것인가? 중요한 것은 필름이 아닌가)에 대해 카렐 라이즈는 다음과 같이 답하고 있다. "내가 영화를 연구하는 경우에는, 가령 윌리엄 와일러를 연구한다고 하면, 그의 세트 디자인을 보는 것은 대단히 도움이 된다고 생각한다. 그가 원래 생각했던 것과 그것이 화면에 구현된 것을 비교할 수 있기 때문이다. 그리하여 아주 작은 것들이 우리에게 도움을 준다. 이 모든 것들이 우리의 호기심을 자극하는 것이다." 장 루슈도 트뤼포나 골드파인의 의견에 동의하지 않는다. 그의 말에 따르면 이 박물관은 천재의 작업이며 "위대한 연출가metteurs en scène의 미장센mise en scène"이라 할 수 있다는 것이다. 랑글루아는 상영 프로그램을 짤 때와 같은 방법으로 박물관의 계획을 세웠다. 가령 자신이 그 필름을 가지고 있지 않더라도 지가 베르토프의 필름 곁에 해리 랭든을 배치함으로써 몽타쥬를 만드는 것이다. 루슈는 말한다. "랑글루아가 한 번은 내게 만 레이의 〈바다의 별L'Etoile de Mer〉와 니콜라스 레이의 〈이유 없는 반항〉을 함께 묶는 것은 어떠냐고 물어본 것이 기억난다. 나는 좋은 아이디어라고 말했다. 그랬더니 랑글루아는 사실 두 영화 중 어느 것도 지금 조달할 수는 없지만 등사판의 프로그램 노트에는 이 두 작품을 묶어서 상영하는 것으로 하려고 한다고 했다. 그는 말했다. '백 년 후에는 예전에 이 두 영화가 함께 묶여 상영된 적이 있다는 것을 사람들이 알겠지. 그러면 실제로 그런 프로그램을 짜볼 거야. 그렇게 되면 이 두 개가 연결된다는 것을 알게 될 거야. 우리가 지금 볼 수 없는 것, 보여줄 수 없는 것을 미래의 그들은 볼 수가 있을 거야.'"

랑글루아의 박물관은 3차원적인 영화이며 그 자신의 영화의 역사이다. 데이비드 로빈슨은 이렇게 썼다.

랑글루아는 시네마테크의 수집품을 사용해 (박물관은 5백 피트의 길이에 60개의 방이 있지만 여기에는 수집품의 10분의 1밖에 수용할 수 없다) 영화의 역사를 화가처럼 그리고 있다. 그리하여 그 자신의 콜라쥬를 만들고 있는 것이다. 그의 전시회는 날짜와 레이블이 붙은 교육적인 디스플레이가 전혀 없었다. 전혀 이질적인 소재들이 의미를 갖도록 배치됨에 의해 예상치 못한 효과가 빚어진다... 이 모든 소재들은 만질 수 있는 연계의 역할을 한다. 2차원적인 이미지와 실생활 사이의 연속성, 리얼리티와 꿈 사이의 가교, 제작자와 그 제작 대상 사이의 가교를 확립하면서 그 자체가 창조행위의 물증이 된다.[2]

순진한 방문객이라면 이 박물관이 그저 흐름에 따라 만들어진 것으로 생각할 수도 있다. 그리하여 최근의 발전에 대해 별로 공간을 사용하지 않았다는 인상을 받을 수 있다. 네오리얼리즘에서 현재에 이르는 모든 것들은(홀로그램까지를 포함하여) 마지막의 3개의 방에 압축되어 전시된다. 마치 랑글루아가 이미 공간을 다 써버려서 급하게 이렇게 한 것처럼 보일 정도이다. 하지만 그가 박물관을 미리 세심하게 계획하지 않았기 때문에 이렇게 되었다고 해서는 안 된다. 샐리 블루멘탈(뉴욕 필름 페스티벌의 행정 담당으로 일했으며 1971년부터 랑글루아의 미국에서의 대리인이었다. 물론 비공식적인 것이고 급료도 없는 일이었다)은 1971년 9월 샤이요 궁에 그녀의 남편과 함께 방문했던 때의 일에 대해 다음과 같이 썼다. 전시회가 열리기 거의 일 년 전으로 랑글루아는 이 두 사람을 에스코트해주었다.

공간은 엄청나게 넓고 통로는 좁게 이어지는 곳이어서 샤이요 궁의 동쪽 날개 건물 전역을 차지하고 있었다. 그는 우리를 데리고 다니면서 한 시간 반에 걸쳐 설명을 해주었다. 그는 몸짓을 섞어가면서 이야기를 해주었다. 의상, 세트, 대본, 포스터, 소품, 영사기, 카메라, 인형, 다양한 영사 장비 등을 가르키면서 영화사 전체를 설명하는 것이었으며 영화 이전의 시각장치들, 영화와 다른 예술의 관계 등에 대해서도 이야기했다. 이것은 참으로 유니크한 체험이었다—랑글루아가 우리에게 많은 것을 전달해주었다는 점에서도 유니크했지만 사실 더 유니크한 것은 이 공간이 텅 빈 상태로 있었다는 점이다. 완전히 벌거벗은 상태였다![3]

최근의 영화사가 3개의 방에 압축되었다고 한다면 그것은 과거에 있던 것을 지금 보여주는 것이 더 중요하다고 랑글루아가 느꼈기 때문이다. 전후의 영화는 사람들의 애착을 굳이 환기해보여줄 필요가 없을 정도로 아직 신선하다고 랑글루아는 생각했던 것이다. 이것은 현재 행해지는 전시가 영원히 계속되는 것이 아니라는 것을 의미하기도 한다. 랑글루아의 마음속에서 이것은 시간의 경과에 따라 계속 수정되고 진화되어야 할 전시의 첫걸음에 지나지 않는 것이다. 에디슨이 만든 1889년의 키네토그래프처럼 기껏해야 두 달만 빌릴 수 있는 것도 있었다. 이것은 현존하는 유일한 것으로 뉴저지에 있는 에디슨 국립 사적 센터에서 빌린 것인데 대여의 조건은 특별한 상자에 담아 현지의 스태프가 직접 가져오고 가져가는 것이었다. 불행하게도 이 전시의 카탈로그의 원고는 다 마련이 됐지만 자금 부족으로 인쇄를 하지 못했다. 전시물에 부착하는 레이블도 없었다. 내가 그 이유를 물어보자 랑글루아는 답했다. "미술관에 오는 사람들을 주의 깊게 보라고. 먼저 그림을 본 다음에 레이블을 읽어

누가 그린 것이고 제목은 무엇인가를 확인한다네. 그리고는 다음 작품으로 넘어가지. 레이블을 읽었으니 그들은 안다고 생각하지. 하지만 나는 이런 방식이 아주 싫어. 나의 박물관이 이렇게 되기를 원하지 않네. 나는 사람들이 모든 것을 보기를 원하네. 레이블이 없다면 사물이나 사진이 어떤 것인지 더 이해하려고 노력하게 되지. 이것이 일러스트와 캡션(사진 설명)이 많이 들어간 책과 박물관의 차이점이야. 이 스틸 사진은 어느 영화의 것인가를 아는 것은 그리 중요한 일이 아니야. 박물관 전체가 거의 자율적이고 살아 있는 하나의 영화사가 되도록 하는 것이 내 계획이야. 중요한 것은 릴리안 기쉬의 사진이 여기에 있느냐 아니냐가 아니라 오히려—박물관은 연대순으로 배열하는 것이므로—영화의 스타라는 것이 주어진 시대에 어떻게 보였느냐 하는 것이야."•

박물관에 든 비용은 4백만 프랑이었다. 이것을 정부가 나서서 했더라면 아마 2천만 프랑은 들었을 것이다. 랑글루아는 이 비용의 일부를 비즈니스와 산업계에서 끌어왔다. 슐룸베르거사™의 장 리부는 가장 큰 금액을 지원해주었다. 하지만 랑글루아는 대형 전기회사에게 조명기구를 기부해달라고 설득했다. 대형 유리 케이스는 원가로 구할 수 있었다. 그리고 몇 달에 걸쳐 그와 그의 스태프들은 일주일에 80시간씩 페인트를 칠하고, 종이를 바르고, 헝겊으로 벽을 덮었던 것이다.

박물관이 차지하고 있는 장소는 예전에 국립 '민중예술 및 전통' 박물관이 쓰던 자리로 60년대 말에 다른 곳으로 이전했

---

• 그럼에도 호텔 마르티네즈에서의 전시회에는 분명 레이블이 있었다. 아마도 영화제 측에서 요구했을 수도 있다.

다. 이전은 오래전부터 예고되었던 것이며 바로 이 이유로 랑글루아와 말로 두 사람 다 시네마테크의 상영관이 현재의 자리— 샤이요 궁의 동쪽 날개 건물의 아치의 선단—에 위치하기를 원했던 것이다. 이 박물관은 이제부터의 영화 상영에서 '서막(프롤로그)'을 의미하게 된다.

항상 그랬듯이 박물관은 오픈 직전에 겨우 완성되었다. 샐리 블루멘탈은 박물관이 개관하기 바로 전날 밤에 샤를르 드골 공항에 도착했던 때의 일을 기억한다. 그녀는 차를 타고 바로 샤이요에 갔고 도착한 것은 10시 반이었다. 랑글루아는 피로로 거의 반쯤 죽은 상태였고(48시간 동안 잠을 자지 못했다고 한다) 양말만 신은 채 돌아다니고 있었다. 바닥의 가운데에는 랑글루아의 모카신 신발이 덩그러니 놓여 있었다. 그들은 반가운 마음에 포옹을 했지만 랑글루아는 다시 일하러 돌아갔다. 때때로 피곤하지만 정신적으로 고양되어 보이는 랑글루아가 그녀에게 말을 걸었다. 샐리는 새벽 4시에 이곳을 떠났다. 그녀가 다음 날 오전 10시에 와보니 그는 여전히 일하고 있었다. 그는 〈길〉에서 줄리에타 마씨나가 입었던 의상을 손봐줄 사람이 없어서 화를 내고 있었다. "바느질 할 수 있지?" 그는 샐리에게 물었다. 할 수 있다고 그녀가 대답하자 그는 어디에선가 실과 바늘을 구해왔다. 그녀는 계단에 앉아 바느질을 하기 시작했다. 그녀가 바느질을 끝내자마자 랑글루아는 줄리에타 마씨나의 그 옷을 잽싸게 가로챘다. 잠깐 에스터 윌리엄즈의 수영복을 만져본 다음 그 옷을 벽에 고정시켰다. 그 사이에 대략 12명 정도의 사람들이 다음에 무엇을 하면 좋을지에 대해 그의 지시를 기다리고 있었다.

이 공간은 처리하기가 그리 쉬운 곳이 아니다. 길이는 5백 피트나 되지만 폭은 30피트에 지나지 않아 각 방으로 나누는 것 자체가 쉽지 않다. 그 대신에 랑글루아는 일종의 미궁을 만들었다. 작은 파티션을 사용해 왼쪽에서 들어와서 오른쪽으로 나가게 했고 잘못 들어서면 막다른 길을 만나도록 했다.

아마도 가장 사람들의 시선을 끈 것은 〈칼리가리 박사의 밀실〉의 세트를 재구성한 것이라고 할 수 있다. 82세의 헤르만 바름이 만든 것으로 그는 당시 이 영화에 참여한 디자이너 중 한 사람이었다. 이 기획은 로테 아이스너가 담당한 것이었다. 랑글루아는 박물관의 3분의 2는 아이스너의 공적이라고 말했지만 그녀는 그렇지 않다고 했다. 자신이 한 일은 재료들에 잠깐 손을 댄 정도에 지나지 않는다고 말했다. 이것을 하나로 묶어서 전시할 수 있는 형태로 한 것은 랑글루아라고 그녀는 말한다. 예를 들면 〈칼리가리 박사의 밀실〉의 실물 크기 세트를 지나가다 보면 세트의 양끝으로 비슷한 시기에 만들어진 에른스트 루비치의 〈마담 뒤바리〉의 크게 확대한 스틸 사진을 볼 수가 있다. 어떤 의미에서 이 스틸은 여기에 잘 어울리지 않는 것처럼 보인다. 하지만 이를 보게 됨에 따라 우리는 여러 권의 영화사 책을 읽는 것 이상으로 여러 스타일의 공존이라는 것에 대해 체득하게 된다. 물론 레이블 없이도 이것을 확인할 수 있어야만 가능한 일이긴 하지만 말이다. 만약 〈바람과 함께 사라지다〉의 비비안 리의 무도회 가운이 시간의 경과에 따라 회색으로 변했다고 해도 그것이 에스터 윌리엄스의 수영복 곁에 장식되어 있거나 샤넬이 디자인한 〈지난해 마리앵바드에서〉의 델핀 세리그의 의상과 그리 멀지 않은 장소에 있는 것을 보게 되면 우리는 역사와 영화의 관계 혹은 영화와 패션의 관계에 대해 여러 가지 생각을 하게 된다.

　랑글루아는 영화사의 각 시대를 다른 방식으로 다루었다. 이탈리아의 네오리얼리즘의 시대는 〈자전거 도둑〉, 〈무방비 도시〉, 〈길〉의 숏으로부터 확대한 거대한 사진으로 한 방을 장식했다. 가장 놀라운 것은 여러 전시품들일 것이다. 멜리에스의 그림으로 그린 배경막이나 그의 장식막은 그 자체로 하나의 예술품이었다. 프리츠 랑의 〈메트로폴리스〉의 로봇이나 라자르 미어슨이 르네 클레르의 〈파리의 지붕밑〉을 위해 만든 작은 집의 세트는 그 자체가 갖는 매력으로 관객들을 매료했다. 여기에 또 대문자의 예술Art이 없는 것도 아니었다. 페르낭 레제의 그림이 있을 뿐 아니라 그가 〈발레 메카닉〉을 위해 만든 목조각도 있었다. 톰 믹스의 카우보이 복장이 있었으며, 히치콕이 기증한 〈사이코〉의 두개골, 구로사와의 〈거미집의 성〉의 왕관이 있었다. 개별적으로 보면 사소해 보이는 것들이지만 이것들이 함께 모이면 어디에서도 볼 수 없는 분위기가 연출되는 것이다. 여러 전시 공간을 돌아다니다 보면 영화의 역사가 당신의 눈앞에서 전개되는 듯한 인상을 받는다.

　박물관은 암시적인 병치를 하고 있었으므로 전시품의 일람표를 만든다고 해도 크게 도움이 되지는 않는다. 상당히 주목할 만한 것들(그리피스의 시나리오, 초기의 카메라와 영사기, 〈브로드웨이 멜로디〉의 베씨 러브의 의상, 에이젠슈테인의 스케치, 러시아 구성주의자의 포스터, 〈세이크The Sheik〉에서의 루돌프 발렌티노의 가운, 구로사와가 디자인한 의상 등)이 있기는 하지만 말이다. 어떤 사람들이 주장하듯이, 이것이 랑글루아의 개인적인 도락이라고 해도, 혹은 조셉 로지가 말하듯이 "일시적일 수밖에 없는 예술을 보존하려고 하는 것이 얼마나 무익한 것인가에 대한 증명"이 된다고 해도, 오랜 기간에 걸쳐 영화의 수집, 보존, 상영을 계속해온 랑글루아에게 약간의 도락을 즐길 정도의 권리는 있다고 생각한다.

불행하게도 박물관이 개관하고 몇 달 후 이곳은 일시적으로 폐관하지 않을 수 없었다. 로테 아이스너는 이미 경고한 바가 있었다. "앙리, 당신은 너무도 많은 것을 밖에 내놓고 있어요. 사람들이 만질 수도 있고, 상처를 줄 수도 있으며, 훔쳐갈 수도 있어요. 이 모든 것들은 유리 케이스 안에 넣어야 해요." 하지만 그는 그렇게 하지 않았고—할 수가 없었고—제임스 딘의 가죽잠바를 도둑맞았고 〈7년만의 외출〉에서의 마릴린 먼로의 의상도 사라졌다. 이러한 절도는 예상되는 것처럼 랑글루아를 괴롭히지는 않았다. 그는 루슈에게 다음과 같이 말한 적이 있다. "누가 마릴린 먼로의 옷을 가져가도 크게 신경 쓸 필요는 없어. 나는 같은 옷을 다섯 개 더 가지고 있거든. 메리에게는 말하지 마. 이걸 전부 도둑을 맞아도 피에르 카르댕에게 새로 만들어달라고 하면 돼. 이 박물관은 상상의 박물관이야. 누군가가 먼로의 옷을 훔쳐간다면 그것은 그들이 그걸 사랑한다는 것을 증명하는 것이지. 그러므로 이런 것을 다 예상해서 미리 복제품을 준비해놓지 않으면 안 돼. 이곳은 살아 있는 박물관이니까 말이야." 이러한 랑글루아의 생각에도 불구하고 전시회장이 미궁처럼 되어 있는 탓에 대량의 경비원이 필요했고 결국 재개관할 때에는 안내원 동반으로만 현장을 볼 수 있게 되었다.

박물관이 폐관하고 얼마 안 되어 랑글루아는 윌름 가의 극장을 상실했다. 1956년에 랑글루아를 환영했던 교육 박물관은 이제 자신들이 그 상영관이 필요하다고 말했다. 그리하여 1973년에 시네마테크는 여기에서 나올 수밖에 없었다. 어떤 사람들은 박물관 측이 카르티에 라탱에 있는 여러 아트 하우스들로부터 압력을 받아 이렇게 한 것이라 해석하기도 했다. 왜냐하면 랑글루아가 관객 동원을 염두에 두고 프로그래밍할 때에는 그는 간혹 아트 하우스에서 이미 상영했던 작품을 집어넣기도 했기 때문이다. 그리고 이것은 아마도 공평하다고는 할 수 없을 것이다(시네마테크의 입장료가 더 싸기 때문이다).

윌름 가의 극장을 잃은 것은 박물관의 미궁 끝에 있는 작은 상영관을 얻음으로 인해 벌충되었다. 그리하여 1973년 10월에 이르면 시네마테크는 다시 하루 7편의 상영으로 돌아왔다—샤이요의 대극장에서 4, 5편을 상영했고 박물관의 작은 상영실에서(이곳은 등받이도 없는 좌석이었다) 3편을 상영했다.

이러한 모든 활동은 이미 한 사람의 인간으로서 충분하고도 남는 것이라 할 수 있다. 하지만 이 모든 기간에도 랑글루아는 미국에서의 프로젝트를 한시도 잊은 적이 없었다. 아메리칸 시네마테크/시티 센터에서 그는 컨설턴트로서 5천 달러를 받았고 이 돈은—그가 해외에서 번 돈 혹은 낭테르에서 강의해서 번 돈과 마찬가지로—바로 시네마테크의 금고로 들어갔다. 시티 센터는 또 박물관의 비용을 일부 부담해주었다. 그러므로 뉴욕 프로젝트를 그가 포기할 가능성은 없다. 그리고 아메리칸 시네마테크가 제대로 자리를 잡으면 랑글루아는 이곳의 기획, 보존, 수집에 보다 많은 주의를 기울이게 될 것이다. 그리고 나서야 그는 휴식을 취할 수 있을 것이다. 그의 건강은 많이 악화되었다. 통풍과 고혈압으로 고통을 받았으며 극심한 피로감을 느끼기도 했다. 그러면서도 그는 두 개의 대륙을 왕복하면서 일을 해야 했다. 두 개의 전선에서 싸우면서 말이다.

# 12

## 아치 아래에서

진스타비스와 캐시 세인트 존(예전에 존 V. 린제이 시장의 사무담당 비서였다)은 1972년에 시티 센터 시네마테크의 부지를 찾는 데 6개월을 소비했다. 사용중지 중이거나 폐업한 영화관들—필모어 이스트, 블리커 스트리트 시네마, 뉴요커 등—이 대안으로 떠오르기도 했다. 하지만 스타비스와 세인트 존은 보다 다목적으로 사용할 수 있는 공간을 찾고 있었다. 원래의 아이디어는 두세 개의 상영실을 갖추고 시네마테크 프랑세즈의 컬렉션(물론 다른 곳의 것도 사용한다)을 사용해서 하루에 14시간 상영한다는 것이다. '좋든 나쁘든' 상관없이 최대한 많은 영화들이 상영되어 마치 도서관 같은 것이 되어야 한다는 것이다. 거의 모든 것을 볼 수 있는 공간이 되어야 한다. 여기에다 나중에 랑글루아는 박물관이 될 수 있도록 여유의 공간을 갖추면 좋겠다고 말했다.

뉴욕에 시네마테크를 가져오는 것에 대해서는 여전히 반대하는 의견이 계속되고 있었다. 크게 두 개의 다른 입장에서 반대가 있었다. 첫째로는 이러한 조직이 들어오게 되면 뉴욕 현대미술관 영화부문의 관객이 감소할 것이라는 생각이다. 이러한 의견에 대해 존스턴은 이미 반론을 제기한 바가 있다. 그는 뉴욕 현대미술관의 윌라드 반 다이크나 당시 링컨 센터 필름 소사이어티의 회장이었던 마틴 E. 시걸이 다 틀렸다고 말했다. "그들은 자신들을 포함한 소수의 사람들이 뉴욕에서의 영화 상영을 통제해야 한다고 생각한다... 하지만 뉴욕에는 아주 많은 관객들이 있다." 이 점에 관해서 그가 말하는 것은 정당하다고 본다. 두 번째 반대는 시걸이 제기한 것이다. 그는 뉴욕에서 영화 상영을 지원해줄 펀드에는 한도가 있으며 따라서 다른 조직이 그 돈의 일부를 가져간다면 현대미술관의 영화부문이 살아남기가 대단히 어려워질 것이라고 했다. 존스턴은 1972년에 이에 대해서도 부정했다. 하지만 시걸은 그의 재계에의 커넥션과 자신의 안목으로 자금의 압박이 곧 있을 것이라는 것을 알고 있었거나 감지하고 있었던 것이 아닌가 생각된다. 그리고 1973년에 일어난 일(오일 쇼크 등)은 그의 말이 맞다는 것을 증명한다.

그런 와중에도 장소를 물색하는 것은 계속되었다. 스타비스와 세인트 존은 시가 소유하고 있는 빈 공간의 리스트를 입수한 다음 그 전부를 조사했다. 그러다가 이들은 퍼스트 애브뉴의 59번가와 60번가, 퀸스보로 브릿지 아래에 있는 공간을 만나게 된다. 이들은 이 공간에 대해 존스턴에게 말한다. 존스턴은 이를 도시계획 위원회의 책임자인 재클린 로버트슨에게 알렸고 그의 파트너인 리차드 번스타인에게도 알렸다. 랑글루아도 이 현장을 보았으며 샐리 블루멘탈은 이에 대해 다음과 같이 보고한다. "이 공간에 들어서자마자 그의 눈이 빛났는데 이런 그의 모습은 본 적이 없는 것이었다. '마치 대성당 같군'이

라고 그가 말했다." 이 공간은 기성의 문화단체와 아무런 관련
도 없었다.

　존스턴도 흥분했으며 그의 친구인 건축가 I. M. 페이도 그
러했다. 존스턴을 포드 재단으로부터 기획을 위한 지원금 10만
달러를 받았으며 페이는 실비로 일을 해주기로 했다. 두 사람은
공사를 위한 청사진을 작성하기 시작했다. 이들은 또 지붕(다리
의 노면)을 여러 기후에도 견딜 수 있는 것으로 하는 문제에도
신경을 써야 했다. 그래픽 디자이너인 밀턴 글레이저가 그들의
프리젠테이션을 맡아 무료로 해주기로 했다. 시티 센터의 리차
드 클러만은 이 아이디어에 흥분했으며 애스터 재단도 역시 흥
미를 보였다. 하지만 이 멋진 계획이 지역위원회의 설계허가를
얻는 데에는 6개월의 투쟁을 거치지 않으면 안 되었다.

　이 계획은 다리를 받치고 있는 둥근 천정의 아치 아래의 공
간을 사용하는 것이다. 이곳은 1909년 다리가 세워진 후에 야
외시장으로 사용했으며 1918년에는 분수가 설치되었다. 일 년
후에는 여기는 유리로 뒤덮이게 되었고 시장은 1930년대 중엽
까지 이어졌다. 그 이후 이 장소는 시의 창고가 되어 교통 표지
판이나 경관들의 바리케이드를 두는 장소가 되었다. 페이의 계
획은 대성당에 닮은 구조를 가진 구스타비노 타일로 만든 둥근
천정의 거창함을 복원하고 보호하는 데 있었다. 이 부지는 이
스트 리버로 향하는 비탈길에 지어진 것이기 때문에 서쪽과 동
쪽 사이에는 대략 30피트에서 60피트에 이르는 단차가 있었다.
그리하여 비탈길과 다층적인 스페이스를 여러 용도에 맞게 자
연스럽게 만들어낼 수 있었다. 아름다운 형태의 바깥의 아치에
는 새로운 유리를 넣어 인테리어의 대부분을 밖에서 바로 볼 수
가 있도록 했다. 그 의도는 원래의 거의 중세적인 특징에 대해

미학적인 대위법을 배치한다는 것이라 할 수 있다. 외부의 주차
장은 시네마테크가 운영하는 공공적인 공간으로 변형될 예정
이었다. 건물 바깥쪽 돔 아래에는 5백 석의 극장이 들어가고 내
부에는 두 개의 홀(각 2백50석 및 1백50석)이 들어가면 동시에 연
구자와 스태프들을 위한 50석의 작은 영사실이 추가된다. 여기
에다 영화예술과 그 역사를 알리기 위한 전시 공간으로 2만5천
평방피트가 마련되었다. 거기에 식당, 서점, 회의 및 조사용의
설비, 사무실, 방문객을 위한 오픈 스페이스가 있고 꽃 매장도
있다. 영화는 아침부터 심야까지 상영될 것이며 매일 3천에서 5
천 명 정도의 관객을 동원할 것으로 예상되었다.

　이 프로젝트는 가급적 조용히 진행되었지만 그럼에도 내용
의 일부가 외부로 유출되어 1973년 4월 13일《뉴욕 타임스》에
기사가 실렸다. 이것은 불운한 것이었는데 왜냐하면 아메리칸
시네마테크(이제 이 명칭이 사용되고 있었다)는 아직 정식으로 자금
을 마련하지 못하고 있었기 때문이다. 존스턴은 애스터 재단에
이야기를 하고 있었는데 이들은 프로젝트의 일부에 대해 관심
을 가지고 있었다. 단 조경과 꽃 매장에 대한 것이었지 영화에
대한 것은 아니었다. 이 프로젝트는 대략 천만 달러 정도의 예
산이 필요한 것으로 여겨졌다.

　이 기사가《뉴욕 타임스》에 실리자 에이다 루이즈 헉스터
블은 대단한 관심을 보였다. 그녀는 썼다. "둥근 천정의 스페이
스는 오늘날 어디에서도 볼 수 없는 로맨틱한 인테리어를 만들
게 될 것이다. 그리고 건축가들이 부가하는 디자인은 대단히 현
대적인 것이 될 것이다."[1] 하지만 이러한 막대한 예산이 필요한
프로젝트는 오히려 반대파들의 숫자만을 늘렸을 뿐이다. 반 다
이크는 공적인 자리에서 다음과 같이 말했다. "뉴욕의 모든 문

화단체들이 재정적인 문제를 안고 있는 상황이다. 클래식 영화를 상영하는 장소를 새로 만드는 것은, 재정적인 면을 고려할 때, 내게는 아주 우선순위가 낮은 것이 될 수밖에 없다고 보인다."[2]

아이러니하게도 이 계획은 공표되자마자 그 운명은 이미 결정된 것처럼 보였다. 경기후퇴가 본격화되기 시작했으며 포드 재단과 애스터 재단은 둘 다 손을 빼기 시작했다. 시티 센터도 긴축으로 돌아섰다. 이들은 몇 개의 발레단에 대한 지원을 중단했다. 거기에다가 이들이 랑글루아와 시네마테크 프랑세즈에 주기로 한 연간 5만 달러의 계약료도 계속 지급하는 것이 불가능해졌다.

하지만 존스턴과 스타비스는 시도를 중단하지는 않았다. 1974년 3월 10일 《뉴욕 타임스》와의 인터뷰에서 스타비스는 자금마련의 문제는 "느리지만 에너제틱하게 진행되고 있다"고 말했다. 이것은 물론 일종의 연막이라 볼 수도 있지만 어쨌든 그 자체로 모순된 표현임에 틀림없다. 하지만 사실 별다른 진전은 없었다. 본격적으로 착수하기 위해서는 4백만 달러 정도가 필요했고 1972년의 시점에서는 이것은 그리 힘든 일로 여겨지지 않았지만 그 이후에 자금의 흐름이 갑자기 타이트해진 것이다. 존스턴은 말했다. "포드 재단의 포트폴리오(자산명세표)는 60억 달러에서 40억 달러로 떨어졌다." 여기에다 이 아이디어 자체가 그리 중요하지 않은 것으로 사람들에게는 비쳤다. 사람들은 새로운 프로젝트를 생각하기 이전에 우선 메트로폴리탄 오페라나 메트로폴리탄 뮤지엄을 먼저 구해내야 한다고 생각했다. 그럼에도 존스턴은 경제적인 상황이 개선될 것이라는 기대를 버리지 않았다. 그는 여러 다른 접근법을 시도했으며 시에

1달러를 내게 되어 있는 이 부지에 대한 계약을 계속 유지했다.

랑글루아도 아직 낙관적이었다. 뉴욕처럼 부유한 도시에서 이러한 멋진 계획에 대해 돈이 없을 리가 없을 것이라고 그는 믿었다. 하지만 그의 친구이자 어드바이저인 장 리부는 시티 센터가 그에게 줄 돈을 4월에 정지시키자 이 프로젝트의 운명이 이미 결정되었다고 확신했다. 이 지점에서 랑글루아는 이 프로젝트에서 빠져나올 수가 있었지만 그는 그렇게 하지 않고 계속 버티기로 했다. 그는 리부에게 자신들이 시티 센터에게 소송을 거는 것은 어떠냐고 말했지만 리부는 소송에서 이긴다고 해도 돈을 받아내지는 못할 것이라고 했다. 어차피 그들은 돈이 없기 때문이다. 뉴욕 시 자체가 거의 파산 직전이었으며 소송을 하는 것은 변호사 비용 및 법원의 비용만 버리는 셈이라고 말했다. 랑글루아와 미어슨은 시티 센터와 시 정부가 돈이 없다는 것을 믿을 수가 없었다. 그는 여전히 포기하지 않았다. 리부의 말에 따르면 랑글루아는 여전히 꿈과 희망으로 가득 차서 뉴욕의 누군가가 그에게 이것은 결국 실현될 것이라고 말한다는 것이다―내일, 아니면 다음 주, 아니면 다음 달에. 그리고 그에게 뉴욕행 비행기 대금 및 숙박비(러시안 티룸 건너편에 있는 솔즈버리 호텔이 그가 좋아하는 곳이었고 두 번째로 좋아하는 곳은 그리스 식당인 '피레우스 마이 러브'였다)를 제공하는 사람이 있는 한, 그는 연락만 오면 바로 뉴욕으로 떠날 준비를 하고 있었다.

1975년에서 1976년이 되는 겨울에 아메리칸 시네마테크가 결국 시티 센터에서 분리된 이후에도 여전히 희망을 가졌다. 메트로폴리탄 뮤지엄이 도와줄지도 모른다고 생각했던 것이다. 메트로폴리탄 안에 영화부문을 설립하는 것을 목적으로 3년짜리 계약안도 작성되었다. 하지만 랑글루아는 메트로폴리탄,

아메리칸 시네마테크, 시네마테크 프랑세즈의 3자 계약이라는
조건에 대해 별로 만족스러워하지 않았고 결국 이 안에 서명하
지는 않았다.

랑글루아는 1974년을 시네마테크를 위한 '기적의 해<sup>annus</sup>
<sup>mirabilis</sup>'로 만들 정도의 에너지는 아직도 가지고 있었다. 3월 2일
에 그는 역사상 가장 스펙터클한 이벤트를 연출하게 된다. 파
리의 서쪽 관문인 포르트 마이요에, 개선문에서 멀리 떨어진 이
곳에, 파리를 둘러싸는 새로운 '벨트 지역'의 일부로 거대한 컨
벤션 센터인 팔레 데 콩그레스가 들어서게 된다. 하지만 파리의
끝에 있는 이곳을 제대로 알리기 위해서는 무언가 커다란 행사
가 필요한 것으로 보였다. 흥행사이자 홍보담당자인 조르쥬 크
라벤느는 시사회 기획 같은 것들이 전문인 사람인데 이 거대한
건물을 하루를 정해 시네마테크에 완전히 맡긴다는 아이디어
를 냈다. 여기에다 랑글루아가 자신이 하고 싶은 것을 할 수 있
도록 예산도 준다는 아이디어였다.
　랑글루아는 아침 열 시부터 밤 열 시 반까지 논스톱으로 영
화를 상영하기로 했다. 상영할 영화들은 그 자신의 컬렉션에서
뿐 아니라 세계 35개국의 필름 라이브러리에서 가져오기로 했
으며 새로 등장하는 감독들의 최근작들도 상영하기로 했다. 그
는 이 거대한 공간에 임시로 만들어지는 20여 개 이상의 극장
을 사용하기로 했다. 메인 홀(3천7백석)에서는 파리가 등장하는
여러 영화에서 발췌한 몽타쥬 필름을—랑글루아가 만든 것이
다—논스톱으로 상영하게 되었다. "영화를 통해서 보는 파리,
뤼미에르에서 우리 시대까지"라는 제목이었다. 두 번째로 큰 7
백50석의 극장은 1928년 이후의 다큐멘터리의 걸작들을 상영

하기로 되었다. 3백80석의 홀은 2차 대전에 대한 영화로 할당되어 미군을 위해 프랭크 카프라가 만든 〈왜 우리는 싸우는가 Why We Fight〉의 시리즈도 상영되었다. 3백60석의 홀은 젊은 감독들이 자신들이 최근에 만든 16밀리 영화들을 가지고 와서 직접 트는 것으로 했다. 전혀 선별의 과정이 없이 '먼저 오는 사람이 먼저 트는' 방식을 택했다. 이 밖에 70석에서 2백 석에 이르는 여러 극장이 있었는데 여기에서는 외국의 아카이브들이 자신들의 '보물'을 상영할 수 있도록 했다.

무엇이 어디에서 상영되는가에 대해 혼란은 피할 수가 없었다. 12명의 '안내양'이 있었지만 이들은 팔레 데 콩그레스의 직원으로 영화프로그램에 대해서는 잘 모르는 사람들이었다. 결국 스피커를 사용할 수밖에 없었다. 공항의 안내방송 같은 것이 나오게 된 것이다. "지금 오후 6시입니다. 소비에트 극장은 만원입니다. 이제부터 상영하는 〈왜 우리는 싸우는가〉는 입석으로 보실 수 있습니다. 캐나다, 알제리, 인도는 아직 공석이 있습니다."

당연한 일이지만 이처럼 야심적인 기획이—미친 짓이라고까지는 못하더라도—혼란 없이 잘 진행되기는 어려운 법이다. 오전 10시에 상당히 많은 관객이 벌써 포르트 마이요에 모였지만 메인 홀에서 뤼미에르가 보여주는 세기말과 세기초의 파리의 모습을 보여주는 장면이 나온 것은 10시 반이 되어서야였다. 이 프로그램은 원래 12시간 상영하는 것으로 예정되어 있었지만 오후 7시 마르셀 카르네와 30년대 프랑스 영화까지만 하고 중단되었다. 이리하여 랑글루아는 누벨 바그가 본 파리까지 도착하지 못하고 말았다.

이 상영회에 어떤 사람들이 왔는가에 대해 예를 들어보겠다. 점심 때 나와 두세 명의 친구들이 식사를 하면서 르누아르의 〈암캐〉에 대해 이야기를 나누고 있었다. 우리는 방금 전에 이 영화에서 발췌한 장면을 보았던 것이다. 그러자 옆 테이블에 있는 나이 많은 부인이 우리에게 말을 걸었다. 그녀는 〈암캐〉의 여주인공인 자니 마레즈를 개인적으로 알고 있었다고 우리에게 말하고 싶어 했다. 그녀는 자니가 이 영화의 촬영 직후에 교통사고를 당해 사망했다고 말하면서 그래서 그녀는 자신이 출연한 최고의 영화를 결국 보지 못했다고 말했다. 상영회장의 분위기는 마치 중세 시대의 시장 같았다. 여러 불평불만도 있었다. 어떤 사람들은 특정한 영화를 보려고 왔지만 영화를 어디서 상영하는지도 알 수가 없고, 자리가 있는지도 알 수가 없으며, 또 실제로 영화가 상영하는지조차도 알 수가 없다고 했다. 하지만 우리 모두는 일생에 한 번밖에 없을 대단한 경험을 한다는 생각을 했다. 오늘날에도 이 행사에 참여했던 사람들은 자신이 참가한 가장 대단한 이벤트 중의 하나라고 말하곤 한다.

이 특별한 행사는 D. W. 그리피스의 배우였고 자기 시대의 영화뿐 아니라 그 이후의 영화에 대해서도 많은 관심을 가지고 있는 블란슈 스위트의 후원으로 되어 있었다. 그런데 랑글루아는? 그의 모습은 어디에서도 보이지 않았다. 그는 대부분의 시간을 파리의 역사의 프로그램이 상영되는 메인 홀의 영사실에서 보냈다. 이 상영은 그리 스무드하게 진행되지는 않았다. 명백히 이 '몽타쥬' 영화는 미리 다 준비가 된 것은 아니었다. 영사실에서 랑글루아는 필름을 한 릴 꺼내 영사기사에게 넘겨주면서 "이걸 틀도록 하지"라고 말하면서 시간을 보냈다. 중간에 상영이 중단되기도 했으며 몇 편의 영화들은 연대순으로 되어 있지도 않았다. 하지만 이 영화는 파리를 과학적으로 분석하는

데 목적이 있는 것이 아니다. 랑글루아는 이것보다 훨씬 더 인상주의적인 접근을 택하고 있었다.

어떤 사람들은 극장에서 극장으로 계속 이동하기도 했고 어떤 사람들은 한 군데에서 계속 머물기도 했다. 하지만 랑글루아를 특히 기쁘게 한 것은 관객들이 시네마테크에 자주 오는 사람들뿐 아니라 전혀 오지 않았던 사람들도 많았다는 점이다. 상영회 자체가 무료인데다가 홍보도 잘 된 편이어서 당일인 토요일에는 시간이 지날수록 사람들이 늘어났다. 랑글루아는 이 많은 사람들이 이제는 통상의 시네마테크 상영에도 오지 않을까 하고 희망했다. 하지만 내 생각에는 그를 가장 흥분시킨 것은 이 엄청난 상영회를 해치운다는, 그 도전 자체가 아니었을까 하고 생각한다. 이것은 정말로 예전에 어느 누구도 한 적이 없는 일이었다. 이것은 연속되어 일어나는, 시네마테크 운영에 관련된 골치 아픈 일들 그리고 뉴욕에서 생긴 욕구불만을 충분히 보충하고도 남는 것이었다.

불행하게도 나는 저녁 늦게까지 이곳에서 머물 수는 없었다. 왜냐하면 랑글루아는 이 상영회에 영화를 빌려준 여러 아카이브의 대표자들과 클럽 메디테라네 호텔에서 저녁을 먹기로 했고 그에게 끌려 나도 그곳에 가야 했기 때문이다. 이것도 또한 그에게는 커다란 승리의 의미가 있었다. 시네마테크가 거의 15년간 FIAF의 멤버가 아니었음에도 불구하고 그는 거의 모든 곳에서 필름을 가져올 수 있다는 것을 보여주었기 때문이다.

《렉스프레스》의 비평가에 의하면 전 세계 35개국 이상의 나라의 4백 편이 넘는 작품들이 이 14시간 동안 상영되었다고 한다. 이것은 아무 근사치에 지나지 않을 것이다. 왜냐하면 그 20개의 극장에 하루 종일 머물면서 체크하지 않는 한 정확히 숫자를 알 수가 없고 거기에다 발표된 작품이 반드시 실제 상영된 작품과 일치하지 않을 수도 있기 때문이다. 하지만 이날을 승리의 날로 만들기에 충분한 수의 작품들이 상영된 것은 틀림없다.

3주 후에 글로리아 스완슨 특집을 시작하면서 시네마테크는 샤이요 궁에서 미스 스완슨을 위해 75세의 생일 파티를 열었다. 이 이벤트는 다시금 프랑스의 거의 모든 신문의 헤드라인을 장식하게 된다. 프랑스인들은 정말로 스완슨을 좋아했다(스완슨도 프랑스에 대해 특별한 애정을 보여주었다). 왜냐하면 그녀가 자신의 최고의 작품이라고 주장하는 〈마담 상 제느〉를 프랑스에서 만들었기 때문으로 레옹스 페레가 연출한 이 작품은 불행하게도 현재는 전해지지 않는다. 게다가 그녀는 한때 프랑스인 인 드 라 팔레즈 후작과 결혼한 적도 있다. 몸의 선이 드러나는 청색과 녹색의 스트라이프가 있는 가운을 입고 등장한 그녀는 생일 케이크의 촛불을 불어 껐다. 그녀가 촛불을 끄는 사진은 세계 각국의 신문과 잡지에 실렸다. 생일 케이크의 의식 후에는 그녀의 여러 작품에서 발췌한 몽타쥬 영상이 상영되었다. 많은 파리지앵들은 그녀가 20년대의 뱀프 이미지의 스타 이전에 맥세네트 영화의 수영복 미인이었고 대단히 세련된 여배우라는 사실을 알고 경악했다. 이 몽타쥬 영상은 랑글루아 자신이 준비한 것이 아니라 이스트만 하우스의 제임스 카드가 준비한 것으로 이 영상은 사실 한 달 전에 플로리다 주 올란도에서 열린 영화제에서 테스트로 상영된 바가 있었다. 하지만 카드와 랑글루아는 이 파리 상영판을 위해 〈자자〉와 〈퀸 켈리〉 등을 특별히 새로 추가했다.

이것은 정말 대단한 축전이긴 했지만 돈이 많이 드는 행사였던 것도 사실이다. 시네마테크는 미스 스완슨의 왕복 여행비용과 숙박비를 부담했다. 스완슨 특별전은 랑글루아의 적들이 자주 이야기하던, 랑글루아가 돈을 탕진한다는 것의 전형적인 사례가 된다. 이들은 스완슨이 자신의 여행비용 정도는 충분히 부담할 수 있을 것이라고 주장했다. 스타라고 하는 것은 이럴 경우 초대를 받지 않으면 (바꾸어 말하면 누군가 비용을 부담하지 않으면) 절대 출석하지 않는다는 것을 이들은 이해하지 못하는 것이다. 스타는 스타로서 대접을 받는 것에 익숙해진 사람들이다. 랑글루아는 이걸 알고 있었다. 이 돈은 변질되는 프린트의 복사 비용으로 써야 했던 것일까? 이 돈은 시네마테크 직원들의 급료를 올려주는 데 써야 했던 것일까? 하지만 랑글루아는 시네마테크나 아카이브의 명성 혹은 위신이라는 것은 때로는 이런 '비싼' 도락으로 보이는 것을 할 수 있다는 것에 의해 유지된다고 믿었다. 그는 자신의 명성을 위해서가 아니라, 샤이요 궁에의 '비싼' 방문객들이 이 방문의 대가로 프린트를 남겨주거나 (혹은 복사를 위해 빌려주거나) 혹은 물품을 남겨준다는 이유로 이 위신을 중시했던 것이다. 이러한 것이 가져오는 홍보효과는 아주 중요한 것이어서 사람들로 하여금 시네마테크에 오도록 할 뿐 아니라 다른 영화감독이나 배우들도 시네마테크에 프린트나 물품들을 기증하게 한다고 믿었다.

사실 랑글루아가 이런 이벤트를 통해 홍보효과를 누리지 않았다면 그가 1974년에 오스카상을 받는 일도 없었을 것이다. 이것은 1974년에 그에게 있어 세 번째로 큰 이벤트로 메리 미어슨은 그에게 오스카 시상식에 가기 전에 새로운 양복을 맞추라고 강력히 요구했다. 그녀는 피에르 카르댕(이미 그는 랑글루아가 개인적인 시사회에 초대한 것에 대한 답례로 그에게 옷을 만들어준 적이 있다)을 설득해 그에게 미드나잇 블루의 턱시도를 만들어달라고 했다. 랑글루아는 사이즈를 재기 위해 카르댕에게 가는 것을 거부했고 할 수 없이 그는 사람을 보내 그의 사이즈를 재도록 했다. 하지만 이번에는 랑글루아가 일어서는 것을 거부했다. 불쌍한 재단사는 앉아 있는 사람의 사이즈를 재는 것은 불가능하다고 그에게 하소연했지만 그래도 그는 말을 듣지 않았다. 결국 그 상태에서 대충 그의 사이즈를 재는 수밖에 없었다.

그는 10일 정도 할리우드에 머물렀는데 그 사이에 외국인 감독들을—프리츠 랑, 장 르누아르 등—만나 식사를 했으며 그 외에도 킹 비더, 그루초 맑스(블루진에다 시가를 물고 나타난 그는 랑글루아를 계속 따라다녔다), 루벤 마물리안을 만났으며 메이 웨스트의 저택에서 오후 한때를 보내기도 했다.

마침내 4월 2일에 랑글루아는 MPAA의 회장인 잭 발렌티에게서 아카데미 명예상을 받게 되었다. 발렌티는 랑글루아를 '영화계의 양심'이라고 소개했다. 랑글루아의 수상소감은 진 켈리가 통역을 했다. "1916년에서 1917년 사이의 프랑스에서는 존경받는 사람들은 거의 전부, 혹은 내가 생각하는 중요한 예술가들(피카소, 디아길레프, 프루스트, 스트라빈스키) 전부는 모두 미국영화에 열광적으로 환호를 보냈습니다. 먼 옛날의 델뤽, 르누아르, 강스의 시대로부터 우리들의 시대의 트뤼포나 고다르에 이르기까지 프랑스 영화의 창작자들은 미국영화를 깊이 사랑했고 그로부터 자신들을 고양시킬 에너지를 얻었던 것입니다." 다음에 랑글루아는 영어로 덧붙였다. "이것이 내가 미국영화를 사랑하는 이유입니다. 만나서 반갑습니다.This is the reason I like so much the film American, and nice to meet you."

제임스 카드에 따르면 아카데미상은 "그에게 있어 중요한 의미를 갖는다. 그를 잘 알고 있다고 생각하던 사람들을 충분히 경악하게 하는 것이었다"고 한다. 아메리칸 시네마테크가 제대로 자리를 못 잡고 있는 상황에서 오스카를 받게 된 것은 그로서는 자신이 사랑하는 아메리카로부터 약간의 보상을 받은 느낌을 갖게 했을 것이다. 하지만 카드의 말에 의하면, 그의 적들에게는, 그의 오스카 수상은 그의 목을 조를 시간이 점점 다가오고 있다는 것을 알리는 신호였다. 이것은 아마 과장으로 들리기는 하겠지만 뉴욕의 현대미술관을 포함한 많은 아카이브의 사람들은 자신들과 동류의 인간들 중에서 처음으로 이런 명예를 받는 것이 랑글루아라는 것을 받아들일 수 없었다.

시네마테크의 프로그래밍과 보존활동은 점차 쇠퇴하고 있었고 이것은 그리 놀라운 일이 아니다. 랑글루아의 에너지는 감퇴하고 있었고 당연히 신경 써야 할 샤이요 궁의 극장 운영에도 별로 힘을 기울이지 못하고 있었다. 물론 그는 프로그래밍의 권한을 다른 사람들에게 맡길 수 있었지만 그는 여러 어시스턴트들을 그들이 지나치게 "자신의 주도권을 보여주려 한다"는 이유로 모두 해고해버리고 말았다. 그는 12명으로 이루어지는 프로그램 선정 위원회 같은 것을 만들 생각이라고 말했다. 나는 기꺼이 그 멤버가 되겠다고 그에게 말했지만 그는 미래에 대해 이렇게 준비하겠다고 말만 할 뿐이지 어느 것도 실행에 옮기지는 않았다(그가 자신의 후계자라고 얘기했던 사람들도 여러 명 있던 것으로 안다). 그리하여 프로그램 선정 위원회도 결국 구성되지 않았다. 그가 자신의 권한을 위양하는 것을 거부한 것이 결국 그의 말년의 최대의 실수가 아닌가 생각한다.

랑글루아는 최악의 일이 일어날 수 있다고 믿으면서도 다른 한편으로는 모든 일이 결국에는 잘 풀릴 것이라고 생각하기도 했다. 그는 여전히 아메리칸 시네마테크가 실현될 것이라 믿었고 그러면 시네마테크 프랑세즈도 구원을 받을 수 있을 것이라 믿었다. 그리하여 1975년과 1976년에 랑글루아는 그저 대기하는 전술을 택하기로 했다. 시네마테크 프랑세즈는 여전히 활동을 하고는 있었지만 그 프로그램은 어딘지 영혼이 빠져 있는 느낌이었고 자주 발표된 상영작과 실제 상영작이 다른 일이 발생했다. 내 친구 중의 한 사람은 조셉 로지의 〈M〉을 보려고 다섯 번이나 갔지만 매번 프리츠 랑의 〈M〉을 상영하고 있었다고 불만을 터뜨렸다. 실망이 커지기 시작했고 이것이 공적으로 드러나기 시작했다.

그럼에도 불구하고 랑글루아는 정부로부터 공식적인 승인을 받기 시작했다. 1976년의 추수감사절 즈음에 그는 대통령 발레리 지스카르 데스탱의 공식만찬에 초청을 받아 엘리제궁에 갔다. 메리 미어슨은 이번에도 카르댕에게 가서 그가 입을 망토와 턱시도를 만들어달라고 했다. 그리고 랑글루아는 이러한 공식적인 행사를 그리 좋아하지는 않았지만 행운의 바퀴가 한 바퀴 돌아 자신에게 돌아온 것에 대해 일종의 씁쓸한 만족을 느낀 것으로 보인다.

랑글루아의 건강은 지나친 혹사의 결과 여러모로 나쁜 징후를 보내고 있었다. "몸의 각 부분이 반항의 신호를 보내고 있다." 그는 여전히 대서양을 건너는 비행을 하고 있었으며 나는 그가 1976년의 뉴욕 필름 페스티벌에서 르누아르의 〈나나〉를 소개할 때 지치고 낙담한 것이 역력했던 것을 기억한다. 그는 1977년 봄에 예정된 메트로폴리탄 뮤지엄에서의 첫 번째 아메리칸 시네마테크 프로그램으로 파리-뉴욕 왕복 상영을 준비했

다. 이것은 1970년 이래 처음으로 하는 프로그램으로 그는 솔
즈버리 호텔의 자기 방에서 밤낮으로 이를 준비했다.

그는 통풍과 기관지염의 재발로 고통받고 있었다. 그가 파
리에서 약을 가져오는 것을 깜빡했는지 아니면 약을 다 써버
려서인지, 그는 샐리 블루멘탈에게 그녀의 의사로부터 처방전
을 받아달라고 부탁했다. 프랑스 약 이름의 애매한 기억을 바
탕으로 그는 그녀에게 메모를 써주었다. 그는 또한 여러 목적
으로 다량의 장미꽃잎 젤리를 먹기도 했다. 이것은 어린 시절
스미르나에서 자란 그가 체득한 그리스 잼의 영향이라고 할
수 있다. 그는 스푼을 사용해 다량의 잼을 10분만에 다 먹어버
리곤 했다.

1976년 12월에 파리에 돌아온 그는 시네마테크를 위한 자
금을 만들기 위해 새로운 기획을 마련했다. 이것은 장 뤽 고다
르와 프로듀서 장-피에르 라쌈이 함께 생각한 아이디어로 영
화의 역사에 관한 영화를 만들어 필름과 비디오 카세트로 발매
한다는 것이었다. 랑글루아와 고다르가 대본을 쓰고 연출을 하
며, 라쌈이 자금을 마련하고 제작을 한다는 것이었다.[이 기획은
결국 고다르 본인에 의해 진행되고 1998년에 고다르의 〈영화사〉 시리즈
로 완성된다.—옮긴이]

바로 그해에 랑글루아는 오르세의 교외에 필름 보관고를
빌리는 계약을 장-샤를 에델린과 맺었다. 많은 사람들이 이
것을 실수라고 생각했다. 무엇보다도 랑글루아는 이 계약을 시
네마테크의 집행위원회와 상의하지 않고 체결했다. 그는 계약
을 한 다음에야 장 리부에게도 이 이야기를 했다. 둘째로 이 보
관고를 빌리는 것은 결코 싼 것이 아니었다. 리부는 말한다. "가
격이 아주 나쁜 것은 아니다. 다만 브와 다르시에 있는 정부의

보관고를 사용하면 공짜나 다름없는 것을 생각하면 그리 좋은
결정은 아니다." 랑글루아의 여러 공포증(포비아) 중에서도 가
장 뿌리가 깊은 것은 CNC(국립영화센터)가 그의 영화를 훔쳐 갈
지도 모른다는 것이었다. 그러므로 CNC가 설립한 국립영화아
카이브에 필름을 예치한다는 것은 그에게는 있을 수 없는 일이
었다. 리부는 내게 말했다. "나는 앙리에게 여러 번 말했다. 계약
서만 제대로 만들어 놓으면 아무 문제가 없을 것이라고 말이다.
통장을 가지고 있으면 은행에 맡긴 돈을 언제든지 찾을 수 있
는 것처럼 말이다. 하지만 은행의 예를 든 것은 나의 실수였다.
왜냐하면 앙리는 은행이 우리의 돈을 뺏어간다고 생각하기 때
문이다. 쉽게 설명하려고 한 것이 그의 가장 나쁜 의혹을 확인
해준 셈이 되어버렸다. 랑글루아는 자기 일생을 통해 단 한 번
도 은행계좌를 가진 적이 없는 인물이다. 심지어 체킹 어카운트
도 가진 적이 없다."

　　랑글루아가 CNC를 두려워한 것에는 전혀 근거가 없는 것
은 아니다. "하지만 랑글루아는 항상 과장했고, 확대시켰으며,
신화화하기를 좋아했다. 필름 라이브러리를 국가로부터 분리
하는 것에는 물론 정당한 근거가 있기는 하다. 국립으로 된 필
름 아카이브들이 상당히 많지만 이들이 반드시 저작권을 가장
잘 지키는 곳은 아니다. 그 이상은 나로서는 뭐라고 말하기 곤
란하다. 나는 CNC가 시네마테크의 컬렉션에 대한 어떤 음모를
꾸민다는 증거를 가지고 있지는 않다. 만약 파리의 국립도서관
이 필름을 저장할 수 있는 설비를 갖고 있었다면 앙리는 자신
의 컬렉션을 여기에 맡겼을 수도 있다. 하지만 1968년에 CNC
가 그에게 한 일을 생각하면 앙리가 자신의 필름을 그들에게
맡긴다는 것은 불가능한 일이라고 해야 할 것이다."

"랑글루아는 점점 더 일종의 허언증 환자처럼 되었다. 이것은 물론 그의 건강이 나빠진 것이 큰 이유일 것이다. 그는 전보다 더 미래를 위해 일관성 있게 준비하는 것을 거부했다. 그는 점쟁이를 찾아가는 일이 더 잦아졌으며 더욱더 무질서해졌다. 그는 정말로 파국을 향해 떨어지는 것처럼 보였다."

혹은, 다른 친구가 말하는 것처럼, 그는 자신의 문제로부터 도주하려고 하지 않았다. 그는 오히려 문제들을 앞지르려고 했다. 프랑스어에서 말하는 '미리 앞서서 도주하다la fuite en avant'는 것을 하려고 했던 것이다. 그는 예전에 이 기술을 잘 사용했었다. 하지만 이번에는 멈출 수가 없었다. 새로 개관하는 퐁피두 센터(보부르그)는 랑글루아의 의향에 따라 새로 극장을 설치했다. 랑글루아는 퐁피두 센터를 새로 설치하는 것이나 이것을 운영할 사람들을 좋아하지는 않았지만 1977년 봄의 새로운 시네마테크의 극장 개관을 위해 멋진 프로그램을 만들 수 있기를 희망하고 있었다.

# 13

## 종말

앙리 랑글루아는 1977년 1월 12일에 죽었다. 그의 죽음은, 그가 좋아하던 표현을 사용하자면, 뜻밖의 일이기는 하지만 놀라운 것은 아니었다. 그 징조는 도처에 있었지만 우리들 모두는 이것을 믿으려 하지 않았다. 1976년 가을, 그가 뉴욕에서 호텔방에 처박혀 아메리칸 시네마테크의 프로젝트를 위해 열심히 일하고 있을 때, 그는 샐리 블루멘탈에게 자신은 너무지쳤으며 일 년 안에 죽을 것이라고 말했다. 그는 이런 말을 전에도 한 적이 있었기 때문에 그의 친구들 중 누구도 이 말을 믿지 않았다.

내가 그를 마지막으로 본 것은 1976년의 크리스마스 시즌이었다. 나는 방금 파리에 도착했고 1월 초에 일주일 정도 로마에 가기 전에 시네마테크로 향했다. 그는 배꼽 헤르니아로 고생하고 있었다. 체중을 줄이려고 가끔 노력하기는 했지만 그는 여전히 거구였으며 이것이 다른 육체적인 문제들도 악화시켰다. 참으로 기이하게도 이 마지막 방문에서 그는 나를 처음으로 퍼스트 네임으로 불렀다. 우리가 알고 지냈던 18년 동안 그는 나를 항상 '라우드'라고 불렀다. 대화할 때에는 친한 사이에 쓰는 대명사 tu를 썼지만 부를 때는 항상 '라우드'라고 했고 나도 그를 '랑글루아'라고 불렀다.(반면 메리 미어슨은 대화할 때 격식을 차리는 vous를 썼지만 부를 때는 '리차드'라고 했다.) 그 당시 나는 그가 나를 '리차드'라고 부르는 것이 약간 이상하다는 생각은 했었다. 하지만 특별히 대단한 의미를 부여하지는 않았다. 물론 나중에 우리가 앞으로 다시 보지 못할 수도 있다는 것을 느꼈기 때문이 아닐까 라는 생각은 했지만...

나는 그가 죽었다는 소식을 로마에서 들었다. 샐리 블루멘탈이 뉴욕에서 내게 전화를 해 알려주었다. 그녀는 내가 신문에서 이 소식을 접하는 것을 원하지 않아 전화했다고 했다. 나는 그녀에게 고마움을 전했다. 정말로 로마의 신문에는 그의 타계를 알리는 뉴스가 거의 실려 있었다.

직접적인 사인은 심장마비로 공표되었다. 샐리는 내게 그가 죽은 것은 밤늦은 시간으로 촛불을 켜놓고 일을 하고 있었다고 했다. 요금을 내지 않아 전기와 전화가 끊어진 상태였다. 그는 두 개의 프로그램을 기획하고 있었는데 하나는 투르 영화제를 위한 것이었고 또 하나는 보부르그의 새로운 시네마테크 상영관을 위한 것이었다. (투르 영화제를 위한 일은 일종의 임시수입을 얻기 위한 것으로 이 돈은 고용주가 종업원을 위해 일부를 부담하는 사회보험료의 체납분을 납부하기 위한 것이었다고 한다.) 그는 젊은 영국인 피터 윌리츠와 함께 있었다. 윌리츠는 옥스퍼드 대학의 필름 소사이어티를 운영하던 친구로 랑글루아를 위해 무보수로 일을 도와주었던 마지막 인물이었다. 랑글루아는 통풍 때문에 온몸을 모포로 두르고 누워 있었다.

한참 일을 하다가 윌리츠와 랑글루아는 메리를 아파트에

남겨두고 나와서 근처에 있는 엘리아 허숀과 로베르토 게라의 아파트에 갔다. 전화를 쓰기 위해서였다. 그가 두 번의 통화를 했는데 하나는 뮌헨 필름 뮤지엄의 엔노 파탈라스였고 또 하나는 뉴욕에 있는 샐리 블루멘탈이었다. 랑글루아는 샐리와 곧 다가올 메트로폴리탄 뮤지엄에서의 상영에 대해 논의했다. 그녀는 그가 영어로 "걱정할 필요 없어Do not be afraid"라고 반복해 말했던 것을 기억한다. 새벽 두 시가 되어 그는 더 이상 일을 할 수 없었고 윌리츠에게 가서 자야겠다고 했다. 그리하여 다시 그의 아파트로 돌아왔다. 윌리츠는 말했다. "그는 기분이 안 좋다고 하면서 이 층으로 올라갔다. 나중에 우리가 그의 침실에 갔을 때는 이미 모든 것이 끝나버린 상태였다." 그는 문자 그대로 '전장'에서 죽은 것이다. 윌리츠는 다음과 같이 표현했다. "내가 본 그의 마지막 모습은 일을 하면서 자신을 죽인 사람의 모습이었다." 랑글루아는 시네마테크를 위해 절실하게 자금이 필요했다. 하지만 그것을 정부로부터 얻으려고 한다면 그것은 어느 정도의 타협을 하지 않을 수 없다. 그는 영화제작자나 영화사로부터는 자금 제공을 바라지도 않았다. 시네마테크에 간섭할 가능성이 있기 때문이다. 결국 그에게 가능한 것은 자신의 일을 통해 돈을 마련하는 것밖에 없었다. 윌리츠의 말에 따르면 이들은 한 번은, 외부와 완전히 단절된 채로, 48시간 동안 전혀 중단하지 않고 일을 하기도 했다고 한다.

장례식은 다음 주까지 행해지지 않았다. 랑글루아는 독실한 로마 가톨릭 교도는 아니지만 세례를 받은 적이 있으며 친구 중에 예수회 신부인 장 디아르가 있었다. 그는 영화와 다른 예술에도 관심이 많은 사람이었다. 장례식은 랑글루아 집에서 가까운 생 안느 교회에서 진행되었다. 나는 시네마테크로부터 많은 은혜를 입었고 1968년에 그를 위해 열심히 투쟁하기도 했던 누벨 바그의 감독들이 다 올 것이라고 기대했다. 교회는 제법 혼잡했지만 내가 본 영화감독은 알랭 레네뿐이었다. 트뤼포는 그때 할리우드에 있었고 어떤 이유에서인지는 모르지만 고다르도, 샤브롤도, 리베트도, 로메르도 오지 않았다. 레네의 출석은 랑글루아가 살아 있었더라면 아주 좋아했을 뜻밖의 '개그'를 야기했다. 나는 레네를 보자마자 인사를 했고 그런 다음 그의 아내(플로랑스 말로, 앙드레 말로의 딸이다)는 어디 있느냐고 물었다. 근처에 그녀가 보이지 않았기 때문이다. 그는 대답했다. "아, 그녀는 비석 때문에 좀 바쁘거든요." 나는 물었다. "비석이요?" 그는 나의 혼란을 감지하고 급하게 덧붙였다. "아뇨, 랑글루아의 비석이 아니라 그녀 부친의 비석 때문에요." (말로는 1976년 11월에 타계했다.) 랑글루아와 말로의 복잡한 관계를 생각하면서 나는 터지려는 웃음을 참느라 고생했다.

저명인사들이 몇몇 참석하기는 했다. 정부를 대표해서는 프랑수아즈 지루(그녀는 당시 문화부 장관이었다), 시몬느 시뇨레, 이브 몽탕 등. 친숙하기는 하지만 내가 그 이름은 모르는 사람들도 꽤 있었다. 시네마테크의 현 직원들 및 예전 직원들. 그리고 그의 정식 가족들도 있었다. 동생인 조르쥬 랑글루아, 그의 아내와 조카들. 그리고 메리 미어슨도 있었다. 그녀는 머리부터 발끝까지 검은색의 옷을 입고 있어 에이젠슈테인의 〈이반 뇌제〉의 등장인물을 떠올리게 했다. 세레모니 자체는 상당히 특이한 것이었다. 디아르 신부가 추도의 말을 했고 이어서 드뷔시 음악을 플루트 솔로로 연주했다. 이것을 연주한 젊은이는 랑글루아가 좋아하던 영화인 〈시골에서의 하루〉를 떠올리게 했다. 이것은, 어쨌든, 내게는 어울리는 것으로 느껴졌다.

현장에서 보지는 못했지만 오래전부터 랑글루아의 숙적인 자크 르두도 참석했다. 프랑수아즈 조베르(영화음악가인 모리스 조베르의 딸로 그녀는 60년대에 시네마테크에서 일하기도 했다)는 나중에 내게 르두가 자신에게 다가와 "랑글루아는 당신의 부친이기도 하지만 나의 부친이기도 합니다"라고 했다고 말했다.* 세레모니가 다 끝나고 우리는 몽파르나스 묘지로 향했다(장 리부가 장례식 비용을 부담했다). 거기에는 세계의 여러 아카이브에서 보낸 화환과 화관이 있었다. 1월이었지만 태양은 밝게 빛나고 있었다. 관이 내려가고 사람들은 천천히 해산하기 시작했다. 어떤 사람들은 점심을 먹으러 갔고 어떤 사람들은 집에 갔다. 긴 오전이었다. 하지만 누구나 나와 같은 느낌을 가졌을 것이라 생각한다. 친구를 잃었다는 그 느낌. 우리는 여전히 시네마테크가 존속할 것이라는 걸 안다. 그가 그렇게 걱정하던 시네마테크 말이다. 비록 낡은 캔에 들어가 있기는 하지만 그가 수집한 필름들도 살아남을 것이라는 걸 안다. 그리고 가령 필름들 모두가 갑자기 재가 된다고 해도, 시네마테크에서 많은 것을 배운 감독들의 작품에서 랑글루아의 살아 있는 기념비를 우리는 보게 될 것이다.

하지만 그가 타계한 후에 그를 대체할 수 있는 사람은 아무도 없다. 그의 삶이 영화의 역사 전체를 끌어안는다고 생각한—너무 비관적이긴 하지만—사람들이 있었다. 가장 초기의 위대

---

* 1977년 5월 루마니아의 바르나에서 열린 FIAF 총회에서 르두는 랑글루아에 대해 다음과 같이 말했다. "그를 알고 있는 사람들은 그가 모든 면에서 극단적인 사람이라는 것, 바로 그 극단성 때문에 매력적이라는 것, 영감과 고정관념이 뒤섞이고 관대함과 질투심이 뒤섞인 특이한 사람이라는 것을 알 것이다. 그는 많은 시네마테크(내가 그 대표자인 것을 포함해)의 창설의 원천에 있는 사람이며 나는 결코 이 사실을 잊지 않을 것이다."

한 감독들인 그리피스, 푀이야드, 슈틸러, 쇠스트롬 등이 처음
으로 중요한 작품을 만들던 해에 그는 태어나서 50년대 후반에
등장한 새로운 재능들이 그 방향성을 상실하는 시기에 죽었다.
이것은 이들 감독들이 더 이상 일하지 않는다거나 좋은 영화를
더 만들 수 없다는 것을 의미하는 것이 아니며 60년대에는 전
세계에서 많은 중요한 감독들이 등장하기도 했던 것이다. 그러
나 70년대 중엽 당시에는 새로운 얼굴도, 새로운 재능도 별로
없는 것처럼 보였다.

　영화는 죽어가고 있는 것일까? 충분히 그럴 수 있다. 어떠
한 예술도 영속한다는 보장은 없다. 예를 들어 오페라의 전성
기는 단 2백 년 정도 지속되었다. 그런데 영화의 미래가 영화의
과거 속에 있다면, 그 과거는 주로 앙리 랑글루아의 노력과 전
범에 의해 보존된 것이라 해도 틀린 말이 아닐 것이다.

# 옮긴이 후기

이 책에 나오는 대로 앙리 랑글루아는 1935년에 (그의 친구
인 조르쥬 프랑쥬와 함께) 시네마테크 프랑세즈를 설립한 것
으로 되어 있다. 그의 나이 21세였다. 영화의 문화적 위신이 지
금으로서는 거의 상상이 가지 않을 정도로 낮은 시대였다. 어
느 누구도 영화를 값싼 오락물 이상으로 여기지 않았던 시대였
다. 랑글루아는 이것이 귀중한 예술작품이며 보존할 가치가 있
는 것이라고 인식했다는 것이다. 하지만 그가 과연 그런 거창한
'사명감'에서 이 일을 시작했을 것이라 생각되지는 않는다.

그는 무엇이든지 엉망으로 만드는 아이였고 프랑스문학
시험에 몰리에르를 채플린과 비교하는 답안을 써서 빵점을 맞
는 아이였다. 바칼로레아(대학입학자격시험)에도 낙방했으며(여기
에는 여러 설(!)이 있다) 할 수 없이 부친이 질서의식을 심어줄 생
각에서 억지로 인쇄소에 취직을 시켰던 아이였다. 어떻게 보면
'불량 청소년'이라고 해도 좋을 정도이다. 영화 외에는 별로 관
심 있는 것이 없었던 이 청년에게 시네마테크의 설립은 아마도
일종의 '도락'으로 시작된 것이 아닌가 하는 생각이 든다.

이 책에 나오는 에피소드를 그대로 믿기에는, 꾸며낸 이야기가 아닌가 하는 생각이 들 정도로, 랑글루아의 삶은 평범한 것과는 거리가 멀다. 여기에다 그 특유의 과대망상적인 성향과 음모론에 대한 믿음까지 겹치면 그는 정말로 종잡기 어려운 인물이 된다. 그리하여 랑글루아는 항상 '실물보다 큰bigger than life' 인물이 된다.

거의 발자크적이라고 해도 좋을 인물인 랑글루아의 실상을 부각시키기 위해 저자인 리차드 라우드는 그의 지인 및 관계자 76명과 인터뷰를 했다. 이 수법은 트뤼포가 서문에서 밝히고 있는 것처럼 미국의 저널리즘의 전형적인 특징을 보여주는 것이면서 동시에 시네마테크 프랑세즈의 창시자의 평전이 왜 미국인에 의해 쓰여지게 되었는지 그 사정을 짐작하게 해준다.

감독인 마르셀 오퓔스(그는 막스 오퓔스의 아들이다)는《아메리칸 필름》에 실린 이 책에 대한 서평에서 인간관계가 복잡하게 얽힌 파리의 문화계에서 그것이 주는 압박감을 느끼지 않으면서 사실에 입각한 평전을 쓰는 것이 대단히 어렵다는 점을 지적하면서 저자가 오히려 미국인이기 때문에 이것이 가능한 면이 있지 않은가 하는 점을 말하고 있다. 면밀한 조사 후에 사실을 바탕으로 글을 쓰는 미국의 논픽션 라이팅이야말로 19세기 프랑스 소설의 상속자가 아닌가 하는 말도 그는 하고 있다.

참으로 희귀한 개성의 소유자에 대한 흥미로운 평전이라는 측면과 함께 이 책이 아직은 낯설게 느껴지는 필름 아카이브의 역사와 필름 보존의 문제에 대해 언급하고 있다는 점도 강조해야 할 것이다. 영화산업의 쇠퇴(혹은 변모)라는 문제가 언급되기 시작한 것은 지난 세기의 말부터이지만 그와는 역의 방향의 움직임도 활발해지고 있다. 영화사의 재발견 혹은 영화사의 복원이라는 움직임이다. 이 분야는 무엇보다도 아카이브의 존재가 중시되는 분야이다. 이 책의 5장 「시네마테크의 아이들」에서 언급되는 에리히 폰 스트로하임의 〈웨딩 마치〉의 사운드판 복원의 에피소드 같은 것들은 분실 내지는 결손된 작품을 다시 되살리는 것이 얼마나 어려운 과정을 통해 이루어지는 것인가를 잘 보여주고 있다. 이 경우에는 무성영화는 초당 16프레임으로 영사하는 경우가 많다는 통설에 따라 영화를 영사했지만 감독인 스트로하임은 격분하면서 자신은 무성영화의 시대에 24프레임의 사운드영화를, 심지어 음악을 담은 레코드까지 만들었다고 말하고 있는 것이다. 그리하여 다시 예전에 발매되었던 레코드를 찾은 다음 이 사운드에 맞추어 다시 영상을 조합하는 과정을 시작한다.

　여기에다가 영화사의 초기를 장식했던 질산염$^{nitrate}$ 프린트의 문제도 있다. 1950년대 초반까지 사용되다 현재는 사용하지 않는 질산염 프린트는 발광 및 발색에서 대단히 뛰어난 것이긴 하지만 화재의 위험성으로 인해 현재는 불연성의 안전필름으로 바뀌었다. 많은 필름 아카이브에서 초기에 화재가 자주 일어났던 것도 이 질산염 프린트가 원인이었다. (타란티노의 〈바스터즈: 거친 녀석들〉에서는 질산염 프린트가 순식간에 무기로 화할 수 있다는 것을 보여준다.)

　필자가 처음 이 책을 읽은 것은 지금으로부터 26년 전이었다. 랑글루아라는 인물이 예상한 것 보다 훨씬 기괴한 인물이어서 깊이 빠져들어서 읽었던 기억이 있다. 이번에 26년 만의 생각지도 않은 (강제적인) '재독'을 통해 상당히 많은 것을 이 책으로부터 얻었구나 하는 개인적인 감개를 얻었다. 무엇보다도 이 책은 랑글루아 개인의 궤적을 따라가면서도 자연스럽게 무성영화에서 70년대에 이르는 영화사의 '옆모습profile'이 떠오르도록 하고 있다. 이 부분은 역시 저자의 영화사에 대한 깊은 이해가 없다면 불가능했을 것이다.

독자들에게는 너무 늦게 찾아온 책이라는 생각이 들어 조금 켕기는 면도 있다. 하지만 그럼에도 여전히 '영화문화의 형성기'에 대한 유용한 (심지어 재미있기까지 한) 다큐멘트로서의 기능은 충분히 수행할 수 있는 책이라고 믿어 의심치 않는다. (그리고 더불어 영화의 마지막 '영웅시대'의 증언으로서도 말이다.)

# 주

본문에 등장하는 번역은 특별히 표기된 경우 외에는 리차드 라우드가
한 것이다.

## 서문

1. 이 서문에 인용된 코멘트들은, 따로 표기된 것이 있는 것이 아니
   면, 모두 다 엘리아 허숀과 로베르토 게라가 만든 영화 〈랑글루
   아〉(1970)에서 가져온 것이다.
2. *Cahiers du Cinéma*, No. 200-201 (April-May 1968)
3. Jean Narboni and Tom Milne (ed.) *Godard on Godard* (London:
   Secker & Warburg, 1972, New York: The Viking Press, 1972)

## 1장

1. 다음의 인물에게서 나온 발언은 모두 필자가 직접 만나 녹음한 인
   터뷰에서 가져온 것이다. 마가레타 아커마크, 케네스 앵거, 루이즈
   브룩스, 프레디 브아슈, 로테 아이스너, 마리 엡스탱, 조르쥬 프랑
   쥬, 조르쥬 골드파인, S. 프레데릭 그로닉, 토마스 존스턴, 아서 나
   이트, 조르쥬 랑글루아, 앙리 랑글루아, 세르쥬 로직, 베르나르 마
   르티낭, 데렉 프루즈, 카렐 라이즈, 셀던 르낭, 알랭 레네, 장 리부,
   자크 리베트, 데이비드 로빈슨, 장 루슈, 엘리오트 스타인, 앙드레
   티리페이, 프랑수아 트뤼포.

2. 시네마테크 프로그램 노트 (파리, 1955)
3. 시네마테크 프로그램 노트 (파리, 1956) *Cahiers du Cinéma*, No.
   200-201 (April-May 1968)에 재수록됨.
4. Ibid.

## 2장

1. Études Cinématographiques, Nos. 38-39 (Spring 1965)
2. Ibid.
3. *Regards*, No. 150 (November 26, 1936) ; *Chroniques du Cinéma
   Français* (Paris: Union Générale des Éditions [10/18], 1979)에 재수록
   됨.
4. Ibid.
5. Ibid.

## 3장

1. *Remembering Iris Barry* (New York: Museum of Modern Art, 1980)
2. Interview with Jean-A. Gili, *Cinéma 71*, No. 153 (February 1971)

## 4장

1. Simone Signoret, *Nostalgia Isn't What It Used to Be* (New York:
   Harper & Row, 1978)

## 5장

1. *Cinéma 69*, No. 133 (June 1969)
2. *The New Yorker*, February 26, 1955
3. 시네마테크 프로그램 노트 (파리, 1956) *Cahiers du Cinéma*, No.
   200-201 (April-May 1968)에 재수록됨.
4. *Cahiers du Cinéma*, No. 135 (September 1962)
5. Ibid.
6. Annette Insdorf, *François Truffaut* (Boston: Twayne Publishers, 1979)
7. *A History of the Cinema* (London, 1969; New York, 1978)

8. Narboni and Milne, (ed.) *Godard on Godard*. 공동편집자이자 번역자인 톰 밀른은 '익명의 프랑스인 카메라맨'으로 펠릭스 메스기쉬 Felix Mesguisch를 지목한다.

9. Interview with Corinne McMullin in *Vogue* (Paris), September 1974

10. André Bazin, *What Is Cinema?* trans. Hugh Gray (Berkeley: University of California Press, 1967)

11. *Sight and Sound*, April 1953

12. *Film Culture*, April 1968

13. *Cahiers du Cinéma*, No. 37 (July 1954)

14. *Cahiers du Cinéma*, No. 34 (April 1954)

15. *Cahiers du Cinéma*, No. 148 (October 1963)

## 6장

1. Dudley Andrew, *André Bazin* (New York: Oxford University Press, 1978)

2. *Film Comment*, March–April 1977

3. 시네마테크 프로그램 노트 (파리, 1956)

4. Ibid.

## 7장

1. David Thomson, *Biographical Dictionary of the Cinema* (New York: William Morrow, 1976)

2. W. H. Auden, *The Dyer's Hand* (New York: Random House, 1963)

3. "Bodies in Space: Film as 'Carnal Knowledge'", *Artforum*, February 1969

4. Nestor Almendros, *Un Homme à la Camera*, (Paris: Hatier, 1982)

## 8장

1. *Le Monde*, February 21, 1968

2. Narboni and Milne, (ed.) *Godard on Godard*

3. 마르크 알레그레의 보고서, April 1967

4. Joseph McBride, *Focus on Film: Howard Hawks* (Englewood Cliffs, N.J.: Prentice-Hall, 1972)

5. *Sight and Sound*, July 1966


## 11장

1. Interview with Edward Baron Turk, *American Film*, June 1980

2. *Sight and Sound*, October 1972

3. *Film Comment*, March-April 1977


## 12장

1. Ada Louise Huxtable, *The New York Times*, April 13, 1973

2. Ibid.

# 찾아보기

영화의전당 시네마테크총서 1

# 영화 열정
### 시네마테크의 아버지 앙리 랑글루아

초판 1쇄 발행  2018년 10월 24일

지은이  리차드 라우드
옮긴이  임재철
펴낸이  강수걸
편집장  권경옥
편집  정선재 윤은미 이은주
디자인  권문경 조은비
펴낸곳  산지니
등록  2005년 2월 7일 제333-3370002510020050000001호
주소  부산시 해운대구 수영강변대로 140 BCC 613호
전화  051-504-7070 | 팩스  051-507-7543
홈페이지  www.sanzinibook.com
전자우편  sanzini@sanzinibook.com
블로그  http://sanzinibook.tistory.com

ISBN  978-89-6545-546-2  03680

* 책값은 뒤표지에 있습니다.
* 이 도서의 국립중앙도서관 출판예정도서목록(CIP)은 서지정보유통지원시스템
홈페이지(http://seoji.nl.go.kr)와 국가자료공동목록시스템(http://www.nl.go.kr/
kolisnet)에서 이용하실 수 있습니다.(CIP제어번호: CIP2018029798)